U0347245

THE EXPERIENCE ECONOMY

[美]
B. 约瑟夫·派恩
B. Joseph Pine II

詹姆斯·H. 吉尔摩
James H. Gilmore

著

毕崇毅 译

体验经济

机械工业出版社
CHINA MACHINE PRESS

图书在版编目（CIP）数据

体验经济 /（美）B. 约瑟夫·派恩

（B. Joseph Pine II），（美）詹姆斯·H. 吉尔摩

（James H. Gilmore）著；毕崇毅译. -- 北京：机械工业出版社，2024. 7. -- ISBN 978-7-111-76151-8

Ⅰ. F0

中国国家版本馆 CIP 数据核字第 2024TF3728 号

机械工业出版社（北京市百万庄大街 22 号　邮政编码 100037）
策划编辑：华　蕾　　　责任编辑：华　蕾　张　昕
责任校对：郑　雪　张　薇　　责任印制：张　博
北京联兴盛业印刷股份有限公司印刷
2024 年 10 月第 1 版第 1 次印刷
147mm × 210mm · 11.25 印张 · 3 插页 · 241 千字
标准书号：ISBN 978-7-111-76151-8
定价：79.00 元

电话服务　　　　　　　网络服务

客服电话：010-88361066　机　工　官　网：www.cmpbook.com

　　　　　010-88379833　机　工　官　博：weibo.com/cmp1952

　　　　　010-68326294　金　　书　　网：www.golden-book.com

封底无防伪标均为盗版　机工教育服务网：www.cmpedu.com

超越体验经济

　　YouTube 上有一段有趣的视频，是关于一个一岁大的小女孩使用 iPad 和杂志的故事。影片中这个一岁大的小女孩因为玩过 iPad，就觉得所有的书本都应该是触摸式屏幕。显然，她不理解为什么纸书无法像 iPad 一样动动指尖就能移动、点选。影片最后写道："对于我一岁的女儿来说，杂志是一台无法正常使用的 iPad，在她今后的人生中都将如此。史蒂夫·乔布斯已经编写了她人生'操作系统'的一部分代码。"

　　看到这个故事，不禁想到我的女儿，她每次扮演角色就会想起白雪公主，那些好莱坞的动画经典角色仿佛已经植入到她的脑子里了。对于牙牙学语的孩子来说，什么都是新的，外界的刺激很容易记住，很容易产生影响。而对于成年人，长期的经验形成了思维上的定式，就很难影响了。现在成功的产品，无论是工业产品还是艺术创作往往都是超越人们的经验，给了人们足够的刺激，让每个人牢牢记住，并且产生美好的回忆。有了超越以往经验的"印象"之后，需求就被创造了，市场也就形成了。

当看到《体验经济》这本书的时候，有一种很强的共鸣产生。作者认为体验经济是继农业、工业、服务业之后的第四个经济增长点。企业以服务为舞台、以商品为道具，环绕着消费者，创造出值得消费者回忆的活动。其中的商品是有形的，服务是无形的，而创造出的体验是令人难忘的。与过去不同的是，商品、服务对消费者来说是外在的，但是体验是内在的，存在于个人心中，是个人在形体、情绪、知识上参与的所得。

体验经济的灵魂是主题体验设计，在我们创作"印象"系列作品时有句核心的话叫"精心地设计观众的感受"。比如说我想让你赞美山川漂亮，我怕你不赞美它，怎么办呢？我就把山染成颜色，突然间展现，人们一看山感觉真漂亮。一会儿我想让你感动，我想让你哭，那么我就会设计一个情节，让你在那个时候哭，甚至我想设计什么时候鼓掌，什么时候很安静，就在这70分钟里，我希望带领你按照这个路途去体验。如果放在现代的工业产品和现代人的生活中，精心地设计用户的感受就是所有产品的灵魂。

回想这几年印象系列的创作，一直随着时间和人的变化而变化，每台演出都有不同的舞台奇观，为了打动观众的情感，每台演出中都有几个情感爆发点，不同的创作灵感和奇思妙想，使得此"印象"非彼"印象"，每一场都各具特色。从"印象刘三姐"中最感动山水的壮美，到"印象丽江"以雪山为背景，最震撼少数民族粗犷的气势；从"印象大红袍"中茶文化的情趣，到"印象普陀"佛文化的博大……

我们经历的体验可以影响我们对自己的认识，影响我们能实现哪些目标，影响我们的人生方向，人类一直都在寻找全新的兴奋体验，这些体验可以帮助我们学习和成长，发展和完善，进步和改变。从这一点来看，体验只是开始，在体验之上还有更高一层的目标，即改变自我，让自己成为另一种状态。

可以说，现在唯一能比营造体验更具优势的业务就是引导变革了。体验是可以令每个人产生反应并形成回忆的事件，而变革则更进一步，它直接改变了消费者。竞争对手完全可以复制整个流程，包括创造需求、营造体验和后续实施过程，但它们永远不可能把变革业务中最关键的因素初级产品化，这个因素就是引导者（变革诱导商）和被引导者（渴望者）之间建立起来的特殊关系，正是这种关系保证了经营变革业务的企业能永远立于不败之地。

《体验经济》这本书最大的价值还不在于系统阐述什么是体验经济，怎么实施体验经济，其画龙点睛之笔在于最后两章对超越体验经济之上的探讨，即变革经济。在印象系列的后续作品中如何让艺术家的灵感、演员的表演和现场实景的氛围等要素，与观众之间建立书中所说的"特殊关系"，或许是印象系列更上一层楼的突破点。

王潮歌

"印象"系列演出总导演

观印象艺术发展有限公司联合创始人、CEO

超越产品和服务

"产品和服务已经远远不够",这句话是《体验经济》1999年精装版的宣传语。正因为如此,可能很多人根本没注意这句话,更谈不上牢记在心了。虽然这本书被翻译成15种文字,在全球卖出了30多万册,但它要传达的主题还远没有冲破商业领袖(和政策制定者)的传统思维方式,无法真正实现全新的、绝对必要的经济秩序。依靠产品制造和服务提供依然是绝大多数企业管理者(和从政者)的思维定式,这就阻碍了企业(和国家)向更有活力的体验经济转型。因此,在这里我们必须再次大声疾呼:产品和服务已经无法继续支持经济增长,无法提供新的工作机会,无法维持经济繁荣。要想实现收入增长,提供更多的工作机会,我们必须把体验营造作为一种全新的经济形式去努力实现。毋庸置疑,如今的商业世界到处都是毫无差异化的产品和服务,在这种情况下,创造价值的最大机会就在于营造体验。

　　企业家不同的行为方式已经很好地证明了这一点。在过去12年里，一些强调提升体验的创新企业取得了很大的成功，相比之下，那些错过或忽略了这条重要经济信息的公司（当然也包括整个行业）遭受了严重的失败。以零售业为例，由于坚持只销售制成品，很多连锁超市都在这段时间内倒闭，它们的业务逐渐被沃尔玛和网上零售商蚕食。但是，以注重体验经营闻名的小熊工作室却取得了巨大成功。公司创始人马克西恩·克拉克（Maxine Clark）于1999年成立了第一个工作室，当时经营此行业的传统零售专家都认为这是一个愚勇之举。但是克拉克并没有放弃，而是从《哈佛商业评论》1998年7～8月刊的一篇文章中获得了灵感，没错，这篇文章正是《欢迎进入体验经济时代》。如今，小熊工作室仅在全美就已经拥有300多个利润丰厚的体验中心，在全球的数量几乎达到500家。在这些体验中心，顾客可以全身心地投入到自己动手的乐趣中，亲自定制喜欢的毛绒动物玩具。

　　同样，1998年普莱桑特·罗兰德（Pleasant Rowland）也在芝加哥成立了第一家美国女孩娃娃店。从公司成立伊始她就在构思各种女孩娃娃，而且每一个都以美国历史上的特定时期为主题，此举有效地促进了顾客广泛的阅读体验和角色经历塑造体验。随着美国女孩娃娃店数量的逐渐增加，这种新娃娃甚至在玩具大王美泰公司内部也备受欢迎，相比之下，由于只注重为美国孩子提供简单的产品，美泰曾红极一时的芭比娃娃和其他玩具正在逐渐走下坡路。再比如，要问现在最让各大商场和产品开发商眼红的产品是什么？答案肯定是苹果。为什么？道理很简单，对苹果店来说，顾客们蜂拥而至的原因不光是为了买产品，更是为了去体验时尚技术的感觉。因此，苹果店每平方米的销售额远远高于普通零售商也就不足为奇了。有意思的是，为了在零售店内创造出与众不同的体验，苹果公司专门研究了丽嘉和其他精品酒店的设计风格。（捷威电脑曾试图以零售店形式直销，戴尔也推出过销售亭，但它们都缺少对体验设计的关注，只是简单地保留了基本销售的功能。）因此，在苹果店体验产品的感觉让消费者感到十分惊艳，简直像躺在酒店沙发上一样舒服。苹果店内的天才吧、iPod 工作室和阶梯教室感觉非常像精品酒店的前台、礼宾部和会议室。此外，在改变公司在 IT 行业内的竞争形象方面，这些酒店式设计也发挥了重要作用。由于比尔·金普顿（Bill Kimpton，倍福酒店设计师）、伊恩·施拉格（Ian Schrager，著名酒店业经营者）、奇普·康利（Chip Conley，幸福生活酒店创始人）和其他精品酒店经营者的努力，如今的连锁酒店已不再把提供简单的服务视为目标，而是开始高度重视宾客的入住体验。从配备交际性的大厅空间到提供具有更高睡眠体验的床具（前者应归功于施拉格的创新，后者则是威斯汀酒店"天堂之床"的功劳），整个酒店业已经认识到这种新趋势，开始在改善体验方面做文章，以此创造新的价值。

另一个成功案例是奇客小分队。1999 年《体验经济》初版发行时，这家公司的创始人罗伯特·史蒂芬斯（Robert Stephens）为自己的 24 小时电脑维修业务招聘了几位"特工"员工。如今，已被百思买收购的奇客小分队的规模迅速扩大，拥有 24 000 多名"队员"，从"特工""双面间谍"到（百思买内部的）"反间谍特工"不一而足，在全世界范围内为顾客提供好玩的电脑维修体验。我们觉得，现在没有哪个公司能像本书介绍的奇客小分队那样更注重体验营造，这家公司已经成为实施体验经济原则的楷模，特别是对"工作即演出"这一理念做出了生动的诠释。奇客小分队员工的主题式装束效果（其他服务提供商肯定想都不想就会拒绝这种疯狂念头）为其客户、员工和公司股东都创造了实实在在的价值。它说明，企业完全可以以服务为舞台，以产品为道具，大胆地为消费者营造一场华丽的体验。想想看当今高度碎片化的服务行业，如洗车、家庭装修、庭院设计、自动洗衣、私人家教等，如果它们能效仿奇客小分队营造体验的思维方式，那么肯定会给企业带来不可估量的好处。

2008 年的金融危机使西方发达国家陷入经济萧条，而这种萧条正是众多企业未能实现体验创新的结果。工业经济已经褪去昔日荣耀的光环，它发明和生产的新产品曾经推动全世界发达经济的进步，但如今，工业经济已经很难发明出新的产品。市场上大部分产品之间的差异性，其实只是对现有品类在具体产品上进行的改进或提高，而不是创造出新的产品品类。（消费电器和医疗技术是两个例外的领域，但实际上顾客在购买这些产品时，最关注的价值也不是产品本身，而是这些产品带来的体验和变化。）退一步说，即使有人发明了全新的产品，制造商们也会本能地进行自动化生产，尽可能地实行规模化经营。尽管这样做会带来收入增长，但制造商为全球经济提供的新的工作机会也少得可怜。

和工业经济同病相怜，服务经济也成了明日黄花。我们发现，真正的服务业增长（之所以这么说，是因为政府统计仍把体验收入和变革收入增长计入服务业）主要源自金融服务，而金融服务业的增长大部分又源自大量产品的虚假支持（从汽车制造到地产，再到商场开发和其他商业活动，全都离不开金融行业提供的信贷服务），但产品制造业已经回天乏力，只能依靠各种金融手段，以以前积累的财富为基础大肆举债经营。这种不断利用金融手段融资经营的方式几乎无法创造任何实际价值，因此，随着互联网狂热的熄火，曾经无比诱人的经济泡沫终于迸裂。那么，我们这个世界到底需要怎样的经济增长动力呢——答案就是体验型企业创造的新财富。

自从《体验经济》初版发行之后，我们注意到体验性思维在以下三个领域中获得了长足的发展：首先，体验式营销把体验营造应用到产品和服务的营销中，努力消除对传统媒体的依赖，找到了一条促进需求的新途径；其次，体验营造在企业经营环节中的应用，即通常所称的客户体验管理（CEM），目的是向顾客提供更友好、更轻松和更便捷的互动；最后，数字化体验的发展方兴未艾，很多企业都开始利用互联网和其他电子平台为顾客提供全新的虚拟式游戏体验。

这些注重体验营造的活动都为企业带来了好处：体验式营销让产品和服务卖得更多；客户体验管理的出现让消费者"乐"受其扰；基于电子化的体验为用户营造出物质世界难以想象的奇特功能。但是，真正的经济进步要求体验以新的经济产出的形式出现，而不仅仅是以新的体验促销方式、新的客户体验过程或是新的电子媒体形式出现。经济价值的递进要求企业提供新的收费型产出，在这种产出中，经营本身就是一种体验，体验本身就是营销过程，而且，这种新的产出既适用于现实世界，也适用于虚拟空间。

体验经济中蕴含的机会

我们认为，体验经济中蕴含着四种价值创造机会。首先，对产品来说，更多的产出应当实现大众化定制，也就是说，人们需要的不是具体产品的大量生产，而是需要企业以更有创意的方式去生产。大部分制造商都忽略了我们（当然还有其他人）的需求，不愿从大众化生产转变到大众化定制生产，不愿用需求链取代供应链，不愿考虑投机性库存而是仅仅出于对实际需求的响应，因此不愿把原材料转变成产品。大众化定制可以有效地满足顾客的独特需求，可以针对每个人生产出独一无二、完全不同的产品。对产品进行大众化定制，会使产品自动变成服务；同样，对服务进行大众化定制，会使服务自动变成体验。在初版《体验经济》中，我们用了两章多的篇幅来说明追求定制化能力和定制化产出可以为企业带来巨大优势。然而直到现在，举个例子来说，我们还未看到一家美国汽车制造商为消费者推出大众化定制产品，这简直是一种耻辱。这就是众多汽车交易商关门大吉的原因，消费者翘首以盼的是像小熊工作室那样的汽车制造体验，而不是千篇一律、毫无特色的产品。

在鼓励采用大众化定制作为创造新价值的方式时，我们希望大家注意一个最容易被忽略同时也是本书最重要的概念，即降低或消除顾客损失。顾客损失是指每个顾客勉强接受的现实（指购买大众化生产的产品和服务）和他们内心期望的最佳体验之间的差距。企业可以扪心自问，哪个方面的顾客损失一旦消除会给消费者带来最大价值？只要找到了潜在的会造成顾客损失的方面，你就可以去寻找对应的解决方案，帮助他们减少这种损失。

其次，对服务来说，更多的企业应当引导其员工展开积极行动。强调服务性思维的企业只注重员工做了些什么工作，而强调体验式思维的公司还要考虑这些工作是怎么做的，因此它们注重的是为消费者提供舞台化的服务感受。大体上说，尽管几十年来管理学教材上提供了各种客户服务建议，但消费者的服务体验至今仍未得到多大改善。想想看，你是否也经历过下面这些每天都会重复的消费者服务体验——向呼叫中心申报故障，在便利店柜台前等候，在银行窗口外排队，等待租车行交车，乘坐机场巴士，忍受航空旅行的不便，在菜市场付账，逛商场，付加油费等。12年前，我们把这些场面形容为差劲服务、毫无服务或是自助服务，但不幸的是，这些情况至今仍未出现显著变化。毫无疑问，在这种情况下，顾客自然会犹豫要不要为此多付费用。由此造成的结果是，企业盈利能力大幅下降，工资增长徘徊不前，员工失去服务积极性，进而形成服务质量进一步下降的恶性循环。

面对这种问题，企业要做的第一个改变是提供更多的参与式体验。如前面所述的奇客小分队，企业必须认识到其员工是在台上演出，必须想办法吸引顾客的参与。为此，管理者应当给员工指定角色，帮助他们建立角色特征，并投入时间让员工在台下反复彩排，最后再到商业舞台上去展现自己。当企业的业务仅仅被视为一项服务时，员工就不会花时间在台下练习场上的动作，只有演员才会这么做。其实，更出色的人际表现不但注重传达什么，更注重如何传达，因此，可以把普通至极的买卖互动转变成富有趣味的交际活动。商家不妨问问自己，有哪些舞台活动可以让员工的日常工作变成令顾客难忘的活动？这就是我们提倡的一个重要原则——工作即演出，在本书中，我们用了三章内容对此进行介绍。聪明的企业领导已经在公司内支持这种新的做法，而那些因循守旧的管理者还没有看到实现工作场所舞台化带来的优势，只知道一味靠削减员工数量来艰难地维持利润。

再次，对于体验来说，更多的体验产出应当明确地按消费时间收费。时间就是衡量体验的货币。如今，有些体验式营销活动要求参与者购买门票；有些体验式经营会为其中涉及的产品和服务收取额外费用；有些体验只能通过付费预订方式提供，凡此种种不一而足。未来，更多的体验应当以门票销售的方式向消费者提供，这一点至关重要，因为它是促进体验经济全面腾飞的关键。实际上，要想让体验真正成为一种独特的经济产出，使其能够提供新的收入增长来源，关键就在于让顾客在体验场所或体验活动中为所花的时间明确地支付费用。很多公司的业务之所以会逐渐萎缩，是因为它们至今都没有问自己我们在 12 年前提出的根本问题：收取费用之后我们的做法会有什么改变？时至今日，回答这个问题依然是最关键的，而寻找它的答案也是最迫切的。

为便于寻找这个问题的答案，我们在新版《体验经济》中新增了一个框架，其中列出了六种为时间收费的方式，分别是：按入场收费、按活动收费、按期间收费、启动式收费、访问式收费和会员式收费。对这些收费方式的描述可以帮助企业构思新的创造、收获体验价值的方式。对于这种收费创新，我们可以分析一种成熟的定价模型——分时计费，DVD 租赁商 Netflix 公司就是一个很好的例子。这家公司提供的不是电影租赁服务，按照每个出租的片子收费，而是按月收费，把租赁服务归入到电影观赏预订费中。同样，这种基于访问的收费体验如今已经出现在企业商务机、休闲车、除雪设备甚至是手袋等产品中。汽车分享驾驶活动也取得了一定成功，但要取得真正的进步还有待时日，这是因为，为满足消费者各种各样的驾驶需求，企业必须提供足够多的车型供他们挑选。可以说，几乎所有行业都可以在收费体验的基础上实现差异化，进而从中受益。

最后，更多的体验应当产出变革。作为经济价值递进表中的第五种，也是最后一种经济产出，这些变革本身就应当为潜在体验带来的成果以明确的方式收取一定的费用。换句话说，推动变革的公司不但要为付出的时间收费，而且要为这些时间带来的变化收费；它们不但要为改变生活（或改变企业）的体验方式本身收费，还要为体验带来的最终结果收费。对此，我们认为有三个行业的企业非常值得尝试，即致力于让人们变得更健康、更富裕和更聪明的企业。

在保健行业中，真正基于市场的解决之道会给予企业很大的自由，让它们对展示的体验和未来实现的结果收费。长期以来对健康保险的争论会逐渐平息，取而代之的是保健行业的崭新变革。届时，保险公司会对人们的持续健康状态收费，而非像以前那样为预防疾病收费。如果对疾病的治疗失败，人们可以拒绝支付费用。（和管道工没修好漏水问题顾客不必支付费用一样。）与此同时，和这些企业实际表现相结合的新式金融工具也会应运而生，这些工具可以有效地保证从成功治愈的病人那里获得稳定的未来收入。同样，金融机构的回报机制也会反映投资决策的真实结果，从过度强调投资行为本身发生转移，改为对花费和获取财富方式等重要决策提供明智建议。高等教育机构也会发生变化，只有不到招生人数一半的学生可以毕业，（我们是否允许其他行业也出现这种可怕的变化呢？）其关注点是高校实现的教育、个人和社会成果；至于收费，只能在这些成果变得清晰时或是学生即将毕业时全部或部分收取。换句话说，在上述行业中，企业或机构要做的就是去服务化。

对于更大的体验创新，虽然我们的告诫言之凿凿，但这并不表示过去 12 年中企业在创造新体验方面毫无进步。无论是因为受我们在本书初版中观点的影响，抑或是因为面对产品和服务日益初级产品化带来的竞争压力，可喜的是很多企业已经开始做出改变。当然，我们认为更多的企业应当加入这个新浪潮。对此我们并不感到惊讶，因为我们一直把体验经济视为发达经济基本框架中一种长期的结构性转换。创造性破坏需要时间来发挥其威力，新的经济产出形式并不是自动出现的，它们需要每个人和每个企业展开行动，抛弃昨日的工业经济和服务经济模式，拥抱全新的体验经济和变革经济的到来。

围绕体验经济出现的问题

在进入正式讨论之前，我们想首先澄清一些误解，在此说明一下过去几年中大众对《体验经济》一书提出的反对意见。有人反对使用"营造"一词来描述体验的基本活动或经济职能。其实，我们觉得"协调"这个词可以代替这个概念，但是又觉得无法充分体现营造参与性体验过程中对演出技巧的强调。使用演出技巧这个词是想说明，其实除了演艺行业之外，很多公司都需要利用舞台技术作为指导工作的基本原则。还有一个反对观点与此相关，让我们感到非常气愤。有些读者不允许我们使用舞台进行比喻，实际上我们的概念是很清晰的——"舞台化"并非比喻，而是人们在营造体验时的一种行为模式。如果是这样，对于那些认同正在发生经济模式转变的人，我们希望他们还是不要对经济史中的这股新浪潮妄自命名了，比如提出什么"知识经济"或"注意力经济"等概念。一个经济时代总是根据其相应的产出特征（如服务经济以服务为特征）或主要工作范围（如农业经济以初级产品，工业经济以制成品为工作范围）来命名的，因此，体验经济唯一合情合理的替代表达毫无疑问应当是"舞台经济"——显然，这样说会造成上述读者对演艺行业经济的误解，因此是不太合适的。尽管如此，有些人认为还是应当在术语表达上更加精确才对。我们并不反对"梦想社会"或"创意阶层"之类的说法，我们之所以乐于承认和接受它们，是因为这些说法合理地指出了伴随着体验经济出现的社会现象和趋势。但是，我们认为并不能因此就把这种经济形式称为"梦想经济"或"创意经济"。实际上，拥有梦想和富有创造力在以前的经济时代也促进过创新活动，它们并不是体验经济时代所独有的（当然，它们只是在今天这个时代才催生出新的社会阶层）。换句话说，作为一个新的经济时代，它的"新"体现在体验代表着经济活动的基础。例如，在以前的经济时代中，人们很少为生日晚会花钱，但在今天这种消费已经是司空见惯了。

除了语言表达上的纷争，还有些读者误解了我们想要表达的意图，或者说是对我们的观点做出了自我解读。例如，有些人认为我们所说的体验就是娱乐。实际上，只要认真阅读第 2 章，大家就会发现这是一种错误的理解。有鉴于此，我们提出了"4E理论"，即体验的娱乐性、教育性、审美性和逃避性，以此作为避免娱乐至死的方式。例如，在教室里播放电影，在教堂内安装幻灯片屏幕，在棒球场大型显示屏上放映非赛事内容，这些精彩的体验营造不一定是对教学、布道和球迷互动等目的的精心应用。另一个常见的误解是，一些读者认为所有的体验都必须倾向于虚拟化。（关于这个问题，我们在后来出版的两本书中有专门介绍，这两本书是：《揭露消费者的真实需求》（*Authenticity: What Consumers Really Want*）和《在数字化领域创造客户价值》（*Infinite Possibility: Creating Customer Value on the Digital Frontier*）。）实际上，体验经济制造的产出多种多样，基本上都横跨天然 / 人工、原创 / 模仿、真诚 / 虚伪、真实 / 仿造、自我中心式 / 其他中心式等多个范畴，涵盖时间、空间和物质等维度。还有一种反对观点认为我们要把"生活体验"变成"付费体验"，其实恰恰相反，我们完全承认社会体验和个人体验等非经济领域的体验活动。一个无须争辩的事实是，随着生活中越来越多的方面变得初级产品化，我们必须认真审视自己作为公民、捐赠人、学生和崇拜者，以及作为父母和爱人的生活方式，看看自己在买和不买、卖和不卖，以及体验和不体验之间如何选择。显然，对发达经济体来说，要想继续保持繁荣就必须把发展模式转变为体验经济，因为产品和服务已经无法继续提供大量的工作机会。我们希望，对某些体验（以及变革）可能存在有害影响的顾虑，能够促使评论者加入这个经济大舞台，为体验经济能够更好地开花结果献策献力。

我们发现，有两种批评观点对《体验经济》一书提供了有效的补充，特别是在促进对体验营造本质的深入研究方面贡献不菲。第一种批评观点强调共建在体验形成过程中发挥的作用，认为我们的工作对宾客参与创造体验方面的重视不足。我们认为这种情况是可以理解的，这是因为，无论是在本书初版的 1999 年还是现在，我们的关注点主要集中在体验的供应商角度。我们的主要目标一直都是鼓励新体验的创造，因此才会重点强调体验的营造者，即企业在这个方面应当做些什么。当然，我们承认所有体验在某种程度上都是由提供者和参与者共同创造的，因为这些体验是每个个体的内心对作用于外部现实的反应。所以，我们认为新体验的供应的确能促使很多顾客希望扮演参与程度更高的角色，而且，这种愿望超越了服务提供商和客户之间的关系，也超越了产品制造商和顾客之间的关系。（对于这种愿望的描述，约瑟夫·派恩在其作品《大众化定制：商业竞争新领域》（*Mass Customization: The New Frontier in Business Competition*）中有详细说明。）对此，阿尔文·托夫勒（Alvin Toffler）在预测"产消者"的兴起时已经提出了这个概念。尽管如此，但我们认为任何方式都不能强加到体验设计中。实际上，认为所有消费者都愿意在每一种产品、服务和体验类别中公然参与体验产出共建的想法肯定是错误的。(自由社会的变革本质上都是共建的,最终企业只负责引导消费者自己行动,从这个意义上说,以其他方式对待变革都是"暴政"。)我们认为,无论在哪种情况下,企业都应当考虑对体验营造的可控程度。即便是在迪士尼乐园或迪士尼世界这样体验营造程度很高的地方,顾客自身也会对何时何地到哪里游玩等事项有很大的控制权。我们在参观迪士尼乐园时特别喜欢(老实说是詹姆斯·吉尔摩特别喜欢)看野熊大聚会节目,每次都和熊一起高声吼叫,他的过度咆哮有效地破坏了其他游客的体验。其实,这个问题讨论的核心就是营造者的主观性和顾客的适应性在体验共建中的关系,我们非常期待体验营造在这两个方面都能实现突破。

第二种批评的观点认为我们过于强调体验是一种难忘的事件。对此,我们想说明一下我们的看法。首先,在构思体验营造的时候,你可以并且应当考虑维度的多重性,其中包括但不限于体验的多感官性、个人的意义水平、与他人分享体验的方式、各种体验元素的强度和持续时间、复杂性(或简单性)以及人们如何花费时间等无数其他特征。文化考量、国别和地区敏感度以及顾客先前的生活体验等因素,都会影响人们对体验的感知和理解方式。我们的观点是,无论如何看待这个问题,产生快乐的元素通常都会转化成值得记忆的体验,哪怕体验者很难想起或是已经完全忘记了当时的任何细节。由此,我们便谈到了这个问题的另一个方面,即体验的回忆和体验发生时的快乐(尽管事后证明该体验非常难忘),这二者之间是有区别的。当某种体验发生过后,即使人们已经想不起来具体的过程,也无法说清到底为什么,但

XX

他们还是能在另一个时间和地点至少记得当时很喜欢那种体验。我们认为,这和体验的结束方式有很大关系。在本书中,我们在第 6 章提出了一个新的模型,即 19 世纪中叶的古斯塔夫·弗莱塔克模型,为大家解释精彩戏剧的结构以及由此形成的深刻观点。简言之,如果无法充分建立合适的背景,无法交错表现增效作用,无法形成前后冲突的剧情,无论你制造的体验高潮多么令人兴奋,观众对表演的回忆还是会大打折扣(甚至有可能强化对不快感受的回忆)。因此,我们总结的观点是,并不是每一次体验都需要强烈回忆,但如果它制造的(正面)回忆越多,持续时间越久,那它创造的价值也就越大。

下面,就请大家到这本新版《体验经济》中自行体验。本书更新了很多案例和工具,以便更好地说明所用的模式,帮助管理者学会用不同的视角去观察世界。除了新读者,我们也希望读过初版《体验经济》的读者也重新体验一下,重新巩固以前学到的经验。我们希望,本书的读者可以把它推荐给更多的新读者,因为在实现体验经济的过程中,你们将会是一支重要力量,而这股力量当然是规模越大越好。我们诚挚地希望《体验经济》可以加速体验经济时代全面而深刻的到来。

B. 约瑟夫·派恩
明尼苏达州,德尔伍德
詹姆斯·H. 吉尔摩
俄亥俄州,谢克海茨
于 2011 年

从现在出发

清仓啦！降价啦！九折！八折！七折！六折！半价！所有东西都半价！买一送一！一年资金担保！绝对最低价！关门大甩卖……瞧，这都是初级产品化惹的祸！

打价格战固然容易，可是有几个企业是心甘情愿的呢？本书就是要教你学会另辟蹊径。不错，顾客是喜欢降价促销，可企业要是依赖低价格销售策略可就是自取灭亡了。随着大规模生产和服务带来的规模经济效应，产品和服务的成本越来越低，价格也越来越便宜，因此，这种方式几年来甚至几十年来一直都存在。但是，从一个行业到另一个行业，不难看出这种竞争方式已经无法再提供经济增长和盈利能力了，这一点每个人都知道，可我们究竟该怎么办呢？

本书就是写给那些急于为企业寻找新的价值增长方式的管理者的，尽管我们知道现在市场上介绍企业经营新思路的产品多如牛毛。作为企业，我们一直都在改善、更新、缩小规模。我们相信基于时间的竞争关系和一对一的未来经营模式，我们现在开始变得去一体化、信息化、数字化，当然还有大众化定制，或许还要自我组织化和混沌化繁荣。每个面向未来竞争的企业都高谈客户中心、客户驱动、客户关注、客户这个客户那个——好啦，还有什么新鲜的没有？

下面才是你需要的新观点：体验代表了一种已经存在却从未被明确提及的经济产出类型。如果在财务统计中把企业制造的体验和提供的服务分开，我们就有可能发现一种新的异乎寻常的经济扩展形式。这就好像在工业经济衰退之时，把服务视为独特而合理的经济产出，会建立起全新的、充满活力的经济基础一样。是的，一种新的经济基础正在崛起，但是我们不要被常见的宣传所蒙蔽，信息并不是这种"新经济"的基础，因为信息从来都不是经济产出。正如我们的朋友约翰·巴洛（John Perry Barlow）经常说的那样，信息很想变得独立自由。实际上，只有当企业把它以信息服务的形式并入产品之后，即形成信息化产品和信息型体验时，它们才能创造出经济价值。经济产出并非智力形式，它包含着买与卖的内容。

认同体验是一种独特的经济产出，可以为未来的经济增长提供重要动力，这就是我们在本书第 1 章要谈的内容。经济悲观主义者杰里米·里夫金（Jeremy Rifkin）的观点是正确的，他认为，未来企业在提供服务时需要的员工会越来越少，其实这和以前随着技术革新和生产率提高，工厂制造产品需要的工人会越来越少，以及更早的时候由于耕作技术的提高，农业生产需要的农民数量会越来越少的情况完全一样。但是，有些人会因此认为，随着农业和制造业工作机会的减少，全社会可用的总工作数量很快会下降，这种观点显然是错误的。这是因为，未来基于新式经济产出出现的经济活动浪潮会提供更多的财富创造机会和新的工作岗位，前提是企业仍在市场中自由竞争，政府不对经济问题指手画脚、横加干涉。

那些认识到这种重大变化趋势并且能做出有效应对（这两个要素缺一不可）的企业，可以很好地预防初级产品化的威胁，创造出新的经济价值。（这样说并不是指所有企业要想盈利都必须营造体验。经营简单产品的公司不这样做也可以赚钱，至少在经济上行趋势中可以赚钱，但遇到经济衰退就会陷入危机。）本书第2章和第3章介绍了如何利用我们总结的两种框架来营造富有吸引力的体验，这些框架是我们对那些成功转型到体验经济模式的企业进行调查后整理而成的结果。对于那些还没有准备好直接转型到体验经济的企业，我们建议它们采用第二种方法——理解大众化定制可以把产品自动变成服务，把服务自动变成体验。本书第4章和第5章介绍的就是大众化定制原则，接受这一原则可以帮助企业在和顾客互动时减少他们的负面体验，因此，对很多产品制造商和服务提供商来说是迈向体验经济的第一步。（当然，别忘了阅读中间简短的"幕间"部分，对此有进一步说明。）

新的经济形态当然需要新的工作模式。在每个公司的每个岗位上，员工都必须认识到，所有的业务在体验经济中都是舞台呈现，因此工作即演出。这句话听起来虽然奇怪，却是货真价实的硬道理。本书第6章为你讲述的是，无论什么时候顾客出现在企业面前，你的员工都必须卖力地表演，另外，本章还介绍了帮助员工营造体验的技巧。第 7 章谈论了四种表演形式以及每种形式在哪些场合下应用。第 8 章为企业营造体验所需的各种角色制定了基本的角色指导。企业的所有员工，从董事会成员到一线工作人员，都必须按这一章的说明重新审视自己。我们建议，企业人力资源部门和组织开发部门的员工应该特别仔细地阅读本章内容，以便在新的经济形式下深化员工对角色和职能转变的理解。

当然，并不是所有人都认同我们正在向体验经济转型，并不是所有人都认为这种发展是一件好事。例如，美国的体验之都拉斯维加斯就是一个例子。（当然，奥兰多、洛杉矶、曼哈顿甚至连密苏里州的布兰森等地也不遑多让，在体验营造方面都很擅长。）拉斯维加斯的一切都是制造出来的体验，从机场的老虎机到排成行的赌场，从主题酒店和餐厅到卡拉 OK、马戏团和魔术表演，从再现古罗马风格的凯撒皇宫购物中心到游乐场、过山车、电视墙和狂欢游戏，这些都让年轻人目眩神迷，让家长紧张地把孩子拉到身旁，生怕一会儿就没了踪影。

当然，拉斯维加斯的体验还有另外一面：唾手可得的酒水、毒品、脱衣舞夜店和性服务。不幸的是，体验经济和任何娱乐活动或逃避现实者经历的情形完全相同。诚然，在我们向这种新经济转型时，一些人（可能是很多人）会做出愚蠢、不道德的选择。显然，上面提到的种种体验，尽管十分诱人且非常难忘，终归是不和谐、不道德的。此外，还有不少人对迪士尼世界的人造性、对各种活动景点的模拟性，以及互联网的技术中心主义对人性的疏远表示反对。（尽管这些"人工"体验在某种程度上和各种新出现的"真实"体验形成了平衡，这些新体验包括黄石国家公园野营游、大峡谷骑驴游、科罗拉多河皮艇游和最近出现的一些"极限运动"，如直排轮滑、单板滑雪、空中冲浪等。）

虽然在以前的经济转型中，每一次都会带来工作条件、人类健康、平均寿命和生活水平的巨大改善，但这些转型也不可避免地带来混乱和负面影响。因此，在从服务经济转型到体验经济的过程中，我们也不能心存侥幸。尽管上述问题确实存在并且充满争议，但很明显我们已经无法在体验经济即将进入黎明之际再退回到黑暗中去。无论值得表扬还是充满危害，是正直高尚还是道德败坏，是自然纯真还是人造虚拟——这些都是我们在创造这种新经济时自己做出的选择。

对那些谴责以前的经济转型（如 200 年前转型到工业经济，20 年前转型到服务经济）的人来说，他们未能阻止经济价值向更高等级的产出递进。尽管充满争议，经济发展还是不以人们意志为转移地继续迈向体验时代。因此，我们认为，在决定商业是否转型到体验化产出的问题上，道德标准对其根本毫无影响。如果各国希望继续实现经济繁荣，就必须营造体验以提供足够的经济价值来雇用大量劳动力（产品和服务已经失去了这种刺激作用）。道德问题只能用来约束企业营造哪种体验形式和体验内容。有鉴于此，在考虑这个问题时，企业管理者和每个人一样，最终都必须关注人类的根本目标。这就是我们在第 9 章和第 10 章讨论的内容，随着体验经济出现初级产品化趋势，我们不久便会迎来第五种，即最后一种经济产出——变革。本书最后两章对读者也非常重要，"谢幕"部分也一样，揭示了这种发展形势对企业的影响,无论这种影响现在看起来多么微不足道,将来却很可能变得意义深远。正因为相信这是正确的选择,我们才会毫不退缩地在这里表达自己的观点。

当企业面对战略选择时,我们希望所有读者都能清晰地描绘出自己的竞争目标。更重要的是,我们希望本书提供的工具,无论现在还是未来,都能帮助你个人为顾客营造出动人的体验并最终引导他们实现重要的变革。

B. 约瑟夫·派恩
明尼苏达州,德尔伍德
詹姆斯·H.吉尔摩
俄亥俄州,谢克海茨
于 1999 年

第 1 章

欢迎进入体验经济时代　/ 1

初级产品化，没有任何一个公司希望自己的产品或服务沦落到这个下场，单是提到初级产品化这几个字都会让公司高管或企业老板心惊肉跳。它意味着产品差异消失，利润微不足道，吸引顾客购买的只能是降价、降价，再降价。这是一条无可奈何的道路，出路就在于"体验化"，从工业经济上升到服务经济，并进一步到达体验经济。

第 2 章

大幕拉开　/ 43

20 世纪 90 年代，网吧遍布美国城镇各个角落，人们只要掏钱就可以呼朋唤友到里面玩上半天游戏。如今，高速游戏体验已经转移到互联网中，众多玩家可以同时参与同一场雷神之锤游戏，或是和网络中无数素不相识的玩家对战。游戏体验的竞争未来几乎是完全没有边界的。但是应当记住体验营造的目的不是要娱乐顾客，而是要吸引他们的参与。

像硬石摇滚、布鲁斯之屋或中世纪时光等餐厅，只要听听名称你就能知道里面有什么节目。在营造体验时，经营者要做的最重要的一步就是构思一个恰如其分的主题。如果你的主题表现力很差，顾客就无从建立联想，由此产生的体验也就无法形成深刻持久的回忆。

如果对服务加以定制化，企业就可以营造出积极的体验，顾客的需求就会得到更好的满足。像戴尔和前进保险这样的企业对公司产出进行的是规模化定制。这意味着企业可以有效地满足每个顾客的独特需要，在当今高度混乱、充满竞争的商业环境中同时实现低成本和个人化定制。

只有理解了顾客损失的概念，我们才能洞悉顾客接受的现实及其真正需要之间的差距。当企业可以通过规模化定制技术有效满足每个顾客的特定需求时，消费者肯定不会再满足于标准化的产品和服务了。

顾客损失 = 顾客的真正需要 − 顾客勉强接受的现实

通过规模化定制减少顾客损失需要了解每个顾客的需求及其影响行为。

对这些信息的了解可以让企业通过激发客户惊喜的方式，系统化地、有意识地推出更具体验性的产出。可以说，在营造难忘体验的过程中，激发惊喜对产品制造商和服务提供商来说大概是最重要的元素了。

第 6 章

工作即演出 / 162

各行各业都有像这样带有强烈目的感去表演的人，费城有刷卡人芭伯，芝加哥有律师弗雷德，卡拉马祖机场有擦鞋匠亚伦。这些人的工作或许很普通，但你只要见识过一次就会牢牢记住他们。他们充满目的感的工作转变成了对自身角色的热情、对企业的关注以及对顾客的投入。

第 7 章

表演的形式 / 192

在开始演出之前，你必须确定哪种表演形式最有利于你在特定时间、特定场合和特定观众的基础上进行表演。每一种都代表了一种不同的表现工作方式，代表了一种不同的为生成经济产出而构思事件顺序的方式。可以说，决定采用哪种表演形式的，是企业产出的本质以及企业吸引顾客的具体情况。

第 8 章

表演的分工 / 222

迪士尼乐园总是用演职人员来代指所有员工。当企业能够把公司内每个员工的职责视为角色扮演时，这些角色就会成为为顾客营造动人体验的一种手段。没有详细定义的角色（即职责），工作就会变成费力不讨好的付出，变成磨洋工。为了让剧本（即流程）变成现实，角色可根据不同职能分为多种职责。

⊖ 注释部分可登录 www.cmpreading.com 查询。

第 1 章

欢迎进入
体验经济时代

The
Experience
Economy

初级产品化，没有任何一个公司希望自己的产品或服务沦落到这个下场，单是提到初级产品化这几个字都会让公司高管或企业老板心惊肉跳。它意味着产品差异消失，利润微不足道，吸引顾客购买的只能是降价、降价，再降价。

我们可以来看一个初级产品的例子——咖啡豆。收获咖啡豆或是在期货市场上交易咖啡豆产品的公司，其产品价格截至本书写作时大约为每磅[⊖] 75 美分多点儿，差不多合 1 ～ 2 美分一杯。生产商对这些咖啡豆加热、研磨、包装之后便可以拿到市场销售，还是原来的咖啡豆，但现在从初级产品变成了产品，其价格便增长到 5 ～ 25 美分一杯（视品牌和包装规格不同而定）。如果这些咖啡豆在一个小餐馆、速食店或普通酒吧煮好端上来，价格就会变成 50 美分～ 1 美元一杯。

因此，根据企业提供业务的不同，咖啡可以分为三种不同的经济产出——初级产品、产品和服务，每种经济产出因顾客附加的价值而呈现出显著的区别。不过，这还没完，如果这种咖啡由五星级酒店或星巴克之类的场所提供，在那里消费有剧院般的良好氛围，消费者很乐意为同样一杯咖啡支付 2 ～ 5 美元。达到第四阶段价值（见图 1-1）的业务提供的是一种与众不同的咖啡消费体验，因此要比最原始的初级产品在价值上高出两个等级（当然价格也就高出两个等级）。

还有更让人吃惊的。我们的一位朋友去威尼斯旅游，一到那里就问酒店门房去哪儿欣赏城市风景最理想。这位门房毫不犹豫

⊖　1 磅 = 0.454 千克。

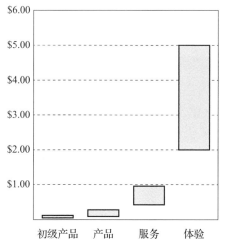

图 1-1　咖啡的不同经济产出的价格

地说："圣马可广场的 Florian 咖啡馆。"于是，这位朋友便和妻子直奔那里，在一个晨风习习的早上，坐在咖啡馆中美美地品尝一杯咖啡，为这座千年古城的壮观景色沉醉不已。一个小时之后，这位朋友从服务员手中接过账单——每杯咖啡 15 美元。我们问他一杯咖啡是否值这么多钱，他的回答是："绝对物有所值！"

新的价值源泉

体验正是我们要谈论的第四种经济产出，它和服务之间的巨大差别就如同服务和产品之间的差别一样。但是，它也是长期以来一直未能得到人们承认的一种经济产出。其实，体验经济一直都存在于我们身边，只是消费者、企业和经济学家总是把它归入服务领域，和平淡无奇的干洗、汽修、批发或电话访问等混为一谈。当我们购买服务时，我们买的是商家为我们提供的一套无形活动。但如果我们购买的是体验，我们花钱享受的是商家为我们准备的一场难忘回忆，它就像一场戏剧演出，以完全个人的方式让我们参与其中。

制造体验从来都是娱乐业的核心业务，它提供的产品五花八门，从戏剧到音乐会，从电影到电视节目，应有尽有。尽管如此，在过去几十年中，娱乐选择的数量还是出现了爆炸性的增长，为人类提供了许许多多新的体验。要谈起这种体验的发展，我们还得从它的源头，从一个传奇人物和他成立的公司说起，这个人就是沃尔特·迪士尼。随着迪士尼在动画领域不断提升观众体验水平的进步（他开创了声音同步、彩色动画、三维背景、立体声和音频动物机器人等技术应用），他的名气越来越大，1955年终于建成了象征其职业生涯巅峰的加州迪士尼乐园——一个活生生的、身临其境式的动画世界。在 1966 年去世前，迪士尼已经构思好了一个新的想法，这就是 1971 年在佛罗里达建成的开放的迪士尼世界。和其他游乐园不同，迪士尼世界是全球第一个主题公园，它不仅为来宾（注意不是"顾客"或"客户"）提供各种娱乐活动，还让他们有机会亲自参与园内举办的主题游戏。对每一位来宾，游乐园内的演员（注意不是"员工"）都会献上一场综合了光影、声音、味道、气息和故事情节的完整"演出"，为他们留下与众不同的独特体验。[1] 如今，沃尔特·迪士尼公司很好地继承了这位创始人的遗志，决心利用其开发体验的专长把更多的"梦幻"变成现实。他们开发的消费体验包括迪士尼频道的节目、迪士尼网站的"角色世界"、百老汇的迪士尼演出，甚至还有迪士尼游轮和加勒比海岛游项目。

曾几何时，迪士尼是唯一的主题公园经营者，但现在，无论是经营传统产品还是制造体验消费，几乎每个行业都出现了它的竞争对手。新技术的应用极大地推动了全新体验形式的出现，例如电子游戏、网络游戏、移动式景观、3D 电影、虚拟世界和扩增实境等。为了让浸入式体验更逼真，商家就需要更强劲的处理能力，由此产生了对计算机行业产品和服务的巨大需求。20 世纪 90 年代中期，英特尔公司前董事会主席（现任高级顾问）安迪·格鲁夫在一次 COMDEX 电脑展会（该展会本身就是一种体验）上，曾预言过科技推动型的新产出必将大规模出现。他说："计算机行业不应当是简单的组装和销售个人电脑（即产品），而应当是提供信息和逼真的交互式体验。"此言非虚。

很多传统服务性行业，由于需要提供新体验来提高竞争力，其自身也变得越来越具有体验性。例如，在 Benihana[⊖]、硬石咖啡[⊜]、Ed Debevic's[⊜]、Joe's Crab Shack[⊜]和阿甘虾餐厅[⊜]等一些主题餐馆，人们越来越不注重吃本身，而是注重这些餐厅带来的独特的饮食体验，因此，食物在这里也就成了制造体验的道具。像小熊工作室、乔丹家具和耐克城等商家，也是通过各种新鲜好玩的活动和促销游戏来吸引消费者。（这种销售有时称为"乐活

　　㊀　一家日式铁板烧餐厅。——译者注
　　㊁　一家著名的摇滚音乐餐厅。——译者注
　　㊂　一家恶作剧餐厅，服务生都作嬉皮打扮，如故意记错所点的菜，或突然坐在顾客旁边等。——译者注
　　㊃　一家连锁海鲜餐厅。——译者注
　　㊄　根据电影《阿甘正传》情节成立的餐厅。——译者注

卖"，或是 The Mills Corp. 公司的注册商标"玩购"。）

但是，这么说并不表示体验只和娱乐有关。正如我们在本书第 2 章要说明的那样，娱乐只是体验的一个方面。实际上，任何时候企业在和消费者互动时都是在导演体验，以一种个性化、令人难忘的方式和对方建立联系。很多餐饮体验和娱乐主题并没有多大关系，可整个过程还是融入了喜剧、艺术、历史或自然元素，例如，Teatro ZinZanni⊖、Café Ti Tu Tango⊖、中世纪时代和热带雨林咖啡厅等餐馆就分别体现了上述元素。² 在这里，食物供应只是搭建了一个舞台，在此基础上要提供的是和消费者共鸣的感官盛宴。与此类似，像 Jungle Jim 国际大超市、家得宝和维京烹饪学校这样的零售服务商，可以为消费者提供游览、研讨和培训课程等寓学于购的体验，因此也可以将其描述为"学购"或是"购物逃避主义"。

"初级产品思维"，按照英国航空公司前董事长科林·马歇尔爵士（Sir Colin Marshall）的观点，被错误地理解为"只执行一项职能的业务，从我们的行业来说就是以最低的价格按时把乘客从 A 点运送到 B 点。英航要做的是超越这个单一职能，在提供体验的基础上进行高端竞争"³。这家公司就是要利用其基础服务（旅行）为舞台提供途中体验，让旅行者在长途跋涉的困顿中得到片刻休息。

其实，就连最普通的交易也可以转变成让人印象深刻的体验。例如，在奥黑尔机场的停车场，芝加哥标准停车管理公司在

⊖ 一家有表演内容的剧院餐厅。——译者注
⊖ 一家有西班牙艺术表演的餐厅。——译者注

每一层都反复播放一首不同的音乐，此外还在停车场两面的墙上画出了当地的两大体育运动标志——公牛和黑鹰。一位芝加哥居民告诉我们："瞧，这下你肯定忘不了把车停哪儿了！"逛菜市场是很多家庭的苦差事，但是在南加州的布里斯托农场美食家特色食品超市，情况就大大不同了。根据《百货店》（Stores）杂志的描述，这家高级连锁超市"开市场就像开戏院，里面到处是音乐、现场娱乐、异域风景、免费小吃，还有视频影院、明星光顾和各种观众充分参与的活动"[4]。罗素·弗农（Russell Vernon）是俄亥俄州阿克伦市西点市场的老板，他的市场过道两旁点缀着鲜花，洗手间里挂着货真价实的名画，漫步其中，美妙的古典音乐会阵阵飘入耳中。用他的话说，这样做就是要"为我们销售的产品搭建一个舞台，我们把天花板高度、灯光设置和色彩搭配，全都营造出一种舞台般的购物体验"[5]。像生鲜市场（The Fresh Market）和全食食品超市这样的市场，前者积极模仿本地食品市场为消费者提供独特体验，后者则把这种体验扩展到地区和全美范围的连锁店。

此外，消费者并不是唯一欣赏商家独特体验的人。商业是由人际互动形成的，企业和企业之间的互动也需要营造体验。在明尼阿波利斯有一家从事电脑安装和维修的公司，1994 年成立时将公司命名为奇客小分队，专注于家庭办公和小企业用户业务。这家公司的员工打扮得很像电影《黑衣人》里的特工，身穿白衬衫，系一条细细的黑领带，胸前别着徽章，开着黑白相间的大众甲壳虫汽车（号称奇客车，涂成巡逻车模样）——这个公司把一项平淡无奇的服务变成了让人过目难忘的体验。如今，这家公司已被百思买公司收购，其"24 小时电脑支持小分队"雇用的员工已经超过 2.4 万人。很快，其他行业也开始模仿这种古怪造型给消费者带来的奇特体验。例如，某垃圾处理公司称自己为垃圾小分队，口号是"服务保证满意，否则加倍奉还！"，还有很多公司专门聘请剧院歌舞团出面，就是为了把普通的会议变成一场即兴表演。例如，明尼阿波利斯的 LiveSpark 公司（前身为 Interactive Personalities 公司），可为企业客户上演排练好的节目和"即兴演出"，使用各种方式激发观众参与，包括利用电脑生成的角色和观众实时互动。[6]

企业之间的营销者越来越注重在精心策划的地点组织各种活动，以期达到最佳营销效果。很多公司都把普通的会议室布置成体验式"管理汇报中心"，还有更超前的，江森自控公司在密尔沃基的总部建立了一个展示中心，企业宾客来这里参观时，公司会把中心的电源断开，以事实向他们展示自己的强大产品。Steelcase 家具公司最近在芝加哥建立了第一个名为 WorkSpring 的展示厅，厅内搭建了独特的办公空间，企业宾客在这里可以先享受各种家具的实际使用效果，然后再决定是否购买。TST 是一家位于科罗拉多州柯林斯堡市的工程设计公司，这家公司把自己的办公室改造成一个巨大的 TST 工程博物馆，员工可以在这里为土地开发客户展示各种"造梦体验"。欧特克是一家从事工程设计软件开发的公司，公司在旧金山市场街组织了欧特克画廊活动，以展示客户使用其产品开发的创意设计项目（其企业互动艺术展示厅每周三下午对公众开放）。还有一个公司的企业体验更是直接做到了室外——Tomahawk 公司在威斯康星州的诺斯伍兹开辟了一个客户体验中心，有购买意向的客户可以亲自操作各种建筑机械，如推土机、挖掘机、移动升降机等搬运大沙包，让你真正满意再买。

重大的价值差异

前面讲述的各种案例，从消费者到企业客户，从主题餐厅到电脑支持小分队，都在暗示体验正在成为美国经济中的新特点，也将逐渐成为其他发达国家的新特点。它们预示的正是方兴未艾的体验经济。

体验经济为什么会在此时诞生呢？科技是部分原因，它推动了许多新体验的产生；企业间日益严峻的竞争是另一个原因，它促使公司不断寻找新的产品或服务差异。不过，这些回答都不够，最全面的答案应当是经济价值的本质及其自然递进的趋势，就好像我们前面谈过的咖啡豆一样，它总是会从初级产品发展到产品，然后再发展到服务和最后的体验阶段。体验经济兴起的另一个原因无疑是人们的日益富足。经济学家提勃尔·西托夫斯基（Tibor Scitovsky）说过："人类富足之后主要的表现是更频繁地聚会吃喝，他们会增加自己认为重要的聚会和节日的数量，直到最终把它们变成像周末晚宴那样的惯例。"[7] 这种情况和我们付钱享受的体验一样，我们经常去各种格调高雅的餐厅，而且次数越来越多，就连喝咖啡也要找个有节日气氛的地方。如表 1-1 所示，每种经济产出都在一些基本方面迥异于其他经济产出，其中也包括对这些产出的明确定义。这些区别向我们揭示了不同经济产出之间的继承关系，以及它们如何创造更大的经济价值。我们经常可以看到，某个公司销售的产品并不是初级产品，但公司经理往往会说自己经营的是"粗产品"。出现这种情况是因为，当企业无法清晰分辨粗产品和价值较高经济产出之间的区别时，初级产品化现象便会自动出现。（要是某经济分析师或学者说你的公司卖的是粗产品，而实际情况并非如此，企业不但会感到耻辱，还会努力将业务经营提高到下一个经济价值层面。）如果你担心自己的业务正在初级产品化，最好读读我们接下来的简单介绍。如果你觉得自己的业务永远不会初级产品化，最好别盲目乐观，因为傲慢的企业总是会摔跟头，你的销售价格也是一样。

表 1-1　不同经济产出的区别

经济产出	初级产品	产品	服务	体验
经济形态	农业经济	工业经济	服务经济	体验经济
经济职能	提取	制造	交付	营造
经济产出的性质	可互换	有形	无形	可回忆
主要属性	自然性	标准化	定制化	个性化
供应方式	散装储存	生产后库存	按需交付	周期性展示
卖方	交易商	制造商	提供商	营造商
买方	市场	用户	客户	宾客
需求要素	特征	特性	利益	感受

初级产品

真正的初级产品是指那些从自然界采掘提取的材料，如动物、矿物和蔬菜等。人们在土地上饲养它们，从地下挖掘它们或是在地上种植它们。经过屠宰、挖掘和收获这些产品，企业会对它们进行加工或提炼，使之具备一定特征，然后散装储存，最后运到市场上交易。从定义上讲，初级产品是可交换的。由于一种初级产品本身无法实现差异化，因此交易商经常在一些偏远或不知名的小市场将其卖出，而销售价格则由供求关系决定。（当然，这些公司会对产品进行大致分类，比如不同种类的咖啡豆或不同等级的石油，但每个等级内部的产品就完全一样了。）因为大家都卖一样的东西，每个初级产品交易商的售价也是一样的，当市场需求大于供给时便会形成可观的利润，但供给大于需求时就很难产生利润。从短期来看，提取这些产品的成本和它们的价格并无关系，但长期来看，无形的市场之手会对初级产品的价格进行调整，从而决定着经营者加入或退出这个行业。

农业产品是农业经济的基础，几千年来，农业经济一直支撑着家庭和小型社区的社会模式。1776 年美国成立时，全美有 90% 以上的就业人口从事农业劳动，到 2009 年，这一比例已经下降到 1.3%。[8]

为什么会这样？导致这种社会变革的原因是一场影响深远的技术和生产力提高运动——工业革命。这场运动彻底地改变了人们的生活方式，它首先从农业开始，很快就扩展到各种工厂（例如亚当·斯密在《国富论》中提到著名的大头针工厂案例，这本书碰巧也出版于 1776 年）。18 世纪 50 年代，工业革命首先在英国企业中取得成功；19 世纪 50 年代，大量出现的美国工厂纷纷进行生产革新，史称美国制造业系统化时期。[9] 随着制造业在全球范围内广泛学习和效仿这些技术，成千上万的手工作业都被机械化代替，农业劳动力数量急剧下降，整个经济开始不可避免地朝着更高级的产品阶段发展。

产品

利用初级产品作为原材料，企业可以生产和库存有形的产品，然后通过商场货架、批发、产品目录或网站等形式卖给无数陌生人。由于制造过程把原材料用来生产不同种类的产品，这样就在生产成本和产品差异化的基础上形成了不同的定价。汽车、电脑、饮料甚至不起眼的大头针，在生产特性方面都存在显著差别。由于它们具有即时可用的功能，汽车让你抵达目的地，电脑帮你写作报告，饮料可以消暑止渴，大头针可以固定东西，因此用户感到它们比初级产品具有更大的价值。

尽管人类在历史上很早就会把初级产品变成实用的产品，但那时费时费力的初级产品提取和高成本的手工产品生产严重地抑制了制造业的发展，使其直到近代才成为经济中的主要生产形式。[10] 但是，当企业学会标准化产品和实现规模经济之后，人类社会再一次发生了变化。人们纷纷离开农村到工厂做工，19 世纪 80 年代，美国取代英国成为全世界最大的制造商。[11] 随着大规模生产的到来，1913 年 4 月 1 日，亨利·福特在密歇根州海兰帕克工厂建立了第一条装配生产线。从此之后，美国一举奠定了其世界头号经济强国的地位。[12]

随着技术的不断革新，生产单位产品所需的工人数量不断下降，制造业对劳动力的需求逐渐饱和，直到最后慢慢开始减少。与此同时，制造业部门创造的大量财富以及实物产品的大量累计，极大地推动了整个社会对服务的需求，因此也催生了服务业从业者。20 世纪 50 年代，服务业从业人数首次达到美国人口的一半，标志着工业经济被服务经济取代。（不过这一事实一直到很久之后才得到承认。）2009 年，美国制造业岗位，即需要那些用双手制造产品的人，雇用的劳动力数量仅占美国 10% 的劳动人口。[13] 如今，如果把 1.3% 的农业人口计算在内，经济学家认为的广义服务业已包括 90% 的美国劳动力。在全球范围内，服务业从业者人数在人类历史上第一次超过了农业人口数量——全球有 42% 的人从事服务业，36% 的人从事农业，只有 22% 的人从事制造业。[14]（联合国国际劳工组织提供的这些数据未区分体验营造业的从业人数，而是将其并入到服务业从业人数。）

服务

服务是指针对已知客户个人需求量身定制的无形活动。服务提供商利用产品对特定客户实施某种操作（如理发或视力检查等），或是对其资产或所有物实施某种操作（如草坪护理或电脑维修等）。客户会感到这种服务的价值大于实施服务所需的产品的价值。服务能帮助客户完成那些既想做好又不愿自己动手的特定任务，而产品只不过是实现服务所需的手段。

正如初级产品和产品之间存在灰色地带一样（例如，深加工或精提炼也可以归类为制造活动），产品和服务之间的界限也比较模糊。例如，虽然餐厅端上来的饭菜是有形的实物，但经济学家却把它们归类为服务业，原因是它们并不库存产品，而是根据每个客人的菜单按需提供服务。尽管快餐厅预制食品，这一点使它们在属性上和产品有些相似，但经济学家还是把快餐业（如麦当劳）的员工视为服务业从业者。

当就业形势继续向服务行业转移时，初级产品和产品部门的产量却并没有下降。如今，农民的数量很少，却能够生产出多得令前人难以想象的农产品；装配线上的工人数量有限，却能够制造出让亚当·斯密都吃惊的产品数量。由于持续不断的技术改进和流程革新，无论是从自然界提取初级产品还是在工厂中制造产品，所需的劳动力数量都在不断减少。如今，服务业在美国GDP中所占的比例远远超过其他业务部门。长期以来，一直有人担心这种趋势会掏空美国的工业基础，但现在大部分学者都把服务业视为美国经济的积极发展方向，它和其他发达国家的服务业一起促成了全球范围内的服务经济浪潮。

在服务经济发展的过程中，出现了一个很少为人注意和谈及的趋势，即在这种经济形式下人们越来越渴望消费服务。无论是消费者还是企业，大家都尽力节省花在产品上的钱（去沃尔玛买东西，压榨供应商），转而拿去购买他们认为更有价值的服务体验（外出就餐、在公司内搞自助餐等）。这就是为什么现在很多制造商发现自己的产品价格越来越低的原因——他们被初级产品化了。在服务经济中，如果客户观念缺少差异化，就会导致产品不断面对价格压力，而这种价格压力只能导致产品沦落为初级产品。最后的结果是，顾客越来越依据价格和是否有现货这两个标准来购买商品。

为跳出初级产品化的陷阱，制造商经常在销售时和产品一起提供服务。这样可以提供较为完善、更为全面的经济产出，以更好地满足顾客的需求。[15] 例如，汽车制造商在提供贷款和租赁汽车时，会增加承保范围和时间长度；消费者产品制造商会为商店超市提供库存管理等。一开始，制造商倾向于把这些服务分离出去，以便更好地销售产品，但后来很多企业意识到，客户如此重视服务以至于公司竟可以单独收费经营。最后，精明的制造商会努力摆脱销售产品的思维定式，转而变成服务提供商。

IBM 就是一个很好的例子。20 世纪六七十年代是 IBM 的鼎盛时期，当时这家硬件制造商打出的口号是"IBM 就是服务"，非常大方地为购买其产品的客户提供免费服务。IBM 极其热心地为客户规划方案、编写代码、整合其他公司产品和维修本公司产品，让其他竞争者都无法望其项背。但是，随着时间的推移，计算机行业开始成熟，顾客对服务的需求（此外，司法部的判决也迫使 IBM 拆分其硬件和软件业务）逐渐超过了 IBM 免费提供的能力，于是 IBM 决定改为提供收费服务。公司管理层最终发现，原来一直被他们免费付出的服务业务才是公司最有价值的产品。如今，IBM 公司的主机业务早已初级产品化，其全球服务部门却实现了高达两位数的业务增长，IBM 再也不会为了卖产品而牺牲服务了。实际上，它现在的做法恰恰相反，只要客户同意使用 IBM 的全球服务来管理信息系统，IBM 甚至可以购买对方的硬件产品。可以说，虽然 IBM 仍生产电脑，但现在它的业务主要是为客户提供服务。

为了卖服务而买产品，或者说像很多电信经营商那样以很低的价格提供或完全免费赠送手机，这表明服务经济已经在原来很多不屑者的眼中迅速发展到令人难以想象的程度。就在不久前，学者和大师们还在为服务业引领经济发展动力而痛心疾首，声称任何经济大国都离不开工业经济支撑，完全依靠服务业只能让经济发展昙花一现，会导致国家丧失竞争力，落后于世界民族之林云云，可转眼间这些忧虑就不见了踪影。实际上，经济发展重心只有转移到服务业，才能在产品日益加速初级化的恶劣形势下保持继续繁荣。

这种发展势头仍在继续。但是，初级产品化似乎不甘服输，又为服务业带来了报复。销售长途话费服务的电话公司只能在价格上一降再降；飞机越来越像牲口车，挤满了用奖励里程来飞行的乘客，实在难以为继时，航空公司就玩合并，为了维持赢利让没什么钱的旅客在飞机上服务自理；快餐店个个强调按质论价，可谁也摆脱不了推出"一元餐"抢生意的下场。（有意思的是，《经济学人》还推出了一个巨无霸指数，对比不同国家巨无霸汉堡的价格差异。[16] 或许现在应该推出一个新的"一美元指数"，以衡量不同地区的购买力。）此外，金融服务行业也是大打价格战，先是推出折扣服务，后来又出现不断压缩佣金的网上经纪服务，价值 100 美元的全套服务在这里只需支付 3 美元即可。在线股票交易网站 Ameritrade 的创始人约瑟夫·里基茨（J. Joseph Ricketts）甚至对《商业周刊》说："现在，如果一个客户能带来一定数额的保证金账户，我们根本不收服务佣金。根据交易情况，我们甚至可以付钱给愿意介绍这种客户的人。"[17] 听起来是不是很荒唐？实际上，如果你能明白发展新的高价值经济产出必将摒弃旧的低价值经济产出，就不会觉得荒唐了。

的确，互联网正是造成时下产品和服务日益初级化的最大推动力。它取消了很多传统买卖行为涉及的人的因素，其非摩擦交易的特点可以让消费者在无数商品信息中迅速进行价格对比，其快速执行交易的特点可以让消费者节省大量时间和成本。随着消费者的时间变得越来越宝贵，企业越来越追求高速经营，互联网正在把产品和服务交易逐步变成一个虚拟的初级产品展台。[18]像这样把消费者业务和企业业务变得初级产品化的网上公司有很多，我们不妨称其为初级化推动者，其中经营专业业务类别的有CarsDirect.com（汽车类）、compare.net（消费电子类）、getsmart.com（金融服务类）、insweb.com（保险类）和priceline.com（航空旅行类）等；帮助消费者寻找所有低价产品和服务的通用类初级化推动者有bizrate.com、netmarket.com、NexTag.com、pricegrabber.com和mySimon.com等。除此之外，消费者还可以轻松利用亚马逊找旧书，或是通过百度搜索想要了解的东西；还有报纸上的分类广告，以前一直是价格敏感型消费者寻找二手产品的低成本平台，现在也已经被eBay和CraigsList分类广告网站逐渐取代——所有这些无一不体现出产品和服务在互联网上的初级产品化趋势。

初级产品化的另一个重要动力是什么？答案是沃尔玛。这个价值4 000亿美元的企业是靠压榨供应商利润、增大包装尺寸和推动物流发展取得成功的。总之，只要是能降低产品销售成本的手段，它全都采用。当然，别忘了沃尔玛也销售服务，一开始只是小打小闹的食品和照相服务，现在已经涵盖验光配镜、金融管理和医疗保健。可以说，在这些领域沃尔玛也正在成为初级产品化的一支重要的推动力量。

服务提供商还要面对另一项产品制造商未曾遭遇过的不利

趋势——去中介化。像戴尔、USAA 和西南航空等公司都是绕开零售商、分销商和代理公司直接和最终用户建立联系的，此举无疑会导致中间商的裁员、破产或合并。可造成服务业雇员数量下降的第三种趋势是力量强大的自动化，如同 20 世纪对产品制造业造成的影响一样，技术进步如今正以同样的力度和密度对很多服务行业的工作机会进行打击（如电话接线员和银行办事员等）。就连一些专业服务提供商也开始发现，他们的服务正通过软件内嵌的方式逐渐走向"产品化"，例如报税程序等。[19] 此外，还有些企业的服务工作被外包到印度，制造工厂迁到中国，形成了产品和服务初级产品化的第四支影响力量。

所有这些都说明了一个无可辩驳的结论：服务经济已经风光不再，一种新的经济已经崛起，它能为企业带来新的收入，创造新的工作机会；它依靠的是一种全新的、超越产品和服务的经济产出。

体验

面对开创新价值的压力，体验经济应运而生。作为一种经济产出，当企业有意识地利用服务为舞台、产品为道具来吸引消费者个体时，体验便产生了。和初级产品的可互换性、产品的有形性、服务的无形性相比，体验的独特之处在于它是可回忆的。体验的购买者，我们在此还是沿用迪士尼乐园的称呼——"宾客"，看重的是企业在一段时间内展现出来的吸引自己的能力。正如人们从前会省下买东西的钱去购买服务一样，现在大家开始节省花在服务上的时间和金钱去寻找值得回忆的、更具价值的新目标——体验。

经营体验的企业，我们将称其为体验营造商，提供的不只是产品或服务，而是一种具有丰富感受，可以和每个消费者内心共鸣的综合体验。纵观在此之前出现的经济产出，它们都和购买者保持一定的距离，但体验却是在消费者个人内心生成的。实际上，体验是在一个人的心理、生理、智力和精神水平处于高度刺激状态时形成的，结果必然导致任何人都不会产生和他人相同的体验。每一种体验都源自于被营造事件和体验者前期的精神、存在状态之间的互动。

即便如此，有人还是认为体验是服务的一个分支，只是近期的突然发展转变才使得人们去购买这种服务。有意思的是，200多年前，就连备受尊重的亚当·斯密在《国富论》中评论产品和服务之间的关系时也提出了同样的观点。他几乎把服务视为一种必然的罪恶（他的说法是"非生产性劳动"），而非一种经济产出，理由是服务成果无法像产品那样储存，因此这种劳动没有有形的实物可以证明。斯密对非生产性活动的描述并不仅限于家仆之类的工人，他认为从"君主"到"公务人员"，以及"英联邦的安全保卫人员"和很多职业人士（如牧师、律师、医生、学者等）都在此列。显然，现在这些职业为市场创造的价值要比普通工人高得多。斯密还专门提到了他那个时代的体验营造者（演出者、小丑、音乐家、歌剧演唱者和舞者等）并指出："这些低贱工作的劳动有一定价值，它们的管理原则和其他劳动的管理原则一样，但是和那些最高贵、实用的工作相比，它们什么东西也不生产，无法购买任何等量劳动。无论是演员的深情朗诵、演说家的长篇大论还是音乐家的琴瑟和谐，这些人的工作刚一完成就消失得无影无踪。"[20] 但是，即便体验营造者的工作一完成就不复存在，但体验的价值仍留在宾客的记忆中久久挥之不去。[21] 正因为如此，很多家长不愿带孩子去迪士尼乐园，问题并不在于迪士尼本身，而是因为这种共同体验会在随后几个月甚至几年内成为整个家庭的每日话题。

虽然体验本身无影无形，但人们之所以期待体验，是因为它的价值可以长久地存在于每个人的内心。这一点也可以证明康奈尔大学心理学教授特拉维斯·卡特（Travis Carter）和托马斯·季洛维奇（Thomas Gilovich）的一项研究。卡特和季洛维奇的研究发现，购买体验比购买产品更让人高兴，它能让人产生更大的满足感。[22] 与此类似，《经济学人》总结了近期有关"快乐"问题的经济研究结果，得出的结论是："体验的快乐大于商品本身，消遣的快乐大于装饰品本身，工作的快乐大于拥有财富本身。"[23]

营造这种快乐体验的企业，不但能赢得消费者的心，还能赢得他们珍贵的金钱和时间。实际上，认为通胀是由企业把增加的成本转移给消费者而引起的，这种看法并不正确；较高的价格也意味着较大的价值，在人们花费时间这一点上尤其如此。消费者（和企业）的需求从初级产品到产品，再到服务和体验的转变过程，已经使典型的"市场菜篮"○转变成如今的高价值经济产出，这一点我们认为就连政府的统计数字也没有考虑到。2009 年，消费者价格指数（CPI）中近 60% 的消费数据来自服务业，而服务业在 1995 年之前竟然一直都没有被计入生产者价格指数。[24] 如果

○ market basket，源自于" market basket method"（标准预算法），指维持最低生活标准的消费水平。——译者注

对 CPI 统计进行研究，如图 1-2 所示，我们可以看出产品类 CPI
（使用典型工业经济产品新车为调查对象）的增幅低于服务业 CPI
增幅，而服务业 CPI 增幅又低于体验行业的 CPI 增幅。其中，统
计中调查的典型体验行业对象为娱乐场所的门票价格，具体包括
影院、音乐会和运动会等。（美国政府自 1978 年开始对体验行业
分开进行统计。）[25] 同时，我们也应当注意典型的初级产品猪肉的
CPI 涨幅相对于其他经济产出的变动情况。纯粹市场力量等日益
增长的价格变动因素，取代了所有已经被初级产品化的产品和服
务的销售者期待。[26]（在这些统计中，猪肉的 CPI 增幅超过新车，
原因在于一方面其变动率低，另一方面，汽车制造业在过去 20
年中一直处于初级产品化阶段，在提高质量的同时又要承受不断
上升的价格压力，政府的补贴使其价格增幅变缓。不过，我们猜
测这些线条会再次相交。）另外，营造体验的企业，其产品价格增
幅高于通胀率，这是因为消费者更加重视它们提供的体验感受。

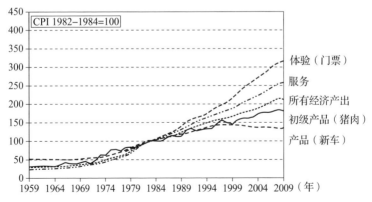

图 1-2　不同经济产出的消费者价格指数增长情况

资料来源：U.S. Bureau of Labor Statistics; Lee S. Kaplan, Lee3Consultants.com.

同样，就业情况和名义 GDP 统计也显示了和 CPI 相同的结果，如图 1-3 所示。[27] 在 1959 ～ 2009 年的 50 年中，美国初级产品的产量，按复合年增长率（CAGR）统计达到 5.2%，与此同时该行业的就业情况出现下降。制造业产量比初级产品行业略高，该行业每年提供的工作机会也呈下降趋势，但下降幅度比初级产品行业较小（但是过去 50 年制造行业用工量的相对数字下降幅度非常大）。服务业用工人数的复合年增长率比这两个行业高出约 2%，GDP 增长比这两个行业高出 7%。但是，由于体验行业的增幅更高，分别达到 2.2% 的就业增长率和 7.5% 的 GDP 增长率，因此这些行业（或领域）可以从政府对服务业增长的统计数据中去除。[28]

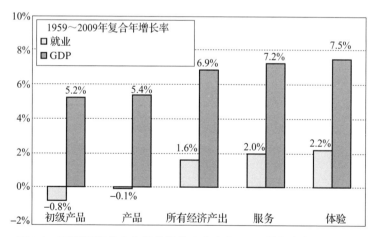

图 1-3　不同经济产出在就业增长率和名义 GDP 增长率方面的差别

资料来源：U.S. Bureau of Economic Analysis; Strategic Horizons LLP; and Lee S. Kaplan, Lee3Consultants.com analysis.

有了这些数据，我们就不难明白为什么如今很多公司都忙着在产品和服务的基础上建立体验营销了。在这个方面，服务提供商具有更大的优势，因为他们本来就不拘泥于有形的产品。当客户购买产品或接受服务时，他们可以增强背景环境，增加各种感觉刺激或采用其他吸引客户的手段，把服务变成一种令人难忘的经历。

体验化

那么，传统制造商该怎么做呢？由于缺少营造体验的经验，这种改变要求对大部分制造商来说都是个挑战。其实，他们应该注重的是顾客在使用其产品时产生的体验。[29] 很多产品设计师关注的都是产品自身的内在结构，即它有哪些用途。如果能把关注点放到每个用户对产品的使用上，那会产生什么结果呢？显然，这是一种从产品到顾客的转变，它关注的是用户作为个体对产品使用的体验如何。

我们举个例子来说明，Fodor 旅游出版公司推出一本旅行指南，为顾客提供了高度多样化的体验选择，它的"逃避者剪贴画"系列作品以彼得·古特曼（Peter Guttman，著名旅游记者、摄影师）的照片和旅游文章为特色。在《狂想冒险》（*Adventures to Imagine*）中，古特曼记录了 28 种可以让旅行者全身心沉浸其中的冒险旅游活动，这些活动虽然有新有旧，但都能让你充分享受参与的新鲜和刺激。这些活动是：船屋游、水陆两栖游、山地自行车游、赶牲口游、雪橇游、帆船游、追寻龙卷风游、峡谷挑战游、马车驾驶游、海豹观赏游、冰山发现游、海鸟观赏游、赛车游、热气球游、攀岩游、洞穴探险游、激浪漂浮游、独木舟游、直升机徒步游、宿营地徒步游、鲸鱼亲吻游、骆驼跋涉游、低空飞行游、快艇车游、古代战场表演游、冰上划艇游、北极熊探险游和狗拉雪橇游。[30] 如今，很多公司都在户外探险领域大力开发新的"可游化"体验，例如，野外高尔夫游和游击队高尔夫游（这两种高尔夫运动都不在球场进行，而是分别在未开发的乡村野外地形和废弃的城市街道中进行）、无约束滑板游（无绑腿的单板滑雪）、峡谷激浪游（在山间激流中冲浪，常见于瑞士和新西兰）、水上滑板游（船只牵引式高速滑水）和冰山徒步游（常见于挪威等地）。

为支持这些新的活动方式，像 Bass Pro 公司、娱乐设备有限公司（REI）和坎贝拉等零售企业纷纷开始销售相应的旅游设备。同时，这些公司在零售领域体验化方面也开创了行业先河。Bass Pro 公司把户外环境布置到了室内，REI 公司在很多店面搭建起55 英尺[⊖]高的假山，供顾客体验攀登设备；坎贝拉公司搭建了35 英尺的全景山地，山上甚至还有各种野生动物——当然，它们只不过是经制作师填充过的动物标本。有鉴于此，我们的建议是，即使顾客对探险活动没什么兴趣，制造商也必须在产品设计中大胆地提升用户体验，即让你的产品具备"体验化"特性。我们都知道，汽车制造商对此比较重视，知道必须提高客户的驾驶体验，但是这还远远不够，它们还必须注重汽车这个产品在使用中给客户带来的非驾驶体验。例如，很多女性一直都期盼汽车制造商可以在车内为她们专门提供一个便于安放女士包的地方。此

    ⊖   1 英尺 = 0.304 8 米。

外，对于数百万每天忙碌不停、需要在车上靠快餐打发午餐的人来说，提升车内用餐体验也是一个很好的产品开发思路。

实际上，家用电器行业的老总们早就开始动这个脑筋了。美泰克公司前任执行官威廉·比尔（William Beer）曾对《工业周刊》（Industry Week）这样说过："现在，饮食体验无所不在，人们上下班在车上吃东西，回到家里看电视也吃东西。"因此，比尔的总结是："消费者可能需要安装在车上或是沙发扶手上的小型冷冻盒"，这个创新能极大提升用户在各种场合下的饮食体验，但是对于那些只关注电器本身而忽略了用户饮食感受的行业传统思维模式来说，是永远也想不出来的。[31] 现在美泰克品牌已被惠而浦公司收购，惠而浦在产品创新过程中非常重视用户体验，公司的烘干型洗衣机高度强调摆放在房间中的时尚外观，看上去就好像是停在车库里的一辆豪华赛车。谈到车库，惠而浦开发了"角斗士"车库系统，包括一整套车库用设备。公司新推出的"随身男仆"产品可提供"服装新生功能"，此设备可对服装进行类似干洗加烘干的服务。不难看出，这些新产品的设计理念都强调用户在使用电器时产生的体验，创新者正是抓住了这一点才构思出来的。

其实，很多产品包含的体验角度并不是只有一面，而是有很多可以开发的方向。例如，服装生产商可以注重产品的穿戴体验、清洗体验，甚至可以是悬挂体验或叠放体验；办公用品制造商可以开创新的公文包体验、废纸篓体验或电脑屏幕体验。作为制造商，只要你试着琢磨能否在产品特性后面加上"体验"，马上就能想出可为产品的使用活动增添附加值的服务，在此基础上更进一步，你可以围绕这些服务营造出令人难忘的体验——恭喜，这时你就能挣更多的钱了。

所有的产品都可以"体验化"，防水胶带就是个例子。俄亥俄州埃文市的 ShurTech 公司很有创意，用各种办法把"鸭子"这个胶带品牌变成了一种用户参与式的体验。这个公司做的第一步，是把产品嵌入到体验式品牌中。[32] 这个品牌采用"信任鸭子"作为吉祥物，这只鸭子可不光是公司标志，而是利用体验化品牌和所有客户互动的全方位主题。该公司的产品嵌入甚至深入到和企业员工进行品牌互动的程度，例如 ShurTech 公司的办公室被命名为"全球鸭子胶带中心"，其主题化办公室理念和迪士尼在游乐园的办公室设计思想如出一辙。这家公司还高度强调，它为客户提供的是演职人员所需要的产品体验。在鸭子胶带的公司网站上有一个空间，公司管理者和顾客可以在这里交流各种"鸭子活动"，以便让产品的使用更具体验性。例如，你可以在这里看到很多独特的产品使用方法，包括怎样用鸭子胶带制作出一个时髦的万圣节挎包。

这种强调支持体验的观点，首先要求你做到产品的感官化，用最直接的方式把产品变得更容易体验，即添加一些元素以提升顾客和产品的感觉互动。有些产品本身就具有很高的感官互动性，如玩具、棉花糖、家庭影院、音乐 CD、雪茄烟、葡萄酒等。实际上，通过强化顾客的使用体验，任何产品都可以感官化。[33] 要做到这一点，企业首先必须弄清楚你的产品对顾客的哪种感觉影响最深（同时也可能是最容易在传统产品设计中被忽略的感觉），找出这种感觉和产品潜在的感觉触发元素，然后重新设计

产品，使其在体验性方面更具吸引力。例如，ShurTech 公司提高
感官化程度的一个做法是提供五颜六色的产品，其鸭子胶带共有
20 多种颜色，真正做到了让顾客"我的色彩我做主"。

　　接下来，ShurTech 公司通过建立产品圈子的方式，让顾客
可以炫耀自己使用鸭子胶带的独特方式。"鸭子胶带俱乐部"的
成员可以在这个圈子里分享小窍门，讲述使用产品的奇特经历，
（比方说鸭子胶带吊床，你听说过吗？）或是享受专属的产品促
销机会。此外，公司也故意制造一些稀有产品，将其投入到体
验化过程中去。例如，ShurTech 公司推出"世界最大卷鸭子胶
带"，在选定的零售店循环展出，以便产品"粉丝"来一饱眼福
和"手福"。

　　最后也是最重要的一步，是企业必须时刻不停地实现产品的
"演出化"，即营造体验机会。例如，ShurTech 每年都举办"黏人
达人舞会"竞赛，在竞赛中胜出的高中毕业生可以赢得公司赞助
的大学奖学金。这些学生在舞会上穿的燕尾服和礼服全都是用鸭
子胶带做的，舞会结束后会把照片交给 ShurTech 公司评判，最
后选出获胜者。与此类似，"年度鸭子胶带老爸"竞赛也是一项
大众参与活动，老爸们用胶带做出各种造型，看谁得到的好评最
多。此外，ShurTech 公司每年 6 月还承办"埃文市传统鸭子胶带
节"，活动包括各种极富特色的体验方式，其中最热闹的要数鸭
子胶带造型大展示了。

　　其实，很多制造商早已为自己的产品营造了体验方式，它
们建立企业博物馆、主题游乐场或是在产品之外增加其他诱人之
处，尽管这些体验只不过是它们的一个副业。像这样的制造商，

好时巧克力世界（除了在宾夕法尼亚州赫尔希市哪里还有？）大概是最有名的，但绝不是唯一的。其他以营造体验闻名的公司有：Spamtown 午餐肉博物馆（明尼苏达州奥斯汀市荷美尔食品公司）、固特异轮胎橡胶博物馆（俄亥俄州阿克伦市）、蜡笔工厂博物馆（宾夕法尼亚州伊斯顿市宾尼史密斯公司）、乐高积木世界（丹麦）、吉尼斯啤酒博物馆（爱尔兰都柏林市）和喜力啤酒体验中心（荷兰阿姆斯特丹市）。[34] 尽管并不是每一家制造商都有足够的空间开办可以卖票收钱的博物馆，但是每个公司都可以对生产过程重新设计，将其变成小型化的工厂旅游线，把每日采购和消费的糖果、玩具、饮料和其他产品变成一次难忘的经历。这样做的目的，是为了拉近客户对产品的设计、生产、包装和交付过程的了解。与单纯的销售产品相比，顾客更喜欢商家在营造好的体验中向其交付产品。例如，在德国沃尔夫斯堡，大众汽车在其工厂旁边兴建了一座汽车主题公园，在这里交付新车让很多客户感觉非常好，比毫无趣味可言的 4S 店要强多了。

实现产品的"体验化"，是为了把顾客的注意力从产品（及其支持服务）本身转移到包含产品的体验上，这样可以避免企业业务的初级产品化，增加产品的销售。Gumball 糖果自动售卖机就是一个很好的例子，它在世界各地的销量简直不计其数。它之所以热销就是因为好玩，一枚硬币投进去会沿着螺旋形的通道叮叮咚咚地跑上好一阵儿。要说起来，它和别的机器提供的产品完全一样，都是 Gumball 糖，而且它的出货速度还不如别的产品，因为你得站在那里等半天；可是，就是因为有这么个超越产品和服务的新奇小装置，它的销售量居然比其他产品高出好多倍。

营造体验的第一原则

要想营造吸引顾客的体验，首先要打破传统的思维方式，建立体验化思考能力——你不但要思考产品的设计和生产，更要琢磨如何以这些产品为基础设计和组织用户体验。而要建立这种思考能力，首先要看如何把产品给"体验化"。可以说，让产品实现"体验化"是有效营造体验的第一原则。

对于企业和行业实现从产品到服务再到体验经济的转变，这条原则可以提供重要的指导作用。例如，正是对体验化的思考促成了 Go RVing 联盟（一个由休闲车行业协会、休闲车交易商协会和其他行业群体组成的车友联盟）的诞生。从此，休闲车制造商不用再面对竞争拼命推销自己的产品特点和好处，而是和其他相关群体一起致力于提升用户使用其产品的快乐感受，这就使企业的经营目标和重心发生了有利的变化。

对产品"体验化"原则的融会贯通甚至可以帮助企业推出基于体验的新业务，小熊工作室就是这样的例子。小熊工作室不只提供新的泰迪熊产品，其公司创始人马克西恩·克拉克梦想的目标是让这里成为"3 ～ 10 岁的孩子"亲手填制自己喜欢的动物玩具的地方。在小熊工作室，顾客制作一个填充动物，整个体验过程分为八个阶段，分别是：挑选我（小朋友在 30 多种动物皮肤中选择喜爱的产品），听听我（录一段声音或是选一段录好的声音芯片做填塞用），填满我（填充并拥抱动物，确保填充物不多不少），缝好我（小朋友许愿，为动物填入心脏），摸摸我（小朋友给动物梳理毛发，陪动物一起玩），起名字（给动物起名，领取出生证明），穿衣服（为动物穿上不同个性的衣服），回家去（不是把动物塞进购物袋，而是用彩色房子形状的纸盒做成的宠物之家）。在网上，这家公司还推出了小熊之家虚拟游戏，在网上贴出了很多宠物房子的建造方法。

实现体验化的两种方式

考虑如何实现体验化有两种方式，第一种是寻找公司日常经营中可以在产品体验方面添加"……游"同时又被经常忽略的概念，找到这些潜在的机会可以马上帮你提升顾客体验。例如，咨询顾问约翰·蒂基利斯（John Dijulius）和零售商合作，帮他们把员工日常问候顾客的方式转变为富有吸引力的交际活动。大家对这样的场景肯定不陌生，走进商店，店员通常会说"您需要点什么"，而大部分顾客的回答都是"我随便看看"。为改变JoAnn织物连锁店的问候方式，蒂基利斯建议员工改问顾客："您想买点产品做什么用呢？"这时，很多顾客会高兴地告诉他们自己构思的工艺品装饰计划。瞧，很简单的一句新的问候体验，就足以让店员为顾客提供产品建议，从而实现巨大的潜在销售机会。实际上，几乎每一家零售商都可以重新构思问候语并从中受益。再举一个例子，航空公司在播放安全事项时也可以改变顾客的体验。过去，空姐都是通过麦克风用一成不变的语调向乘客"灌输"注意事项，让人觉得无聊透顶，面对这种现象，西南航空公司想出一个改变乘客体验的奇招，让空姐用幽默的语调甚至是用唱歌的方式播放注意事项，收到了非常好的效果。维珍美国航空公司也不甘示弱，推出了动画乘务员节目，通过装在座位靠背上的显示器以高度娱乐化的方式向乘客播放注意事项。

一些经常被忽略的游戏化内容也可以成为重要的创新素材。例如，面食餐厅连锁店 Cereality 公司发现喝牛奶就是一个可以游戏化的机会，为此专门开发了新的吸管勺餐具。这种勺子很好玩，既可以舀，又可以像吸管一样吸，它有一个中空的部分，从勺底一直延伸到勺柄末端，受到了很多顾客的好评。鸡肉连锁餐厅 Chick-fil-A 在新店开业中发现了以往被忽略的顾客体验机会，为此这家总部位于亚特兰大的公司决定，每一次开新店时都推出活动，为前 100 名来消费的顾客免费提供一年的鸡肉汉堡。这个消息引起了轰动，很多人不惜提前一天搭起帐篷在店门口守候，就为了争夺这前 100 名的机会。此外，在活动期间 Chick-fil-A 公司还在店外停车场举行各种游戏和其他消费者互动，公司首席执行官丹·凯西（Dan Cathy）经常会参加这些晚间欢庆活动，他不但经常发表激动人心的讲话，还喜欢在关键场合表演一段小号活跃气氛。（"狂欢曲"是早上的起床号，而表现赛马内容的"各就各位"曲目则表示店铺马上就要开张，号召大家准备好冲刺。）这种体验极富戏剧性，很多顾客都拍摄了照片和短片放在网上和大家共享。

在康涅狄格州辛斯伯利市，马克·布拉迪厨房设备公司的创始人马克·布拉迪（Mark Brady）从事的是厨房和卫生间改造工作，他把电器、细木家具、设备、油漆、壁纸和其他装修材料的选购看成是独特的体验机会，为潜在顾客推出了"购物游"活动。布拉迪租来一辆加长豪华轿车，陪伴顾客（通常是夫妻两人）挨个游览十几家供应商店面，每到下一家店参观之前，他会用准备好的内容和顾客积极攀谈，给他们做采购指导。这种方式不但节省了顾客的时间（他们不必再在城里东奔西跑地参观各家建材店），而且还是很不错的结朋识友的机会（游览结束时轿车司机亲自开门，派发零食，布拉迪会打开香槟为大家庆祝）；顾客们不但为装修选好了各种材料，还非常乐意请布拉迪为其承包装修工程。（当然，布拉迪肯定会把 750 美元的购物游费用添加到这些工程报价中。）

所以，您也不妨思量一下，看自己的企业中有没有被忽略的游戏化体验，找到这种机会，你就能为顾客有针对性地开发出吸引人的体验活动。

在此基础上我们再进一步，实现体验化还有第二种方式，即创造新的、从未出现过的游戏内容，如海鸟观察游、野外高尔夫游、无约束滑板游和室内装修游等，这些都是全新的体验事物。（当然，顾客对任何新事物的体验都有个熟悉过程，一旦普及之后这些新事物也就不再新鲜了。例如，蹦极游刚出现时就是一个陌生概念，但现在几乎全世界的主要度假地都有这种活动了。）这种方式是利用游戏化来创建全新体验，而不是在日常经营中寻找被忽略但已经存在的体验。只要把新产品作为道具，新服务作为舞台，在此基础上营造新的体验，那么新的游戏化事物自然就会出现。例如，苹果公司的 iPod 就是一种新产品，而 iTunes 是一种新服务，两者的结合就催生了播客和"播劫"⊖两种新体验，

⊖ podjacking，作者的解释过于简单，这个新造词由 iPod 和 hijack 合成，它实际上指的是抢夺别人的 iPod，更改播放列表的行为，尤指开车时不喜欢对方的音乐品位而强行更改的做法。——译者注

其中前者我们已经很熟悉，但后者仍是相对新鲜的事物，它指的是两人交换 iPod 以查看彼此的播放列表的活动。（值得一提的是，在写作时电脑中的单词拼写检查软件可以识别播客的英文表达，却显示播劫的英文表达有误。）

尽管这两种方法都可以达到创新体验的目的，但人们还是更容易从新的构词表达中想出新的体验方式。例如，来自英国的 TopGolf 公司就是这样，这家公司在各国都有业务，其经营活动已经超越了对高尔夫练习场的改善。其他公司一般都针对 18 洞球场设计使用体验，但 TopGolf 却特立独行地推出专属产品，提供自助式的高尔夫体验。这家公司在每个高尔夫球和降落区内都安装了电子芯片，可以实时监测每个球手击出的每个球的降落位置，而且可以把每轮结果显示在电脑屏幕上，真正做到让每个玩家随时都能登上排行榜。此外，来自新西兰的 Zorb 公司推出的同名游戏体验也让人大呼过瘾，它把人装入一个直径 3 米的透明大塑料球中，球体内部是双层结构起保护作用，然后让球从山顶一直滚落到山底！

芝加哥在创造新体验方面也有两个著名例子，这些体验也都是独一无二的新事物，其中一个名叫"奶牛大游行"，另一个叫"摇头娃娃热"。20 世纪 90 年代中期，芝加哥大北部地区密歇根大道协会首创了"奶牛大游行"活动，他们请当地艺术家对 300 件从瑞士进口的青铜奶牛雕像进行各种装饰，完成后把这些"奶牛艺术品"分散到市区各个角落展示以促进旅游业发展。没想到，这个举动一下子蔚然成风，很多城市开始效仿芝加哥的做法，它们使用的主题物品五花八门，有吉他（克利夫兰）、飞猪

（辛辛那提）、花生造型（圣保罗），还有巨大的用合成树脂制成的鸭子（俄勒冈州尤金市，这里是俄勒冈大学鸭子队的家乡）。

芝加哥在体验创造方面的另一个著名案例是 B2B（商对商）营销活动，实际上，我们觉得应该称其为 A2A（空对空）体验才更准确。这种体验是由芝加哥地区商业协会论坛首创的，该论坛是芝加哥地区各商业协会主管和经理的专业组织。多年来，该论坛虽然一直努力，但仍然很难在非会员协会中找到可以吸收的新成员，为此他们构思了一种新的体验方式。他们不再像以往那样通过直邮从数千人中大海捞针，而是改为向 30 多个最积极的会员寄送协会常务董事和义务总裁的摇头娃娃，而且，每个摇头娃娃都带有"关爱成长"的精美包装，里面装有这些负责人在芝加哥主要景点摄影留念的明信片（以便会员邮寄给其他协会的朋友），展示摇头娃娃在会员办公室工作的使用说明，以及最重要的内容——邀请加入协会的申请表。随着摇头娃娃热的兴起，芝加哥地区商业协会论坛一下子吸收了 300 多位新会员，与以前费尽力气只能获得 1% 的结果相比，这种体验式营销带来的回报超过了 10 倍。

所以，我们希望各位企业负责人好好想一想，你能提出哪些游戏化事物来创造全新的顾客体验？如果你能准确地说出可以游戏化的内容，那就可以找机会将其变成能带来巨大成功的体验式现实。

经济价值的递进

我的女儿瑞贝卡·派恩有一次在我过生日时写了张纸条，上面写着："最好的东西并不是事物。"这句话其实很值得思考，我们不妨来看看每个人成长中必经的经历——生日聚会。出生于"婴儿潮"一代的美国人，大都记得儿童时代过生日的情形，那时妈妈会四处凑原料，给孩子烤制一个蛋糕。这件事对商业意味着什么呢？——意味着她要弄来奶油、糖、鸡蛋、面粉、牛奶和可可粉等初级产品；那这些原料当时价值多少呢？最多也就是几十美分的样子。

后来，像通用磨坊推出的贝蒂妙厨产品，以及宝洁公司推出的杜肯汉斯产品，都把制作蛋糕所需的原料成分包装成了即开即用的蛋糕伴侣和罐装蛋糕霜，因此消费者对上述初级产品的需求就大大减少了。20世纪六七十年代，这些在超市货架上供不应求的工业制成品的价格又是多少呢？也不贵，一两美元左右，但至少要比初级产品的成本高了不少。不过，成本的增加同时也带来了产品价值的增长，显然这些产品在口味、质地、搅拌度和节省时间方面要比初级产品强多了。

到了20世纪80年代，很多父母已经不再自己烤蛋糕了，而是给超市或蛋糕店打电话订购。他们甚至可以指定想要的蛋糕类型和糖霜品种，送货时还可以让对方在蛋糕上做出字样和特别造型。至于价格，为10～20美元，这种服务的成本要比购买超市原料在家烤制高出10倍左右，但其所用的原料成本实际上和自己烤制的情况完全一样，都不足1美元。可是，很多父母还是觉得直接订购很划算，因为这样可以节省时间和精力去筹划生日聚会的其他活动。

那么，21世纪的家庭又是怎样庆祝孩子生日的呢？答案是

把整个活动外包给 Chuck E. Cheese's、Jeepers!、Dave & Buster's
等生日活动公司以及无数本地的"家庭娱乐中心"承办。如
图 1-4 所示,这些公司为家庭及其亲友承办生日体验活动的收费
一般在 100 ~ 250 美元,当然视活动规模有所不同,价格也会更
高。伊丽莎白·派恩过 7 岁生日时,我们一家到康涅狄格州瑞丁
县附近的一个名为新池塘农场的地方做怀旧之旅。在这里,伊丽
莎白和 14 个最要好的朋友享受了一次传统的农业经济时代的生
日体验,她们给奶牛刷毛、抚摸绵羊、喂鸡、自己做苹果酒,还
坐上干草车在乡间的树林里逛了一大圈。[35] 当所有的礼物全部打
开,所有来宾都离开之后,生日服务公司的人给伊丽莎白的妈妈
朱莉拿来了账单,我问她一共花了多少钱,朱莉说:"一共 146
美元,还不算蛋糕。"(天哪,竟然这么贵!)

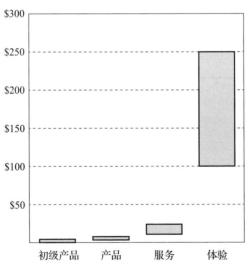

图 1-4 生日作为不同经济产出的价格

如图 1-5 所示，生日聚会这个小案例充分说明了经济价值的
递进规律。[36] 从图中可以看出，从单纯的蛋糕原料（初级产品）、
混合包装原料（产品）、蛋糕制成品（服务）和聚会承办（体验），
每种相继出现的经济产出，其价值都出现了显著增长。这是因
为，不同时代的消费者发现这些经济产出真实地反映了他们的需
求（在本案例中，满足我们需求的是采购现成的生日聚会活动）。
由于承办这种业务的公司可以提供各种各样的体验，因此它们很
容易在企业产出上实现差异化，并为提供独特的价值收取不菲的
费用，而不是按照市场的竞争价格收费。与现在别人做好的蛋糕
相比，以前妈妈亲手烤制的蛋糕所用的原料完全一样，而且成本
价格也没有多少差别。与此类似，在老式的农场营造生日体验所
花的成本也非常有限，充其量只是一些人工费用、食品费用和几
小时的折旧价值，但这种新颖的做法却让经营者大赚了一笔。[37]

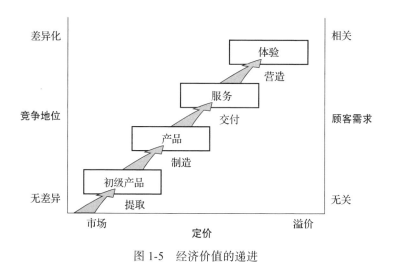

图 1-5 经济价值的递进

　　沿着经济价值递进规律转型的另一个成功案例，是被美泰玩具收购的普利桑特公司（The Pleasant Company）。这家公司由曾担任过小学教师的普利桑特·罗兰德于20世纪80年代创立，主要生产各种美国女孩娃娃。这个产品系列的与众不同之处在于，它的每一个娃娃都代表美国历史上的一个特定时期，针对每个时期，公司都推出了五六本小说读物。因此，购买这些娃娃的女孩同时也能熟悉美国的历史故事，此举主要通过产品目录和网络向家长营销，一经推出就受到了好评。1998年11月，普利桑特公司在芝加哥的密歇根大道开办了第一家美国女孩娃娃店，成为一个强调独特体验的主题消费地点。这里有娃娃美发厅、照相馆、"咖啡"餐厅、娃娃展示厅，以及各种可以抱着娃娃玩或是看书的角落；店内员工以表演的形式提供服务，如设有接待员，需要修理的娃娃要到医院挂号，诸如此类的新鲜构思到处都是；此外还提供各种特别活动，如主题聚会、晚间游览和生日聚会等。凡是到过这里的人都很难想象它是一家零售商店，因为美国女孩娃娃店里的一切都是营造出来的顾客体验。你当然可以在这里买娃娃、买书、买家具、买衣服、买各种各样的小东西，甚至可以买和娃娃配套的给孩子穿的衣服，但是，在这里买卖永远都是排在体验之后的行为。据统计，每位顾客每次来到这里的平均逗留时间（注意，是平均逗留时间！）都会达到4小时以上。也就是说，与其说他们是来买东西的，倒不如说他们是来这里玩的。

　　好吧，下面我们就来算算这笔账。一家人到美国女孩娃娃店来玩，和娃娃照一张相花费20美元（当然要预先化好妆），然后可以把照片打印到《美国女孩》杂志自定义封面（订阅普通版每年要另交 19.95 美元），为了保持娃娃的发型，还要去美发店再花 20 美元给它做头发，然后到咖啡餐厅吃一顿定价客饭，包括小费在内，每人消费一次早餐、午餐、茶餐或晚餐的价格在 17 ～ 26 美元，即使他们不参加生日庆祝（每人 32 美元，豪华版每人 50 ～ 65 美元）也不参加晚间活动（每个女孩花费 200 ～ 240 美元），一家人怎么也要在这里花上几百美元——这还不算买东西的钱。当然，尽管价格不菲，花费这么多时间和金钱享受体验却可以激发顾客的美好回忆，为传说中的美国女孩产品创造出更大的市场需求。

随着体验营造的迅速成功，普利桑特公司把美国女孩娃娃店也复制到了纽约（位于曼哈顿大道）和洛杉矶（位于格鲁夫大街）。此外，美国女孩精品店和专卖店等新的店面形式（面积较小）在亚特兰大、波士顿、达拉斯、丹佛等地以及美国摩尔购物中心纷纷出现。很快，普利桑特公司的销售量大增，这不但源自于其各地零售店销售收入的增加，而且与公司总部的商品目录营销和网站营销密不可分。公司总部收入的高速增长，显然得益于消费者乐不思蜀的体验对需求的刺激。可以说在今日的体验经济中，体验本身就是营销。

让我们开始行动

其他儿童体验制造商，如 The Little Gym 公司和 KidZania 公司，现在也开始闻名海外。正如各种旅行团队会促进相关运动协会的发展一样，儿童训练营也是一个巨大的商机，在体育课程和个人辅导等方面会催生很多额外收费活动。对成人来说，烹任学校、训练营、健身水疗等活动是他们喜欢经常光顾的体验项目。当然,新奇的体验活动也层出不穷,例如在科罗拉多州斯廷博特斯普林斯市有个叫 Dig This 的公司,可为顾客提供类似 B2C（商对客）的"战斧"挖掘体验。该公司推出的一项活动名为"挖掘剥落",是一种结合了建筑机械游戏和水疗的古怪体验。同样,全新的旅游方式也纷纷出笼,比如电影拍摄地游、美食游、医疗手术游、灾难现场游、气候变化游,甚至还有博士游（费城的 Context 旅行社推出此项目,让博士专家带领游客在欧洲各大城市旅游）。机场也成为体验式消费中心,其中阿姆斯特丹的史基浦机场更是这方面的佼佼者。这些机场推出了很多新奇的旅游点和目的地,如沙漠之国的迪拜滑雪村、瑞典冰雕酒店和冰上酒吧,以及巴哈马群岛和迪拜天堂岛上超豪华的亚特兰蒂斯酒店等,其新奇程度只有内华达州黑岩沙漠中的火人节可以媲美。在美国国内,各大商场也逐渐变成"生活体验中心";咖啡文化遍布各地,从星巴克到卡里布,再到来自荷兰国际集团的咖啡直达,生意一个比一个好;健身中心也开始强调在体验营造的基础上建立差异化服务,从主题腹肌训练到基本曲线塑造,再到大型的终身健身项目,花样一个比一个多。在酒店方面,在伊恩·施拉格公司成功推广"精品酒店"概念后不久,金普顿酒店、快乐生活酒店、喜达屋酒店以及以 Design Hotels（总部在柏林）为代表的数百家独立酒店遍布世界各地。在娱乐业方面,蓝人组合○

○ Blue Man Group,蓝人组合是一个来自旧金山的创作团体,由三个戴着涂满蓝色油漆的塑胶头套、身穿黑衣服的人组成,在很多广告和多媒体领域中有出色的作品。其代表作是英特尔公司的处理器广告。——译者注

和太阳马戏团[○]营造了无与伦比的全新体验。在博物馆方面，观众参观的体验也得到了彻底改变，在华盛顿特区的国际间谍博物馆，密尔沃基的哈雷·戴维森博物馆（展示哈雷摩托车发展史），以及伊利诺伊州斯普林菲尔德市的林肯总统图书馆和博物馆，都开始提供全新的参观体验。同样，互联网在营造网络新体验方面也不甘落后，例如，美国军方在 americasarmy.com 上提供了美军指挥游戏，林顿研究中心推出了《第二人生》游戏，暴雪娱乐公司推出了魔兽世界游戏。更新奇的是，新体验营造甚至延伸到殡葬业——费城郊外的 Givnish 葬礼之家，可为全美各地的葬礼司仪提供"人生庆典"服务。可以说，如今很难找到不受体验经济转型影响的行业。

当然，在市场中供给需求法则还是会发生作用的。如果企业无法持续提供吸引顾客的体验却对体验活动收费过高，或是在营造体验时能力开发过度，这些都会导致需求压力或价格压力的产生。例如，Discovery Zone 曾是一家表现不错的生日聚会表演公司，由于无法持续营造体验活动，游戏开发能力太差，很少顾及那些负责付费的成人的体验，这家公司在短暂红火之后就破产了。³⁸ Planet Hollywood 公司的情况也差不多，由于无法更新体验活动而不得不大量减少营业地点，公司销售额直线下降。很多

○ Cirque du Soleil，其前身是由法籍加拿大街头表演艺人组成的一个表演团，发展到现在已成为一个跨国性娱乐表演企业。除了设在加拿大蒙特利尔的总部外，太阳马戏团在欧洲的阿姆斯特丹、美国的拉斯维加斯和亚太地区的新加坡都设有区域办事处。公司在全球拥有 2 100 名员工，成立 17 年来巡回世界 130 多个城市表演，参观人次超过 3 000 万人次。——译者注

主题餐厅也是一样，顾客经常发现第二次再来和初次到访的体验毫无变化，这就让他们的印象大打折扣。其实，就连体验经济的楷模迪士尼乐园也遭遇到这种问题，过去几十年来其明日世界项目一成不变，早就成了老掉牙的体验。由于迪士尼迷们的反应冷淡，迪士尼公司不得不投资几十亿美元对加州探险乐园中的项目重新进行改造。

随着体验经济在21世纪逐渐展开，未来会有更多体验营造商发现业务经营变得越来越难。例如，20世纪90年代，在众多主题餐厅中只有少数几家最好的企业坚持到了新千年。不过，这种混乱现象并不是体验经济时代所独有的，而是每一次经济转型都会产生的结果。例如，以前在密歇根州东部曾经有100家汽车制造商，在密歇根州西部有40多家谷物产品制造商，现在，这里只剩下底特律的三大汽车厂（取决于读者的个人判断）和巴特尔克里克市凯洛格这一家谷类产品制造商了。曾几何时，有很多企业都是工业经济时代的中坚力量，如今却早已物是人非。

工业经济和服务经济的增长带来了经济产出的大量出现，如今这些产品还在，而当初发明和创造它们的企业却早已作古。体验经济的发展也是这样，当企业在经历经济学家约瑟夫·熊彼特所说的"创造性破坏风暴"时，那些随着制造业和服务业逐渐衰退的公司会慢慢淡出人们的视野，与体验经济变得毫无关联。为了避免这种命运，你必须学会如何营造丰富而动人的顾客体验。

第 2 章

大幕拉开

The
Experience
Economy

8月一个闷热的夏夜，地点伊利诺伊州埃文斯顿市，你站在丹普斯特大街和爱姆伍德大街拐角，看到对面有家名叫 LAN 竞技场的店面，不知其详的你径直走了进去，想看看这个店到底是做什么的。一进门，面前是个高台，里面有个小青年，身穿一件T恤衫，上面挂着一个印有"弗朗西斯科司令"字样的徽章。对方朝你进来的方向看了一眼，嘴里含糊地嘟囔了几个字，好像是说"欢迎光临"。你朝他点点头，对他想要解释店内奇怪声音的做法并不理会，而是又向里面走了几步。

室内的墙壁光秃秃的，地面上空空如也，经过夏季雨水的冲刷，一股淡淡的水泥味道向你飘来。整个房间的色调呈现出灰白色，从里面透出的影像和声音吸引了你的好奇心，转到高台背后，你的视野豁然开朗，面前是 14 台电脑，配有大屏幕显示器、标准键盘和各种附件，其中有一半电脑面前都坐着人，他们动作飞快地操作着鼠标键盘，让人不由得感到这些人的大脑一定也转得飞快。这下你终于明白为什么进门之后总是会听到那种奇怪的咔嗒声了，原来那是键盘的敲击声和游戏操作杆的滑动声。就在这时，在目光紧盯屏幕的六个人中突然有人喊道："快滚，你这个脏兮兮的混蛋！"吓得你条件反射般地躲到柱子后面。一阵莫名其妙之后，你终于发现，原来那些话不是对你，而是对你前方电脑里的人物说的，可不，电脑里那个打得正带劲的动画形象果然是脏兮兮的。这时，另一个家伙旁若无人地喊了起来："谁在那儿？你惨了！看你这回往哪儿跑！"不远处，传来另一个人的咒骂声，两人你来我往，斗得好不热闹。

你走近了几步，想看清楚这些玩家和他们在电脑里的机械形象，这时你注意到每一台电脑上都有一个名字，上面写着托比、法吉、紫金刚——果不其然，还有你预料之中的拉里、摩尔和科里。电脑屏幕上，一边是向伊斯特伍德砰砰射击的人，兴奋得大喊大叫，另一边是绰号为"佛"的人四处躲避，不停咒骂。你转身朝那位"弗朗西斯科司令"望去，这才发现在他身后有几个架子，上面堆满了各种软件包。你走过去凑近观看，更多稀奇古怪的名字蹦了出来，有什么暗黑破坏神、红色警戒、魔兽争霸 2、命令与征服。哈！没错，原来他们是在联网打电脑游戏。看到你好奇的目光，那位"司令"开口道："这个叫雷神之锤，有点像电子版的抢旗游戏。"

这下你总算明白这个地方为什么这么好玩了，就算站在一旁观看也觉得跟自己玩一样带劲。瞧，多有意思，三对三，虽然他们坐的位置不超过几米远，却能通过局域网在虚拟世界中酣战不休。在这里，你看到了每个玩家脸上的兴奋表情，看到了人和机器的高度融合，看到了胜利者击败对手后产生的巨大喜悦。尽管被打败有些失望，但失败者还是会兴高采烈地再来一局。终于，带着一丝犹豫和几许兴奋，你低声问"司令"能否加入他们。现在，你也可以坐下来好好体验一把游戏的快乐了。

上面这段文字是以第二人称对电脑游戏的描述，跟我们第一次去 LAN 竞技场网吧的感觉基本上差不多。20 世纪 90 年代，这种网吧遍布美国城镇各个角落，人们只要掏钱就可以呼朋唤友到里面玩上半天游戏。弗朗西斯科·拉米瑞兹（Francisco Ramirez）司令是这家网吧的三位合伙人之一，他告诉我们，普通顾客使用电脑的价格是每小时 5 ～ 6 美元，经常来的回头客可以办年卡，价格从 25 ～ 100 美元，能享受优惠使用价格、在网吧内的保留座位以及偶尔参加正式比赛的机会。

LAN 竞技场的网吧生意很兴隆，这让我们不由得想起，二三十年前遍布美国各地的录像带夫妻店，当时的情形和这些网吧十分相像。作为一种过渡时期的解决方案，这些个人所有自主经营的小店早已成了历史，随之而来的是大型企业带来的创造性破坏、创新性分销和商品促销计划。此外还有影视行业的整合，总是制造出轰动一时的作品，一举夺得这个新生行业绝大部分的市场份额和销售收入。当然，时过境迁，昔日那些轰动一时的公司如今也要面对 Netflix 租赁公司的免费服务和分时定价模式带来的新竞争，后者不但能为顾客带来无尽的视听体验，而且其费用是按月支付而不是按每次租赁收费（当然，传统租赁模式中令人讨厌的超时退还罚金就更不存在了）。

同样，LAN 竞技场的经营模式，一群玩家坐在同一个地方游戏，也是一种过渡解决方案。这种模式后来变成玩家在家里游戏，直到今天变成玩家在互联网上互动游戏。LAN 竞技场提供的是一种即玩型游戏环境，相比之下那时要在家里自己安装游戏环境不但价格昂贵得多，而且也麻烦得多。但是，随着后来电脑硬件价格的迅速下降以及宽带服务的普及化和免费化，这种情形很快就发生了改变。如今，高速游戏体验已经转移到互联网中，众多玩家可以同时参与同一场雷神之锤游戏，或是和网络中无数素不相识的玩家对战。的确，游戏体验的竞争未来几乎是完全没有边界的。[1]

有意思的是，随着直接化、网络式、家庭游戏竞争形式在游戏体验中一统天下，"局域网互动"又开始重新风行，成为世界各大城市的重要事件。显然，早已寿终正寝的 LAN 竞技场网吧似乎又意识到了新的方向。社交互动、游戏之外的游戏，这些因素其实和电脑桌面游戏带来的快乐一样重要。科技工作者预计，用不了几年时间，实时音频、视频和触摸技术就会发展到一个全新的高度，使我们能够在虚拟环境中体验到和现实完全一样的互动感受，也就是说，我们很快就可以在网络中大嚷大叫、嬉笑怒骂，甚至可以和别人推来攘去。显而易见，如果没有随后出现的虚拟社交体验，任何网络游戏体验都不可能是完善的。[2]

与此同时，局域网互动体验在营造地本身就是一场大型的公演活动。就在 LAN 竞技场网吧成立差不多同一时间，雷神之锤游戏的开发商 id Software 公司推出了 QuakeCon 赛事活动。截至目前，这一赛事已经连续举办了 15 年，其特色活动是针对高级玩家推出的雷神之锤现场大师赛（获胜者可以得到 5 万美元奖金）、四对四夺旗赛，以及为初级玩家准备的开放式锦标赛。所有这些活动都是在 250 人的大赛场内举行，其他玩家可以通过流媒体视频现场观看比赛。可以说，如果没有"呐喊助威者"的全程参与，这些竞赛的观赏性肯定会大打折扣，正是他们的表现让 3 000 多人的巨大会场气氛活跃到了极点。

虚拟动作和现实动作在未来的融合会达到什么程度，这一点我们目前尚不可知，不过新的社交界面总是有可能掩饰这两者之间的相互影响。无论在哪种情况下，很明显短期内并不是每一个营造这些新体验的公司都可以取得成功，长期来看更是如此。因此，最终能够生存下来的只是极个别的少数。现在唯一的问题是，我们不知道到底哪些公司会是最后的成功者。但是，我们可以肯定的是，这些公司之所以能够取得成功，是因为它们把丰富的顾客体验视为经济产出，而不是把光鲜照人的产品或大名鼎鼎的服务视为经济产出。只有在这个基础上，公司才能为每个顾客营造出独特的体验并为他们留下深刻印象。要做到这一点就必须时刻提醒自己，不要犯我们经常提醒的错误——把体验等同于简单的娱乐。

丰富体验

很不幸，由于体验营造的很多榜样都来自于大众媒体泛泛而称的娱乐行业，这就使人们很容易得出这样的结论，即在经济价值递进表中，实现向体验经济的转型就意味着在企业现有产出中添加娱乐因素。实际上，这是一种非常不严谨的说法，体验营造的目的不是要娱乐顾客，而是要吸引他们的参与。

宾客参与体验的维度是多重的，如图 2-1 所示，下面我们就来从其中最重要的两个维度进行分析。体验的第一种维度（图中坐标横轴）对应的是宾客的参与水平，左端表示被动参与，指的是宾客无法直接对体验活动产生影响。例如，交响乐观众就属于被动参与者，他们在体验时只能作为观察者或聆听者。右端表示主动参与，指的是宾客可以对体验活动施加个人影响。例如，滑雪者就属于主动参与者，他们能够亲自参与整体体验过程的创造。不过，这两种参与水平之间的界限有时候并不是很明显，对那些在旁边观看滑雪比赛的人来说，他们并不是静静地待在那里只看不动，并不是完全的被动参与，他们也为整个体验过程提供了视觉和听觉活动。

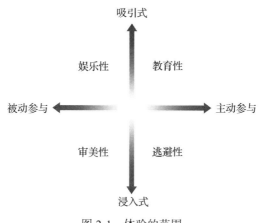

图 2-1 体验的范围

　　体验的第二种维度（图中坐标纵轴）对应的是参与者和背景环境的关联，这种关联可以把宾客和体验活动结合到一起。上端表示的是吸引式，指的是体验活动远距离吸引宾客的注意力；下端表示的是浸入式，指的是宾客全身（也可以是虚拟式地）投入到体验活动中成为其一部分。换句话说，如果是体验"走向"宾客，比方说看电视等活动，那么对宾客来说它们就是吸引式体验；与此相反，如果是宾客"走向"体验，比方说玩电子游戏等活动，那么他们就是在浸入式体验。

　　例如，人们坐在看台上远观肯塔基赛马会，这种体验就是吸引式的；反之，如果人们是在比赛场内体验比赛的光影、声音、气味，以及身边其他狂欢者的活动，这种体验就是浸入式的。学生在实验室做物理实验是浸入式体验，在教室里听课则是吸引式体验；在影院里看电影，有观众、大屏幕和立体声音响，这属于浸入式体验；而独自坐在家中看电视上播放的电影则属于吸引式体验。

这两种维度的结合产生出体验的四种范围，即娱乐性、教育性、逃避性和审美性。如图 2-1 所示，受两种维度共同作用的影响，四个坐标象限组成的不同体验范围形成了独特的个人经历。大部分人认为是娱乐的体验，是在他们的感官被动吸引式体验活动时产生的，如观赏表演、听音乐和享受阅读乐趣等都属于此类。尽管很多体验都具备娱乐性，但并非所有体验都是如此。严格地说，按照《牛津英语大词典》的解释，娱乐的定义是："以愉悦的方式吸引人们注意力的活动，即消遣。"[3] 娱乐不但为人类提供了最古老的体验形式（开玩笑，这种行为至少早在人类出现时就存在了），而且在今天为我们提供了最先进、最常见和最令人熟悉的体验形式。（亚当·斯密所说的"非生产性劳动者"全都是娱乐体验制造者，如演出者、小丑、音乐家、歌剧演唱者和舞者等。）随着体验经济的加速发展，人们享受到的不同寻常的新式体验也越来越多。尽管如此，这些新的体验几乎很少能完全排除哪怕只是瞬间的娱乐性，如令人微笑、大笑或是其他感到愉悦的方式。当然，对那些需要营造体验的企业来说，它们现在完全有机会在这些体验中添加新的感受范围，即教育性、逃避性和审美性。

教育性

和娱乐性体验一样，教育性体验中的宾客（当然说学生也可以）也是吸引式的活动参与者。但是，和娱乐性体验的不同之处是，教育性体验是个人的主动参与过程。要想真正向人们提供信息，提高其知识或技能水平，教育活动必须积极作用于他们的思想（智力教育）或身体（体育教育）。对此，斯坦·戴维斯（Stan Davis）和吉姆·波德金（Jim Botkin）在《床下的怪物》一书中是这样表达其看法的："工业化教育方式会把教师变成演员，把学生变成被动的接受者。与此相反，新出现的教育模式（商业化教育）采用的是市场观点，认为应当把学生变成主动的表演者。这种主动关注，会把以前提供者对使用者的关系转变为教育者（教师）对学习者（学生）的关系，这种教育活动会越来越多地决定于主动学习者，而非教师型管理者。在新的学习市场中，顾客、员工和学生都是主动学习者，或者更准确地说，是交互式学习者。"[4]

朱迪丝·罗丁（Judith Rodin）是宾夕法尼亚大学前任校长，她也认为教育具有主动性的本质，认为学习不应当是局限于教室内的活动。在 1994 年的就职典礼致辞中，她这样说道："我们要设计全新的宾夕法尼亚大学本科生体验，这种体验不仅包括新的课程设置，也包括新的住宿安排、新的学生服务和新的导师制度，以便创造出教学和生活的密切结合，学习和娱乐无缝结合的体验。对此，我愿意向 1997 年秋季入学的本科生做出承诺，你们这一届，即 2001 届毕业生，将会是宾夕法尼亚大学 21 世纪教育中第一届充分享受全新体验的学生。"[5] 在 2005 年离开宾夕法尼亚大学担任洛克菲勒基金会总裁之前，为支持自己的计划继续实施，罗丁还专门写了一份报告，概述了通过改善校园生活成功提升教育价值给宾夕法尼亚大学带来的重大改进。

虽然教育是个严肃的工作，但这并不表明教育体验就必须枯燥无味。其实，现在新出现的"娱学"这个词指的就是横跨教育性和娱乐性两个范围的体验。[6] 例如，对非营利教育组织全美 826 机构下属的写作和私人辅导中心来说，寓学于乐一直都是重要的教育手段。2002 年，该机构在旧金山成立了第一个中心——瓦伦西亚 826 中心，此后，其各地中心都推出了独特的主题店面，成为青少年（6～18 岁）的娱学体验中心。在这里，他们必须接受一对一的个人辅导，参加写作课程或其他教育活动。同时，每个中心也是功能齐全的零售店，独家销售和该中心教育主题相关的商品（销售收入用于资助其核心学习课程）。在瓦伦西亚中心，其主题是海盗产品店。826 机构后来在其他店面推出的娱学体验更为丰富，如纽约中心的布鲁克林超级英雄店（高质量打击犯罪产品提供商）、洛杉矶中心回音公园时空之旅店、密歇根中心安娜堡市自由大街机器人供应维修店、芝加哥中心波宁店、西雅图中心格林伍德时空之旅店、波士顿中心大脚怪研究中心店，以及华盛顿特区中心非自然历史博物馆店。通过强调创意性和说明性写作是成功辅导的积极衡量方式（很多中心都以精品书形式出版学生的作品），通过寓学于乐的教育行为，学生发现以前枯燥无味的学习辅导体验现在变得充满乐趣。

逃避性

第三种范围是逃避性体验，它在浸入程度上要高于娱乐性体验和教育性体验。实际上，逃避性体验是和纯粹娱乐相反的体验活动，产生逃避性体验的宾客完全沉浸在自己作为主动参与者的世界里。[7]此类体验环境通常是人为活动，如在主题公园内步行、玩电子游戏、网上聊天，以及在树林里玩彩弹球游戏等；当然它也包括自然活动，比如彼得·古特曼在《狂想冒险》中提到的种种刺激的"逃避体验"。与一进门就坐在沙发上看电视，喜欢观看他人表演的被动参与体验者不同，逃避性体验者本身就是演员，能够对体验结果产生积极影响。

例如，要想提升电影的内在娱乐价值有两种方法：一是使用更大的屏幕、更好的音响、更舒服的座椅、VIP房间等外部手段提升，二是让宾客实际参与到影片播放的激动气氛中。如今，很多公司都开始在社区通过搭建移动式景观的方式来提供这种体验。[8]经营此类体验的早期明星活动有多伦多SimEx公司提供的模拟太空游项目环球之旅，加州山景城和日本东京提供的多人参与空战游戏Magic Edge，以及迪士尼公司根据《星球大战》等影片模拟的银河争夺战游戏"星际之旅"等。

大多数逃避性体验都是根据流行的探险活动或科幻影片改造而成的运动模拟比赛。其他案例还包括奥兰多环球影城推出的回到未来之旅、终结者2跨时空之战，以及迪士尼世界推出的阿拉丁魔毯。这些活动完美地体现了从服务经济向体验经济的转型。以前人们常说："既然看过了原书，现在要去看电影才对！"如今这句话已经变成了："既然看过了电影，现在要去体验一把主题游戏才对！"[9]

不管名称如何变化，参与逃避性体验的宾客都喜欢在那些令他们流连忘返的特定地点和活动中开始和结束体验。例如，一些度假者不再满足晒晒太阳这样的活动，转而参加更刺激的直排轮滑游、单板滑雪游、空中冲浪游、激浪泛舟游、登山游、赛车游，或是其他极限运动游项目。[10] 还有些人则钟情于更有历史感的冒险活动，因为这种体验不但能让他们忘记所有悲哀忧愁，还能让他们在富丽堂皇的环境中享受小钱赢大钱的感受。还有些人喜欢逃避自己的财富和地位，喜欢像平常人一样对话交流。例如，达拉斯牛仔队前四分卫、电视解说员特洛伊·艾克曼（Troy Aikman）有一次对《体育画报》（*Sports Illustrated*）这样解释他为什么喜欢上美国在线网："我喜欢上得克萨斯论坛，在那里和人们聊天，我感觉大家都是平等的，这样很好，我可以像正常人一样和别人对话而不必担心他们知道我是谁。"[11] 虽然明星可能喜欢这种变成凡人的体验，但反过来希望尝试明星体验的人也很多，例如那些电脑运动游戏，能让一个名不见经传的小人物感受到成为超级巨星的荣耀。

互联网已经当之无愧地成为营造此类体验的重要场所，但遗憾的是很多企业至今仍未看清这一点。它们正一步步迈进初级产品化的深渊，只知道通过网络销售产品和服务，浑然未觉大部分在互联网上遨游的用户只是来享受精彩纷呈的体验的。因此，微软互动媒体部副总裁皮特·哈金斯（Pete Higgins）接受《商业周刊》采访时说的话才会让我们感到吃惊。他说："到目前为止，互联网还不是一个完全盲目的娱乐之地。"[12] 谁会希望互联网变成纯粹的娱乐手段呢？我们认为，互联网是一种内在的主动参与媒体（而不是像电视那样的被动参与媒体），它能为很多人提供社交化体验。交互性娱乐本身就是一个矛盾修饰的表达，人们在网络活动中获得的价值正是源自于积极的沟通、交流和组成人际圈子等行为。

实际上，互联网的发展也是由全球电子连线公司之类的小公司推动的，最早把网络空间推向大众的是 Prodigy、CompuServe 和美国在线等公司（有意思的是，该公司被误认为是网络"服务"提供商）。美国在线公司在初期争夺顾客的斗争中赢得了胜利，原因在于它意识到，人们需要社交体验，希望积极参与在身边日益成长的网络环境。Prodigy 公司的失误之处在于限制了用户发送邮件的数量，CompuServe 公司的错误在于规定用户身份必须用一串冷冰冰的数字来体现，而美国在线公司允许用户选择多达五个屏显名称，以帮助他们选择最适合自己的网上形象和身份。[13] 美国在线公司还鼓励用户使用其联络好友的特色功能，包括电子邮件、聊天室、短信息、个人资料和好友列表，这样一来只要好友登录他们就能在第一时间知道。其实早在 1996 年年底美国在线采取单一费率计费之前，据统计公司统计，每月 4 000 万小时的网络连接中有超过 25% 的时间是花在聊天室上的，由此可见其用户的互动程度之高。[14] 但是，美国在线和后来出现的社交媒体网站相比显然又大大相形见绌了，这些后起之秀包括 MySpace、Face-book、Twitter、Foursquare 和千千万万像 ChatRoulette 之类的专业站点。当然，类似智能手机通过无数应用程序提供的逃避性体验就更不必说了。

对一些人来说，互联网提供的是脱离现实生活的暂停状态，是对单调无聊和忙碌不停等生活状态的逃避。对另一些人来说，数字化生活已经成了一种新的现实，能让他们逃避到另一种生存状态。[15] 目前我们还不清楚的是，无处不在的互联网最终是否会改变大部分人对家庭和工作之外的物理环境的需要，这种环境即社会学家雷·奥登伯格（Ray Oldenburg）所说的"第三空间"，指的是人们可以和那些来自同一圈子的成员相互发生影响的地方。[16] 这些空间包括酒吧、茶社、咖啡馆、餐厅等场所，乍一看它们存在于每个城市的每个角落，但社会的郊区化趋势常常会把人们分隔得很远，很难找到像这样沟通的机会。在这种情况下，一些人开始在网络上寻找适合自己的社区，另一些人利用假期机会在主题化景点与大量拥有共同兴趣的人建立联系，[17] 还有些人则介于这两者之间，通过星巴克之类的交际场所与他人沟通。

审美性

第四种也是最后一种体验范围是审美性体验，在此类体验中，人们沉浸在事件或活动中但并不对其产生影响，而是任由环境自然变化，有点我自岿然不动的意思。审美性体验包括在大峡谷悬崖上站立，在画廊或博物馆凝视艺术作品，以及坐在 Florian 咖啡馆品味威尼斯老城的风光等。当然，前面提到的在看台上观赏肯塔基赛马也算得上此类体验。如果说宾客参与教育性体验是想学习，参与逃避性体验是想远离和投入，参与娱乐性体验是想寻求愉悦感受，那参与审美性体验就可以说是想体会其身临其境之感了。[18]

例如，在一家雨林咖啡餐厅，用餐者感到自己置身于浓密的绿色植被之中，周围雾气缭绕，隐约有瀑布声传来，不时还会出现一阵闪电雷鸣。他们看到的是颜色鲜艳的热带鸟和热带鱼，还有栩栩如生的蝴蝶、蜘蛛、猩猩和吓人一跳的小鳄鱼。[19] 但是，尽管结合了餐饮和零售服务，号称自己是"购物用餐狂野之地"，雨林餐厅并不是要单纯地模仿雨林世界的环境，而是要营造一种特定的审美性体验。

　　另一个狂野购物之地是坎贝拉户外用品公司在明尼苏达州奥瓦通纳市建立的体验中心，这是一个面积达 15 万平方英尺[⊖]，综合了打猎、钓鱼和其他户外装备的大秀场。与其他公司注重营造娱乐元素的做法不同，坎贝拉创始人迪克和吉姆把这里打造成为一个审美性体验场所，在卖场中央堆建了 35 英尺高的带瀑布的假山，山上还有 100 只动物标本，其中很多都是这两兄弟或其他家族成员亲手猎杀的。整个假山部分体现了北美洲的四种生态系统，旁边还有两幅巨大的透视画，展示的是广阔的非洲景色，其中包括大象、狮子、猎豹、犀牛和水牛等五大游猎目标。此外，店内还有三个大水池，池内有很多种珍贵鱼类。估算一下，店内每个商品部展出的动物种类都达到近 700 多种。的确，这就像迪克·坎贝拉（Dick Cabela）对《圣保罗先锋报》（*St. Paul Pioneer Press*）所说的："我们卖的是体验。"[20] 这家店是如此独特，以至于在开业第一天就吸引了 35 000 多名参观者，公司每年吸引的游客都超过 100 万人。

　　审美性体验可以是完全自然的，如独自游览国家公园，也可以是以人为为主的，如在雨林餐厅用餐，也可以是两者皆而有之，如游览坎贝拉商店，但是不存在完全人为的审美性体验。无

　　⊖　1 平方英尺 = 0.092 3 平方米。

论其激发因素是自然的还是人为的，每一种个人创造的体验都是
真实的。著名建筑师迈克尔·本尼迪克特（Michael Benedikt）在
谈论其职业时对这个观点进行了延伸，他认为建筑师发挥的作
用是在人们及其所创造环境的内部真实性之间建立关联。他说：
"这种体验、这种专属时刻完全可以发生改变，正是因为这种时
刻的存在，我认为，对于具有独特性和意义感的现实，我们可以
建造出将其完美体现出来的最佳且必要的感觉。对此，我喜欢称
之为现实的直接感觉体验。我的观点是，在如今媒体无处不在的
时代，只有建筑能够准确地体现出对现实的直接感觉体验。"[21]

　　尽管建筑师可能是这种体验营造方式的佼佼者，但实际上人
人都可以参与审美性体验的营造，以建立个人和直接体验（虽然
是被动的）的（浸入式）现实之间的联系，哪怕周围的环境看起
来并不那么"真实"。本尼迪克特认为雨林餐厅和其他类似场所
是"非真实"的，坚称其建筑师"可以说是通过建造（以假示假）
和伪装真实来解决真实性问题"[22]。要想营造吸引人的审美性体
验，设计师必须承认任何以创造体验为目的设计出来的环境都不
是真实的（例如，雨林餐厅并不是真正的雨林）。他们不应当愚
弄宾客，使其相信本来就不是真实的东西。

　　建筑评论家艾达·露易丝·赫克斯特布尔（Ada Louise
Huxtable）也表达了相似的观点。她说："现在，要想从伪造的
假货中找出真正的假货变得越来越难，所有的假货都不一样，它
们之间也有好坏之分。现在的评价标准已经不再是真假之别，而
是在众多仿制品中找出相对有价值的一个。而好的仿制品就好在
它们在真实性方面的改进。"[23] 为体现其中的区别，我们不妨借用

赫克斯特布尔曾花费大量时间进行评论的两个人造环境：洛杉矶步行街和无处不在的迪士尼乐园。[24]

洛杉矶步行街是一个综合性商业区，里面有零售店、餐厅、影院、高科技娱乐和低科技售货亭，每个店面的造型风格都各不相同。例如，滚石音乐餐厅的外形是一栋四层楼高的吉他，虽然造型夸张但也不失章法。游客漫步在步行街上，前方的喷泉每隔几分钟就会喷水，十分引人注目。宾客要想停车需缴纳进入费（在洛杉矶没人步行，去哪儿都开车，因此在这里溜达必须付费），如果在这里用餐或看电影，这笔费用可以以消费形式返还（购买商品无返还）。可以说，这里是一个半主题公园、半公共广场性质的场所，赫克斯特布尔认为它主要提供的是审美性体验，因为这里"本来的用途就应该是这样的"[25]。从游客把车停在简单的停车场那一刻起，其虚构的真实性就证明了这里是营造出来的体验。宾客也可以到这些建筑背后参观，从绚丽的外表走进去，他们看到的是朴实无华的内部。可以说，这些光怪陆离的外表就像一个巨大的、色彩鲜艳的面具，在外面你能产生一种体验，但进去之后又会产生另一种体验。放眼望去，周围的建筑和步行街并不相连，可以看到从主要街道延伸出去的多条小巷，这里的感觉告诉我们步行街里的一切都是伪造的。通过建造，我们实现了真实的伪造。

另一方面，迪士尼的大多数审美性体验的目的是要隐藏所有的伪造感，把所有的真相藏在幕后。停车场内摆渡车穿梭如织，热情的欢迎岗亭，转动不停的十字转门；所有的外观都精心地连接起来，以免让游客发现破绽；米老鼠从不摘下面具，绝不会露出面具后面长满粉刺的脸。这些情景遭到了赫克斯特布尔等评论家的一致反对，认为它是虚假的伪造。迪士尼并没有像人们认为的那样表现出真实的一面。

又或者，难道虚假的伪造才是真实？有些评论者盛赞迪士尼的做法，认为它创造了完全浸入式的环境，这些环境始终如一并且非常吸引游客。有人这样写道："无论从哪个角度看，迪士尼都不是虚假的。你要说它是人造的，没错；但要说它是虚假的，绝不。迪士尼不是对别的事物的模仿，它本身就是独立的事物……我坚信迪士尼乐园的创造之处不在于它的不真实，恰恰相反，而在于它的真实。"[26] 在迪士尼主题公园的问题上，很多人（也包括我们两人在内）都表示了反对意见。不过有一点明确无疑，即审美性体验必须是真实的，否则就有可能被宾客认为是在伪造感受。

让体验变得更丰富

通过模糊体验范围之间的界限，企业可以提升体验的真实性。尽管很多体验基本上都是按照上述四种范围中的某一种来体现的，但实际上并不严谨，大多数都会出现范围跨越。例如，英国航空公司营造的一项审美性体验是：为宾客提供高度满足的环境，什么都不用自己做，只需开口吩咐即可。作为科林·马歇尔爵士的继任者，英国航空公司首席执行官罗伯特·艾林（Robert Ayling）一直努力推动飞行过程中娱乐系统的改进，将其视为整体飞行感受的一部分。艾林认为，将来在飞机上看电影的人要比在电影院看电影的人还要多。他说:"以后,远距离飞行不但是一种出行方式,更是一种娱乐体验方式。"[27] 维珍美国公司的做法更进一步,在飞机上以动画方式提醒乘客注意事项,还推出情绪照明系统,根据一天中不同时间的舱内环境改变照明方式。

美国运通公司推出的独特体验服务(运通资本)也横跨了审美性和教育性两种体验范围,为申请该服务的用户提供会员奖励计划。[28] 该公司的一项奖励活动是"雨林印象——哥斯达黎加摄影之旅",公司邀请运通卡持卡人参加"著名自然摄影师杰伊·艾兰德(Jay Ireland)和乔治安纳·布拉德利(Georgienne Bradley)率团在哥斯达黎加雨林举行的为期五天的摄影研讨会"。在邀请信中,公司的描述极尽诱惑之能事:"在野生动植物环绕的背景中,你将和专业摄影师学习各种拍摄技巧,拍摄出精美绝伦的影像。这里有憨态可掬的三趾树懒、气质高雅的大白鹭、滑稽可笑的红眼树蛙,无数的机会正等待着你去拍摄专业水平的影像。在酒店阳台上,你还会欣赏到迷人的运河风光,在宜人的丛林中享受精美的餐饮。无论你是否具备摄影经验,哥斯达黎加探险之旅绝对会让你永生难忘。"

为了让零售店面更加吸引消费者,很多店面经理和购物中心开发商都在讨论如何让购物体验更具娱乐性,但真正的行业先锋却在考虑如何体现其他几种体验范围。例如,新加坡白沙浮商业城是一个包括六个街区的巨大的零售和娱乐区,为吸引更多本地居民和外地游客,来自科罗拉多州布尔德市的 CommArts 设计事务所的做法是挖掘新加坡的历史贸易文化,以实现公司副总亨利·比尔(Henry Beer)所说的目标——"建造一种感觉愉悦的环境，把新加坡的内在文化融入整个项目。"在这种思路的指导下，海边建筑、帆船以及类似的元素构成了整个建设主题，各种醒目的标志向游客们讲述着当地武吉士人经营海上贸易的历史。与此类似，在设计安大略省米尔斯零售中心项目时，CommArts事务所对街道和社区的布置体现出浓郁的南加州风格，形成了独特的审美性体验。与其他传统购物中心不同，安大略省米尔斯购物中心的设计理念不是为了打造以销售产品为主的百货商场，而是要建成企业营造大型体验的中心——这里有拥有 30 块大屏幕的 AMC 影院，有 Dave & Buster 连锁餐厅，有雨林咖啡馆，还有即兴喜剧俱乐部和剧院餐厅。此购物中心一侧的配楼是著名导演史蒂文·斯皮尔伯格指导建造的游戏娱乐公司 Gameworks，另一侧配楼是小熊工作室。比尔对我们说："如今，零售业竞争越来越激烈，这就要求我们必须建立体验丰富的零售舞台，把销售产品变成销售体验。"

最丰富的体验是包含所有四种范围的体验，即位于坐标中心，被称为"蜜罐"的一小块区域。[29] 这样的例子也有，那就是位于荷兰南部库肯霍夫的全球最大的花卉公园。这个公园的成功之处在于，它不是只提供某一个范围的体验，而是综合了全部四种范围的体验，让每一个游客都能在 70 英亩[⊖]的郁金香花田、各种景观花园和室内花展中尽情享受。这里有 16 000 多种花卉（仅郁金香就有 1 000 种，每年人工种植的球根超过 600 多万株），不愧是"欧洲的花园"。荷兰人对花园的精致修剪简直天下无双，

⊖　1 英亩 = 4 046.86 平方米。

为人们游玩和欣赏花卉提供了一个绝佳的场所。(有人称库肯霍夫是全球被拍照最多的地方。)对审美性体验者来说,园内安装了100多座艺术雕像,此外还有六个"灵感花园",他们可以在这里观赏架篱笆、装栅栏和筑墙等活动,从而形成独特的感受。对逃避性体验者来说,他们可以沿着小路走上15公里,在途中参与精心设计的互动活动,走走3米高的灌木丛修剪成的迷宫,爬到公园中央的树屋上远眺四周,为迷宫里的人指路(也可以故意指错)。对教育性体验者来说,公园安装了很多说明性的指示牌,标明各种花卉的名称和其他园艺知识,以便游客了解相关信息(他们可以记录下名称到商品处订购球根和花种);此外,公园还推出了有关荷兰花卉种植业史和库肯霍夫城堡史等方面的旅游内容介绍。对娱乐性体验者来说,公园设有多处小型音乐活动场所,还有一个音乐喷泉观赏亭可供他们欣赏。这些多种多样的元素结合在一起构成了真正吸引所有游客的体验,涵盖了所有四种体验范围。

想要营造丰富而充满吸引力的体验,只关注一个体验范围肯定不够。正如库肯霍夫花卉公园的设计一样,你应当根据图2-1所示,创意性地开发出每一种范围的体验,这样才能提升你想营造的体验环境。在设计体验时,你应当考虑以下几个问题:

- 要提升体验的审美性价值该怎么做?怎样做才能让你的宾客愿意进来、坐下和欣赏?想想怎样才能让你的环境更吸引人、更舒适。你要营造的是一种让宾客喜欢"驻足"的气氛。

- 一旦吸引住了宾客，他们会怎么做？体验的逃避性价值会进一步吸引你的宾客，使其沉浸在各种活动中无法自拔。如果他们想成为体验的主动参与者，你要注重的是能鼓励他们去"做些什么"。再进一步，你要考虑哪些因素会让他们从一种现实感"进入"另一种现实感。

- 体验的教育性价值和逃避性价值相似，也在于其主动参与。按照现在意义上的理解，学习需要学习者全身心地参与。那么，你希望宾客能从体验中"学习"到什么呢？你能提供哪种互动或行为来帮助他们投入到对某种知识或技能的探索中呢？

- 娱乐性体验和审美性体验相似，其价值都体现在体验的被动参与上。当你为宾客制造娱乐体验时，除了对体验做出回应（如欣赏、大笑等）他们什么都不用做。那么，哪些娱乐会让宾客更加"享受"你的体验呢？你该怎样让宾客的体验过程变得更好玩、更有意思呢？

解决了这些设计问题就等于为服务商参加体验竞争搭好了舞台。对那些已经进入体验经济世界的企业来说，了解体验的四种范围有利于它们丰富其体验产出，可以将其作为提升现有体验和构思新体验的有效方式。

比如说滑雪胜地，这里的山地环境非常适合滑雪运动带来的逃避性体验。几乎所有的滑雪胜地都提供教练课程，以实现体验的教育性价值。除了滑雪运动之后的住宿体验，很多滑雪胜地还推出了半山小屋，供宾客在活动中临时休息。这里有舒适的阿迪朗达克休闲椅，你可以摘掉护目镜，享受一点自然光线。但是，很多滑雪经营者都没有注意到，其实还有一个方面能为滑雪体验添加娱乐因素，提升游客的体验价值，那就是上山吊椅。这里是游客回味乐趣、谈笑风生、欣赏景色和其他游人的好地方。传统的商品型思维模式会认为，吊椅就是吊椅，功能就是把游客从山脚送到山顶，仅此而已，但体验型思维模式却强调寻找一切机会营造全部四种范围的体验，因此也会在吊椅乘坐体验方面添加乐趣。这些经营者大概会模仿酒店业经营者伊恩·施拉格的做法，后者就经常挖空心思在酒店电梯方面提供与众不同的乘坐体验。

　　由于在酒店设计和酒店业方面的创新贡献，施拉格无愧于酒店业大师的称号。在他之前，酒店大厅很少考虑体验的感受性价值，它只是客人会见朋友的地方，人们在这里稍作停留就会离开。但施拉格却把大厅改造成时尚的休息场所，甚至让宾客久久不愿离去。我们还要感谢斯塔伍德在威斯汀酒店推出的"天堂之床"，因为正是在他的推动下，每一家连锁酒店都开始改造寝具，彻底改变了长久以来宾客在新的环境中难以入睡的问题，提升了酒店体验的逃避性价值。此外，酒店房间内部的体验也得到了巨大改善，平板电视的推出提升了酒店业的娱乐性价值。那么在教育性体验方面有没有改进机会呢？——当然有，酒店可以改造礼宾部服务，为客人提供互联网或其他工具设备上的便利（如打印机、传真机等），让他们获得更多相关信息。

　　同样，医疗服务提供机构也可以重新思考患者治疗过程中的教育性元素，以免网络信息的日渐普及会导致医生和病人之间变得越来越无法沟通。试想一下，如果医院或医生办公室能够改变思维模式，在传统的候诊室中推出强调审美性价值的令人舒适的体验，有哪个医院不会因此而受益呢？如果能推出一些注重患者感受，帮助其做好术前心理准备的措施，有哪个病人不愿意接受治疗过程呢？（例如，在马里兰州切维查斯市的华盛顿眼科医院有一位外科医生叫罗伊·鲁宾菲尔德（Roy Rubinfeld），他会与麻醉师、护士、病人一起喝上一小杯胡萝卜汁，然后再进手术室做眼屈光手术！）在医疗体验中提升娱乐价值并不是说要把每个医生都变成电影《妙手情真》里的乐天派主角帕奇·亚当斯（Patch Adams），而是希望在生死之间的紧张时刻能让医患双方都能有所放松。（这让我们想起了里根总统中枪后入院治疗时的情形，他还有心情对妻子说："我忘记躲了。"）

最后，让我们来看看职业体育这个大市场。很多地区兴建的新体育场都很注重改善球迷体验的审美性价值。各运动俱乐部的网站上都有可以检索的数据，球迷可以了解自己喜欢的球队和球员在做什么。成功的球队不仅会在比赛现场吸引球迷蜂拥而至，还会利用电子转播和网络签售等方式大量揽财。众所周知，在这方面纽约扬基棒球队无疑做得最为成功，他们不但修建了新的扬基体育馆，还推出了扬基娱乐体育有线电视网。那么，接下来新一轮的创收方式会是什么呢？我们认为可以考虑为铁杆球迷营造新的逃避性体验。球队不但可以从主场比赛的门票中获得收入，还可以通过转播客场比赛的广告费用获得收入。或许，对体育行业来说还有第三种收入机会，球队难道不能推出专供球迷观看客场比赛的收费设施吗？球队有时还可以让球迷在主场观看热身赛或训练赛，不过这种场地一般都是供现场比赛使用的，不适合进行非正规赛事。就像局域网聚会一样，在第三方欣赏客场比赛既能带来球迷互动的狂欢气氛，又能通过技术手段和比赛互动。显然，一个人在家欣赏比赛的体验肯定无法与此相比。此类体验的设计目标应当是针对客场比赛推出新的观赏场所。

当所有四种范围的体验都在一个平台上集中展现时，也只有在这种情况下才能把看似平常的场所变成可营造新体验或改善旧体验的独特空间。经过一段时间之后，被营造出来的体验需要一种场地感来吸引宾客花更多的时间投入到体验产出中。如今，对时间高度重视的消费者和商业人士越来越不愿在产品和服务提供商那里花费时间，因为它们根本就懒得考虑消费者的感受。想想看，那些快餐连锁店和企业呼叫中心，总是想尽办法压缩每一秒为客户服务的时间。不愿在顾客身上花时间带来的结果只有一个，那就是让客户转而寻找值得他们花时间的消费体验。例如，这种态度普遍存在于银行系统的服务中，结果直接导致了银行业出现了广泛的初级产品化趋势。

那么你的企业又有哪些值得顾客花费宝贵时间的体验呢？在这些值得他们花时间去体验的环节中，哪些是审美性的，哪些是逃避性的、教育性的和娱乐性的呢？要理解这些环节的本质，你可以想想把房子变成家的因素有哪些，把一个场所从平淡无奇变成独一无二的因素有哪些。在《家的设计原理》（*Home: A Short History of an Idea*）中，来自宾夕法尼亚大学的城市规划研究教授，作者威托德·黎辛斯基（Witold Rybczynski）对五个世纪以来的设计化环境进行了分析，时代范围从中世纪直到现代最时尚的拉尔夫劳伦家居装饰。在黎辛斯基研究的多种文化中，他特别注意荷兰人在其黄金时代成功定义"家即独立特殊的场所"的愿望和能力。[30] 他认为,对荷兰人来说,"'家'不但意味着房子,还意味着房子里面和周围的一切,还有人以及由此传递出的满足感。你可以走出房子,但总是会回家的"[31]。在这样的荷兰式房屋中,所有家居饰品都严格按照每个房间的用途来设计,因此就清晰地定义了地方感。鉴于荷兰国土面积小,在房屋之外无论花园和其他景观多么袖珍,仍可以巧妙地指示出从室外普通空间进入室内独特场所的通道。正是这种充满意味的设计,为家人和朋友建立密切联系奠定了基础。

在普通地点集中了娱乐性、教育性、逃避性和审美性四种体验范围的"蜜罐"区域,很像一个用于协助创造回忆的记忆区,这种区域内的体验完全不同于产品和服务带来的平淡无奇的感受。正是这种独特的设计深深吸引了宾客,而且会让他们反复光顾。这个区域既有舒适的体验,也有便利的道具,而且这些体验和道具都是针对其特定用途开发的,凡是和这些功能无关的内容全都被清除。动人的体验可以用引人注目的方式把这四种范围结合起来,我们在前面已经提到过,娱学(娱乐教育)就是两种体验范围相结合的产出,开发这种体验是为了实现特定的体验目标,即

娱乐教育 = 教育性 + 娱乐性(维持关注)

与此类似,其他五种体验范围的结合方式分别如下:

教育逃避 = 教育性 + 逃避性(改变背景)

教育审美 = 教育性 + 审美性(促进欣赏)

逃避审美 = 逃避性 + 审美性（改变状态）

娱乐审美 = 娱乐性 + 审美性（感受存在）

逃避娱乐 = 逃避性 + 娱乐性（创造宣泄）

尽管读起来有些拗口（娱乐教育还比较顺口，主要因为媒体重复比较多，人们对其比较熟悉），不过这些表达全都反映出，在如何营造动人体验方面我们可以了解的层次很丰富。[32] 维持关注、改变背景、促进欣赏、改变状态、感受存在和创造宣泄，这些综合性体验对于组织舞台化表演来说都是非常核心的内容，任何一个企业要想把自己变成舞台，都必须熟练把握这些状态及其切换。

第 3 章

好戏开演

The
Experience
Economy

　　为了庆祝哥哥尼克的生日，康拉德买了一份特别的礼物。他觉得作为公司总裁的哥哥生活太过乏味，为此暗中请来消费者娱乐服务公司（CRS）为他营造一场无与伦比的"精彩"体验。尼克本以为弟弟会送什么礼物，结果意外地发现康拉德只是给了自己一封 CRS 公司的邀请信，请他参加一场"游戏"。尼克接受了邀请，可是很快就发现事情逐渐开始失控，一切都和开始变得不同了，总是有人想要置其于死地，每日生活中充满了古怪的经历。每次当他以为找到答案时，尼克却又发现自己跌入了更黑暗更复杂的境地，直到所有危机把能量集中到最后的高潮，他才终于明白所有这一切的真相。为保证"游戏"的成功，CRS 公司必须精密安排每一个环节，最终完成一场盛大的"演出"。可以说没有任何公司，甚至连迪士尼都不可能像惊悚片《心理游戏》（The Game）中的 CRS 公司那样，娴熟地掌控如此复杂的体验加工，营造出如此丰富、动人、完整、扣人心弦而又极其难忘的种种事件。在这部影片中，迈克尔·道格拉斯和西恩·潘分别饰演尼克和康拉德，片中体现的体验营造简直令人难以置信。不过，当这种体验营造可以形成大量真实的商业活动时，片中描绘的情景就会成为现实。

　　现实生活怎么会变成这样呢？用百老汇音乐剧《吉屋出租》（Rent）中的一句台词来形容或许再恰当不过了，因为"真实生活每天都像在演戏"。不信你可以看看如今电视上满天飞的真人秀节目。这种新节目类型的重要之处就在于，它反映了真实生活中每天都在上演的各种喜怒哀乐式的体验。这些节目包括：单身汉（e-Harmony 和 match.com 等婚恋交友服务）、HGTV 秀（家居装潢）、挑战恐惧（极限运动）、急速前进（探险旅游和新式旅游）、铁人料理（美食烹饪）、大胃王（竞吃游戏）、减肥达人（健身中心和减肥活动）、改头换面（化妆手术）、保姆特急（生活指导），当然还有大家都耳熟能详的美国偶像（演唱、吉他高手和美国偶像海选）。再比如，你可以看看美国职业篮球联盟（NBA）以前的比赛录像是怎样的，再看看今天的运动场面有何不同——装饰得色彩鲜艳的地板、奢侈的赛前灯光秀、球员详细的个人信息介绍等。NBA赛场上首次出现了噱头十足的丹尼斯·罗德曼（Dennis Rodman），美国橄榄球职业联盟随后也出现了善于在比赛中搞怪的特雷尔·欧文斯和各种新闻缠身的奥乔辛科，两人都成了现实生活中虚构人物的化身，一举一动都要发到微博上和网友互动。所有重要的体育联盟都发现，它们在赛场内的活动必须和新型电视技术带来的家庭观赏体验进行竞争。此外，流媒体视频技术的发展使得普通场所每日发生的事件也可以展现在人们面前。无论是修理店还是产房，发生在这里的故事都可以搬到互联网上，让全球任何地点的任何人观看。（这样说起来，真实生活还不太像《心理游戏》中的场景，而更像是电影《楚门的世界》（The Truman Show）中的场景。在这部影片中，金凯瑞扮演的角色就毫不知情地生活在摄影机下，展现给全世界的人观看。）

实际上，体验加工已经像产品和流程设计一样成为商业活动的一部分。这样的证据随处可见，无论是餐厅、零售店、教室、停车库、酒店或医院，引领这种时尚的企业已经搭建好舞台，吸引更多的企业加入体验经济。体验经济已经度过了胚胎阶段，先锋式的体验营造已经成为典范，这种典范必将成为深化体验经济的起点。让我们拭目以待吧！

为体验构思主题

像硬石摇滚、布鲁斯之屋或中世纪时光等餐厅，只要听听名称就能知道里面有什么节目。在营造体验时，经营者要做的最重要的一步就是构思一个恰如其分的主题。[1]如果你的主题表现力很差，顾客就无从建立联想，由此产生的体验也就无法形成深刻持久的回忆。我们可不能像美国著名女作家特鲁德·斯坦那样语无伦次，在回忆儿童时代的家乡奥克兰时写道："在那里已经没有了那里。"

当然，构思主题还有很多巧妙的方式。达顿餐厅（Darden Restaurants）是全球最大的全套服务餐厅，旗下有一系列各不相同的主题连锁店，其中包括红龙虾、奥利弗花园、朗霍恩牛排馆、首都烤肉店、巴哈马清风和 52 季等餐厅，每家店都有独特的设计灵感。达顿旗下的 52 季餐厅最为有名，该店以日历作为主题因素，每年随季节不同更换 4 次菜单，提供 52 次特色菜点（其他餐厅的每日特色或每周特色往往是用餐者给家人、朋友饭后推荐的菜品），其甜点（名为"迷你放纵"）只含 365 卡的热量。此外，非连锁餐厅更加注重选用复杂的主题。例如，荷马洛·坎图（Homaro Cantu）的后现代主义 Moto 餐厅位于芝加哥的肉类加工生产区，在科技化美食体验的基础上推出了主题式餐酒搭配（例如，宾客在这里可以吃掉用"食用纸"做成的菜单）。精心构思的主题不只反映在名称本身（就好像高中时代为舞会琢磨响亮的名称一样），而且体现在各种体验元素的主导思想、组织原则以及内涵概念上。

但是，很多零售商的做法往往违反了这一原则，他们高谈"购物体验"却连一个主题都没有，无法以一致的、广泛的营造方式来体现不同的促销方案。例如，家电零售商就是这种情况，根本没有一点儿主题化想象力。我们经常看到商场内一排排的洗衣机、烘干机和冰箱，这种把各公司产品堆在一起的做法只能让消费者感到它们毫无区别。难道他们就不能吸取 Circuit City 家电商的教训，不能表现得有些特色吗？（Circuit City 家电公司一排排的商品感觉就像公墓里的一座座墓碑，这个兆头果然预示了公司最后的倒闭。）

在利用体验推广销售方面有一个零售商走到了前面，它就是伦纳德·雷吉奥（Leonard Riggio）书店。当美国最大的书店巴诺书店的首席执行官开始将旗下连锁书店扩充为超级市场时，雷吉奥想到的却是为书店建立一个简单的主题——"舞台"。雷吉奥发现，人们来书店的原因其实和去电影院一样，都是为了寻找社交体验。[2] 于是，他对书店进行了彻底改造，以便更好地突出这个主题，改造范围包括整个建筑结构、销售员的行为方式，以及店内的装潢和各种设施。此外，他还增加了咖啡厅，作为人们交往、阅览和购买等活动的休息区。随着网上书店亚马逊成为行业巨无霸，网络销售提供了读者评论和可转发的邮件确认功能，但是对于实体书店来说（仍在销售产品），要想实现真正的图书推荐和提供阅读场所（销售服务），要做的努力还有很多。实体书店要想赢得竞争，就必须在现实空间开发能够吸引读者的新主题，电子阅读器的兴起更加剧了这种需求的迫切性。

我们可以看看拉斯维加斯罗马集市商场的发展过程。这家商场最初是由戈登控股集团的谢尔顿·戈登（Sheldon Gordon）和来自印第安纳波利斯的西蒙地产集团共同开发的，1992 年建成开张，极大地促进了拉斯维加斯零售业新的收入增长。该商场的独特之处在于每一个细节都展现了古罗马市场的主题，利用华丽的建筑效果把整个主题发挥得淋漓尽致。游客在这里可以看到大理石地板、纯白石柱、露天咖啡、生长中的树木、流动的喷泉，甚至在画出来的蓝色天空中还飘着几朵毛茸茸的白云，并且白云还会随着时间每个小时变换一次。商场的每一扇大门和每一个店面（不管是什么品牌），设计风格都必须符合整个商场的最高主题。其实，有这样一个生动的细节可以把所有的特点包括在内：在两侧走廊的中间有一条水道，离各家店面只有几步之遥，这个设计很容易让人联想到，店员每天早上都要用桶提水清理卫生，然后再把水倒在水道中，经过九曲十八弯最终汇入亚得里亚海。这个主题象征的是富裕，1997 年二期开放后，整个商场的面积扩大了一倍，每平方英尺的销售额超过了 1 000 美元（普通商场还不到 300 美元）；2004 年三期开业，这一次增加了一个拥有 4 000 个座位的"圆形大剧场"以及四个螺旋式扶梯，继续延续了古罗马的主题风格。

沃尔特·迪士尼成立迪士尼乐园的念头源自他对当时游乐场的不满——到处是乱七八糟的探险、游戏和为小孩子准备的休息区，杂乱无章地混在一起。他是这样对传记作者鲍勃·托马斯

（Bob Thomas）介绍当时的情形的："那时候我的女儿们还很小，周末我带她去游乐场玩，我坐在一个长凳上，一边吃花生一边观察四周。我对自己说，这地方太糟糕了，为什么不建一个大人孩子都能开心游玩的公园呢？"[3] 从那之后，迪士尼就开始构思迪士尼乐园了，用他自己的话说，这是一个"能让游客沉浸其中的动画世界"。这个动画世界开发了一整套主题游活动，例如亚瑟王旋转木马、匹诺曹飞行记和马克·吐温的脚踏船（每种活动都是"游客在其他游乐场从未见过的"）。[4] 这些游乐活动都是在主题区域内展开的，例如梦游仙境和边疆世界等，构成了世界上第一个主题公园，公园的第一本旅游手册上称其为"娱乐新体验"。[5] 那么迪士尼乐园体验的最高主题是什么呢？ 1953 年，迪士尼在写给潜在投资人的建议书中提到一个非常简单而吸引人的主题，然后用朴实的表达对这个主题进行了说明。他说：

> 迪士尼乐园的想法很简单，它是一个可以让人们找到快乐和知识的地方；是一个能让父母和孩子相互陪伴、分享快乐时光的地方；一个能让老师和学生发现快乐教育的地方。在这里老年人可以回忆甜蜜的往昔，年轻人可以体验挑战未来的感受。[6]

"一个可以让人们找到快乐和知识的地方"，正是这句话引发了投资者的共鸣，迪士尼很快就得到了所需的建设资金。不到两年，这座主题公园建成开放了，吸引的游客数量之多远远超过人们一开始的想象。

我们还可以借鉴一下小说和电影中常见的主题，例如，恶有恶报——只有短短四个字，干脆形象，或是像美剧《欢乐酒店》

（*Cheers*）中的主题曲名称"人人都认识你的地方"，也十分经典。营造体验的企业必须构思类似这样轻快上口的主题。当然，传递不同体验的企业需要的主题肯定也完全不同。对于一家成立于明尼苏达州的特立独行的计算机支持服务公司来说，奇客小分队这个名称不但非常简单，而且非常滑稽，很好地体现了公司的行事风格。猛一看，和很多主题餐厅一样，奇客小分队的主题似乎也蕴含在其公司名称之中，但实际上并非如此，公司创始人兼首席执行官罗伯特·史蒂芬斯表示，公司业务的组织原则是要努力实现"面无表情地制造喜剧"的效果。[7] 在这个主题的引导下，公司"特工"们个个都摆出一副刻板的表情（就好像美剧侦探片 *Dragnet* 中的主角一样），用奇客式的特有幽默招呼客户。（比如把警徽证件一闪，向对方说："我是 73 号特工，来此调查你的电脑问题……女士，请远离电脑现场。"）这些员工干的工作还是维修和安装，但是他们的装扮和道具实在让人啼笑皆非——白色短袖衬衫、黑色夹扣领带、黑色西裤，公司配备的同款的黑色皮鞋，漆成黑白条纹的大众车，上面印着"奇客巡逻车"字样——一切都透露出与众不同的奇客式表演风格。

　　奇客小分队的案例还说明了主题和动机之间的区别，尽管两者在字典里的解释几乎就是同义词。不过它们其实还是不同的，我们可以把动机理解为主题的外在表现。动机和主题可以合二为一，也可以是完全相同的（例如迪士尼乐园使用电影或童话作为游戏主题时），但并不一定是相同的。奇客小分队的动机表现在它的名称、标志、车辆、徽章和服装，这些都让人联想到执法者的形象。但是动机只是一种手段，通过这种手段隐藏其中的主题才会显现出来。的确，准确地讲，确定主题就像是在写故事，没有宾客对体验的参与，这个故事就会显得不完整。[8]正如怀特·哈金森娱学集团设计师兰迪·怀特（Randy White）所说的那样："基于故事情节展开的主题非常强大，它们能把宾客吸引到一个充满幻想的世界，可以充分调动他们的眼睛、思想和大脑。"[9]这种主题化是可以扩展的，例如，奇客小分队一开始也是规模很小的服务公司，自从 2002 年被百思买收购之后，现在它的"特工"数量已经超过了 24 000 人，为顾客提供"24 小时计算机支持服务"。奇客小分队之所以能够做到这一点，是因为它以顾客互动为契机，以戏剧化的方式向其讲述公司的故事（还要板着脸才行）。其实，任何高度碎片化的服务行业，如洗车、干洗、庭院设计、美甲，甚至包括殡葬服务，都可以通过主题化的方式获得可升级式的业务发展机会。

为企业营造的体验设计一个合适的主题实非易事，我们不妨从最基本的主题分类开始着手。社会学教授马克·戈特迪纳（Mark Gottdiener）在其发人深省却相当学术化的作品《美国的主题化》（*The Theming of America*）中，指出了十种经常在"人造环境"（他称其为营造式体验）中物化的主题，这些主题是：①地位；②热带天堂；③狂野西部；④古典文明；⑤怀旧之情；⑥阿拉伯幻想；⑦城市风；⑧堡垒建筑和监视；⑨现代主义和进步；⑩不可呈现之物的表现。[10]后来，营销学教授伯恩德·施密特（Bernd Schmitt）和亚历克斯·西蒙森（Alex Simonson）在其指导性著作《营销美学》（*Marketing Aesthetics*）中又增加了九种相当于主题的"领域"，它们是：①历史；②宗教；③时尚；④政治；⑤心理；⑥哲学；⑦现实世界；⑧流行文化；⑨艺术。[11]

不过，这些基本分类只能为我们寻找特定的主题指出大概方向。例如，纽约图书馆酒店的主题就采用了另一种分类系统（该酒店的主题范围远远超过戈特迪纳、施密特和西蒙森等人在其作品中的分类），即杜威十进分类法。利用这种主题结构，该酒店按照杜威十进分类法为每一层客房都指定了一个大类，分别是社会科学、语言、数学与自然科学、技术、艺术、文学、历史、百科知识和宗教等十个种类，然后每个房间又根据相应楼层细分为和房间号对应的具体主题。例如，酒店七楼（艺术类）的六间客房的房间号和主题分别是：700.006——时尚设计，700.005——音乐，700.004——摄影，700.003——表演艺术，700.002——绘画，700.001——建筑。每个客房内的书架上都塞满了酒店收集而来的相应主题的图书，还有一张和房间主题呼应的咖啡桌和其他艺术品。

每一种体验都应当有一个主题，无论这些主题是专门指定还是偶然得之，无论主题设计是优秀还是拙劣，无论主题实施是严还是松，它们终究会在体验中慢慢浮现出来。因此，寻找一个合适的主题可以说是体验设计的中心环节。不管你采用哪种分类方法，寻找主题的关键在于，你必须确定哪些是能够经得起证明的、富有吸引力的主题。在开发这样的主题时有五个重要的原则。

第一，吸引人的主题必须能够改变宾客的现实感。在戈特迪纳的主题分类中，每一个主题都能改变人类体验的维度，无论体验者当时的年龄、地理位置、环境条件（熟悉或陌生、危险或安全等）、社会关系或自我形象有何不同。建立不同于日常活动的供人投入、学习、娱乐和感受的现实，是所有成功主题的基础，也是建立地方感的核心要求。

第二，通过对空间、物质和时间体验的影响，感受最丰富的地点往往拥有可以改变人们现实感的主题。例如，停车库是一个我们都体验过的空间，一般的停车线用一维标志来体现空间，作用就像一个报摊，给自己划定一个范围，使用者通常用来停车，不必担心回来找车的麻烦。而标志牌提供的二维体验，能让某人看到自己把车停在了什么地方。而在芝加哥的奥黑尔机场，这里对标准停车库的主题化设计是三维式体验。显然，这样做给找车带来了很多乐趣，人们再也不用像在其他停车场那样面对茫茫车海挠头了，他们很快就能找到自己的停车地点。

在迪士尼重建过的明日世界，孩子们对时间的感觉会发生变化（其实不少父母也会这样），因为这里改变了人们的未来感。B2B领域也会有这种现象，例如通过TED远程会议系统和远在另一个地区的人对话。实际上这种体验本身就体现了其三大主题，即技术、娱乐和设计。硬石餐厅的主题是想留住过去的美好时光，很多博物馆和公司展览室体现的也是这种感受。在充满趣味的时空交错中，另一个著名案例是早教中心小小体育馆（以一种基本色作为主题装修色）。这家机构冒着令人不满的风险自行推出主题化的体育指导方式，和其他课程毫无主题地重复翻跟头练习、攀爬练习和器械使用等课程不同，小小体育馆对每一项活动（如"滑稽虫"）和每一堂课（如"倒立周"）都设定了主题，目的是让小朋友长期保持对相同活动的兴趣。在南加州，喜瑞都公共图书馆号称自己是"全球第一个体验图书馆"。该图书馆推出的主题是"时光之旅"，通过改变每个房间的装饰和室内摆设来营造体验。在这个人口 5 万的小镇,这家图书馆平均每天的游客竟然超过 3 000 人,实在令人吃惊。

同样,在构思吸引人的主题时,对物质方面的考虑也丝毫不能忽视。不同的主题会暗示事物不同的尺寸、形状和质地。例如,通过制作动物标本和搭建野外背景,以及让"猎手"接近猎物等做法,坎贝拉及其竞争对手 Bass Pro 公司的户外主题展示了户外爱好者希望体验的对象。在奥兰多地平线度假中心,万豪国际度假俱乐部搭建了一艘巨大的海盗船,还配备了水炮和水上滑板游戏。该俱乐部提供海盗游戏,其潜在主题是提升全家体验的"水上游",具体活动包括准点举行的"船长地平线",一群人拿着水枪混战,还有"搜宝之旅",让游客在船上各个房间内寻找装有贵宾卡的宝盒。除此之外,万豪还和伊恩·施拉格合资兴建了针对成年人提供服务体验的新版"生活方式"酒店,并于 2010 年在夏威夷威基基海滩开放了第一家酒店。这个度假中心设有露天电影院,提供冲浪和游泳设备的"新兵训练营",以及一个只能从密道进入的隐蔽酒吧。

空间对主题的确定也会产生影响。价值几十亿美元的航空公司,只需几个步骤就能改变经济舱旅行者填鸭般的拥挤感受。麦克·万斯(Mike Vance)是一位创意专家,也是迪士尼大学的前任院长,他在演讲中称每次坐飞机都会随身带一个"灵感包",里面有家人照片、几张纸,还有各种用来装饰椅背、折叠桌和遮阳板的小东西,这一招在长途飞行中特别有用,能很好地让你自得其乐,忘记身边的拥挤。每次当万斯沉浸其中时,空乘人员都以为他有什么问题,可实际上真正有问题的是航空公司。[12] 正因为如此，旅行者才十分欢迎维珍航空进入美国市场，维珍的情绪照明和娱乐系统对受够了国内航班折磨的美国消费者来说，无异于提供了一种与众不同的体验。维珍航空还有一项重要的贡献，即对机舱空间进行大胆的重新设计，取消了用于遮挡空乘人员折叠座椅和餐饮准备区的隔离墙，使得空乘人员可以在整个飞行过程中随时关注机舱状况。这样做的结果极大地促进了乘客和空乘人员的互动，不过我们认为其真正原因在于，空乘人员现在已经失去了屏障，必须时刻和乘客在同一个舞台上相处，因此不得不尽最大努力表现出最佳状态。

第三，吸引人的主题应当结合空间、物质和时间，制造出综合性的现实体验。对此，我们可以来看一下关于神学方面的例子。亨利·莫瑞斯（Henry M. Morris）在为其基督教信仰辩护时是这样说的："宇宙并不是由三种特殊实体（时间、空间和物质）并列起来形成的事物，实际上这三种实体每一种都是一个完整的事物，因此宇宙实际上是三位一体，而不是三位并举的。空间是无限的，时间是无限的，在时空组合的每一个点上都有事件的发生、过程的进行和现象的存在。这种三维化宇宙形式和造物主三位一体的本质非常相似。"[13]

讲故事和其他叙述方式对于构思主题具有非常重要的影响力。一本好书或一部好电影之所以能够吸引人，关键在于它们创造了全新的现实，改变了阅读和欣赏体验中的每一个细节。洛瑞餐厅是旧金山市的一个小型连锁店，它的特点是营造出 20 世纪 50 年代的真实风貌，这里有老式点唱机、弹球机和高背隔间，服务员的衣着也是那个年代特有的，有时候店门口还会站一个装扮过时的家伙，招呼路人进来体验一把时光倒流。[14] 既然餐厅可以这样做，那银行、租车、会议等行业以及其他 B2B 营销活动不是也可以利用这个原则来营造体验吗？

第四，在一个场所内营建多种地点感可以强化主体。例如，在探索地带（现已倒闭）娱乐中心，人在高处可以看到室内每一个角落的状况，观察洞可以互相看到每个隔间，场地中央是一个巨大的彩球池，是孩子们最喜欢玩的地方。虽然这里的设计思路是为了便于家长观察孩子们的活动，但我们还是很容易想起戈特迪纳所说的堡垒建筑和监视主题，这种主题突破了一个场所的限制，构成了充满想象力的探索和游戏空间。美国女孩娃娃店也是这样，在这里整体体验第一，商品买卖第二。通过开发多个空间，一个店面就可以为孩子们营造出多种不同的体验。来这里游玩，首先看到的是图书馆，里面展示的是各种针对娃娃开发的图书；再往里走是几台大屏幕，播放的是每个娃娃角色的动画形象；接着是店内的"咖啡"餐厅，只在定点时间开放，为宾客提供早午餐、午餐、下午茶和晚餐，再往里是照相厅，女孩们可以在这里拍照，定制《美国女孩》杂志封面。此外照相厅里还有一个单独的空间，用来给拍照的孩子化妆；娃娃店最里面是一间美发厅，孩子们可以在这里给娃娃做发型，或是为以前的娃娃恢复初始造型。

第五，主题还必须符合体验营造企业的特征。1947 年，芝加哥开发商亚瑟·鲁布洛夫（Arthur Rubloff）自造了一个短语"芝加哥豪华一条街"，以描述从芝加哥繁华地段密歇根北大道上延伸出来的著名商业地产圈。这个主题的构思恰如其分，一直延续了几十年之久，因为它不仅形象地概括了购物者在这里一掷千金的景象，而且突出了这条步行街让人产生的奢华富裕的感觉。后来，鲁布洛夫成立了芝加哥大北部地区密歇根大道协会（GNMAA），正是这个协会后来在 1999 年推出了"奶牛大游行"活动。芝加哥是全美第一个从瑞士引入奶牛游行概念的城市，该市请来当地艺术家为 300 头奶牛雕像涂刷不同颜色，然后把它们放到市区各个地方展示。这项公共艺术展示非常成功，人们蜂拥而至，都想看看这些作品，和这些奶牛合影留念，此举使芝加哥的旅游收入增长了数亿美元。实际上，奶牛主题的设计是非常准确的，因为芝加哥在 19 世纪中期是美国家畜运输和交易的集散地，是当时唯一可以用铁路从西部向全美输送家畜的城市。这个主题成功实施后，美国其他城市也纷纷效仿，推出了自己的主题展示活动（如克利夫兰的吉他、辛辛那提的飞猪等）。鉴于这些主题和城市特征的符合程度有高有低，这些活动的成功程度也略有不同。

有效的主题必须是简洁而生动的，太强调细节会破坏其作为营造体验整体原则的效果。主题不是企业使命宣言，也不是市场营销口号，它甚至不必人尽皆知，不必像《圣经》里无处不在的"三位一体"一样，但是你必须让每个人都能清楚地感觉到它的存在。主题必须以一个统一的故事来推动所有设计元素和体验营造活动，用这个故事来吸引顾客的投入。故事才是主题的核心，其他要素只发挥辅助作用。

用积极信号改善印象

诚然，主题是体验的基础，但体验的描述还需要难以磨灭的印象。印象是体验当中可以被抽离的部分，是顾客离去时企业希望能在顾客记忆中留下来的最重要的东西。对各种印象的合理整合会对个体产生影响，并进一步推动主题的实现。在构思印象时，你可以问问自己希望顾客怎样描述下列体验——"我觉得（它）……""这种感觉非常……"。实际上，施密特和西蒙森在其作品中对此也提出了一个实用的列表，指出了六种"整体印象范围"。

（1）时间：对主题的传统式、现代式和未来式表现；

（2）空间：城市或乡村、东或西（当然也可以包括南或北）、家庭或事业、室内或室外的不同表现；

（3）技术：人工制造或机器制造、天然或手工等不同表现；

（4）真实性：原创或模仿表现；

（5）复杂性：产生的表现是高雅或质朴、奢华或低廉；

（6）规模：主题表现场景是大型还是小型。[15]

利用这些范围，体验营造者可以创意性地从不同角度构思带有深刻印象的主题。显然，根据这些范围创造的主题涵盖了时间、空间和物质三个最重要的层面。

不过，这个列表只体现了印象及其支持的主题之间的关系，算不上全面。要想概括所有能想象到的印象，最齐全的范围列表莫过于彼得·罗杰特（Peter Mark Roget）的分类大纲了。罗杰特的《国际分类词汇字典》（*International Thesaurus*，第 4 版），从"存在"到"宗教建筑"部分列出了 8 个大类 176 个小类共 1 042 个词条。如果你觉得不够还可以参考整部字典，其中共有 25 万个词条。[16] 要想准确表现顾客从体验过程中得到的具体印象，这本字典大概是最丰富的词汇描述来源了。

显然，光有词汇还不足以创造出顾客想要的印象，企业还必须借助信号的概念来确认顾客所需体验的本质。这些信号广泛存在于体验环境或营造者的行为中，共同创造出一套完整的印象。每一个信号都必须支持主题目标，不能和主题有任何冲突。

旧金山市的快乐生活酒店集团（JDV）就是这样，在为其酒店、餐厅和水疗等项目设计主题时，设计者非常聪明地利用了积极信号来调整游客印象。该集团的创始人是奇普·康利，一开始他买下的只是一家价格低廉、破败不堪的汽车旅馆，地点位于旧金山的田德隆区。康利想为顾客提供一种独特的住宿体验，但完成收购和改建之后他已经没钱了，无力聘请市场调查公司帮他研究哪些人喜欢到这里消费。于是他想到了另一个可以提供此类信息的平台——杂志，继滚石推出杂志之后他也推出了名为《凤凰酒店》的杂志。康利仔细研究了各种摇滚音乐小报，发现它们给读者留下的印象是：冒险精神、时尚感、狂妄、古怪和心理年轻。为此，他决定重新设计整个酒店（很多工程都是表面改造，因此并没有花多少钱），以便围绕整个杂志主题体现能够始终如一地吸引游客的印象。快乐生活酒店把游泳池改造成了汽车聚会中心，把每个客房都装修成五颜六色（包括原来保留的 321 号"爱巢"），在客房服务车上贴上和本地摇滚乐队一样的车贴。此外，酒店还为员工建立了"情报站"，专门搜集顾客建议，以便提升他们的住宿体验。值得注意的是，快乐生活酒店的名称并不是用杂志名称来命名的，也没有公布两者之间的联系，甚至都没有告诉顾客这个主题。它只是利用各种信号来创建希望给人们留下的印象。令人称奇的是，在没有公布主题的情况下，《凤凰酒店》居然一炮走红，成为巡回乐队及其管理团队来旧金山一定要访问的地方。后来，快乐生活酒店集团把这种"杂志宣传"方式成功推广到加州的十几个酒店。

当然，不同类型的体验需要不同种类的印象构成信号。例如，在路易斯安那州梅泰里市（这里离新奥尔良不远）的杰斐逊东部总医院，首席执行官彼得·贝茨（Peter Betts，已退休）及其管理团队的做法是，围绕温暖、关爱和专业化等印象对医院进行改造。为传达这三种核心印象，医院工作人员佩戴的胸卡很容易辨认，上面写有个人职务和身份；工作人员在进入患者房间前一定要敲门，诸如此类的细节还有很多。医院规定，所有对顾客（包括患者、患者家属、牧师和其他访问者）开放的空间都是"舞台之上"，即医院要全力营造体验的地方，只有在这些场所之外员工才能拥有自己的空间，即"舞台之下"。医院还禁止各种令人不快的活动（如运送血袋）和"小道消息"的传递，用适当的、可提升患者体验的信号来精心营造各种公共场合（即舞台之上）的环境。为此，对于那些经常需要躺在床上进行背部锻炼的康复患者，医院甚至专门把天花板绘制成各种图案。此外，还利用不同的地板标示来区分医院内不同的地点（如大厅铺设地毯，通往食堂的是石板路，通往会议室的是水磨石路）。[17]

刘易斯·卡蓬（Lewis Carbone）是明尼阿波利斯体验工程公司的首席体验官，为便于营造特定的体验，他开发了一种实用的工程结构。卡蓬把信号（他称之为线索）分为"机械式"和"人文式"两种，也可以称它们是无生命和有生命两种。他表示：

"前者包括事物产生的景象、气味、味觉、声音和纹理,如景观、图形、香味、音乐录音、栏杆表面等;后者主要是从人们身上发出的信号。通过定义和安排员工接待顾客时希望体现的动作方式,特定的体验就可以被设计出来。"[18]

例如在迪士尼乐园,为避免人们联想到杂乱无章和破败不堪的游乐园形象,公司管理层把保持清洁作为提升游客印象的一个重要原则。在进行体验设计时,设计师把这种关注转变成两种信号:机械信号是确保游客目光所及之处都有垃圾箱,人文信号是指派大量员工负责拾捡未入箱的地面垃圾。当然,拾捡垃圾并非这些员工的唯一工作,只要有游客出现,他们还必须微笑,与对方保持目光接触,以此强化游客的"快乐"印象。

信号可以触发印象,而印象能够实现企业希望传达给顾客的主题。建筑风格被忽略、被贬低,或是和整体主题不协调,这些细节都会让顾客产生不快的体验。未经规划或不符合主题的视觉和声音信号只会让顾客感到困惑和无所适从。举个例子,在酒店里,即使前台已经很详细地提供指导,可你还是拿不准能否找到自己的房间,你是否有过这样的经历呢?显然,只有设计出更好、更清晰的信号,企业才能提升顾客的体验。

消除负面信号

确保体验的完整性不仅需要提供积极信号,体验营造者还必须消除任何可能扰乱主题实现的因素。在大多数结构化空间中,如商场、办公室、大楼或机舱内,宾客往往会发现自己被各种杂乱、毫无意义的信息所包围。尽管顾客有时的确需要借助一些指示，但绝大部分情况下服务提供者都是表达不当或是选用了错误的表达方式。例如，几年前我们在温德姆花园酒店客房内看到一把椅子，上面有一个标牌写着："考虑到你的舒适，这把椅子可以向后倾斜。"（这个表达完全多余，更好的信号传递应当是在顾客进门时看到椅子已经是倾斜的。）认知心理学家兼工业设计评论家唐纳德·诺曼（Donald Norman）曾说过："寻找愚蠢设计很简单，最好的办法就是去看指示牌。"[19] 换句话说，所有的指示标志都是设计低劣的信号，它们只能给人带来糟糕的印象。

看似不起眼的信号可以严重削弱人们的体验。例如，在很多餐厅等候位子的时候，服务员经常说的话是："您的桌子准备好了"，实际上，这句话已经太过俗套，以至于根本不会让人产生印象了。但是在一家雨林餐厅，餐厅招待的做法却与众不同，他会大声宣布："史密斯先生，你们可以开始冒险之旅了！"如果三遍之后对方没有出现，他会这样通知其他等候宾客："看来史密斯先生赶不上这次精彩旅行了。"同样，我们在芝加哥 Ed Debevic 餐厅的体验也很新颖。我们对餐厅招待说："你好，三位"，结果这哥们儿带我们进去左转右逛，就是不肯安排位子，直到我们开口要找地方坐下来时，他才"恍然大悟"地答道："噢，你们怎么不早说是要找位子啊！"（通过这些信号，Ed Debevic 餐厅想要给宾客留下的印象是粗鲁、不快、尖刻、令人讨厌和脾气古怪。能够实现这种印象是因为该餐厅总是能以幽默的方式化解这些负面信号。其实，我们在进门时就应该注意到这个信号，因为餐厅招待胸牌上的名字是"捉弄"。）

为了避免印象信号与和蔼宽容的主题不一致，迪士尼公司要求员工在工作期间（即舞台之上）必须尽职表演，忠实于自己扮演的角色，不得有任何违规的举止。只有在工作场所之外（即舞台之下）的非参观区域，员工才可以随便聊工作之外的内容。在很多仿古旅游地，如马萨诸塞州的老史德桥村博物馆和普利茅斯种植园，经营者也要求员工在工作期间忠于自己的角色（前者扮演的是 18 世纪的皮革工人，后者扮演的是清教徒和印第安人）。和上述相反，像弗吉尼亚州的威廉姆斯堡殖民地度假村和詹姆斯镇节日公园，由于允许扮演古代人物的员工在工作时间谈论游客等话题，这些景点的体验完整性就大打折扣了。

同样，"角色相宜"的着装和行为理念也适用于当今工作场所中的人。在杰斐逊东部总医院，所有员工都要遵守"医院形象规定"，即一整套用于消除潜在负面信号的着装标准。例如，在这里男士禁止穿无领带的休闲衬衫；女士不准留长指甲，不准用某些粉底；无论男女都不许使用味道浓烈的古龙水或香水。这些规定帮助员工成功创建出了医院想要实现的专业化印象，以至于人们在社区中碰到他们，一看行为举止就知道是杰斐逊东部总医院的员工。

同时展现多种印象信号，特别是当这些信号偶然集中出现时，会造成以亲近顾客为名的过度服务，这种情况也会破坏顾客的良好体验。《财富》杂志的一位作者有一次这样称赞包租旅社的优点："这里不用登记也不用结账，没有让人心烦的账单，没有惊人的电话费（当然稍后会收到电话明细单），只需连住两三晚即可。更让人感到舒服的是，这里没有各种上门服务的打扰，你不必担心服务员索要小费，不必担心清洁员躲在你的房间看电视，更不必担心会有促销者半夜在你床上藏巧克力。"[20] 为避免在体验营造方面输给这些旅店，避免客户流失，连锁酒店应当努力消除顾客体验中的负面信号，例如，不要在茶几、梳妆台和桌面上摆放乱七八糟的说明书，改用提示卡或其他服务沟通手段；让"台下"员工接电话，以免前台在和顾客沟通过程中被打断；确保服务员和清洁员在工作时不打扰顾客等。只有把这些细节都做好，酒店才能让顾客真正感到宾至如归。

添加纪念品

人们总喜欢为了留住某种回忆而购买特定的产品。例如，度假者喜欢买明信片是因为它能勾起美好回忆，高尔夫球手购买绣有特定标志的衬衫或帽子是为了回忆某个球场或某次比赛，年轻人喜欢买 T 恤衫是为了记住参加过的摇滚音乐会。总之，购买有形的纪念品是为了能更好地回顾自己经历过的体验。

这些纪念品往往是人们最珍惜的东西，其价值远远超过这些产品本身的制造成本。例如，票根就是一个很好的例子，它本质上只是人们体验的副产品，但是你可能在童年的珍宝箱里就藏着那么几张，没准儿你的孩子在卧室里也在墙上展示着几张。我们为什么要留着这些破旧的纸片呢？因为它们代表着一段宝贵的体验。它可能让你想起第一次看大联盟棒球赛，想起一次很棒的音乐会，或是想起一次难忘的电影院约会，显然，如果没有实物的提醒，这些事件很有可能会在我们的记忆中慢慢淡忘。

当然，这样说并不表示有助于回忆是我们购买纪念品的唯一原因，它甚至有可能都不算是最主要的原因。或许更重要的原因是，我们希望通过这种方式向别人展现自己的经历，以此来制造话题甚至是引发对方的羡慕。[21] 对深思熟虑的体验营造者来说，这种因素发挥的作用更为重要。这就像 TED 会议公司欧洲主管布鲁诺·吉桑尼（Bruno Giussani）所说的那样："纪念品是一种'交际'体验的方式，目的是要把这种体验传递给其他人。对进入体验经济时代的企业来说，纪念品是一种吸引新宾客的手段。"

每年人们花在此类产品上的费用高达数百亿美元，而且其销售价格远远高于在体验场所或活动地点之外销售的相同产品的价格。例如，滚石音乐会歌迷愿意高价购买标有演唱会时间和城市的官方 T 恤衫，原因在于，在这种情况下价格已经不再是产品成本的指标了，而是代表着购买人附加在这种体验上的回忆性价值。除了加价销售普通 T 恤衫，硬石摇滚餐厅还推出印有餐厅地点的 T 恤衫，也吸引了众多宾客购买。

销售和某种体验相关的纪念品是延伸体验的一种方式，而赠送作为体验本身的一部分，是延伸体验的另一种方式。在宾客体验中添加纪念品，企业会有大量机会把回忆附加到实际物品上。正因为如此，很多酒店开始在电子门卡上印刷艺术图案，用新的方式设计"请勿打扰"标牌。有些酒店甚至更超前，完全放弃了文字表达。例如，万豪温泉度假酒店的门挂就是一只粉红色的火烈鸟造型，没有任何文字标识，和地面上粉红色的火烈鸟图案形成了很好的搭配。在美国女孩娃娃店的内部咖啡厅，餐巾纸是卷好用扎头发的松紧带捆在一起的，这些松紧带都是黑白相间的颜色，上面的图案不是长条就是圆点，和店内的装饰风格互相映衬。来这里用餐时，很多小姑娘对这个小东西都爱不释手，询问店家能否赠送，实际上这些东西本来就是免费提供的，当店家同意她们的请求时女孩儿们往往会非常高兴。（美国女孩娃娃店还针对其咖啡体验推出了纪念品销售，在用餐时为小朋友提供一个12 英寸高可以放娃娃的椅子，售价高达 25 美元。）此外，在加州扬特维尔，托马斯·凯勒（Thomas Keller）的法国洗衣房餐厅也采用了类似的创意，用带浮雕花纹的晾衣架制成盛放餐巾纸的纪念品。

因此，企业应当充满创意，开发出全新的纪念品来吸引顾客。在佛罗里达州那不勒斯市，丽嘉酒店安装了一套全新的门卡式计算机安全系统，管理层因此决定把以前的门把手送给老客户，而不是将其卖掉或丢掉。这 463 个门把手上刻有丽嘉酒店的标志——精美的狮子和皇冠图案，经过处理后做成了精美的镇纸。由于有 6 000 多位老客户想要获得这个纪念品，酒店决定将其送给体验故事最动人的客户。限量供应的门把手成为可带来美好回忆的纪念品，丽嘉酒店肯定希望以后能为顾客重新营造这种体验。毫无疑问，这样做让顾客感到丽嘉是一个很有责任感的酒店，这种收益远比卖掉一堆废铜烂铁的回报要高得多。

此外，企业还应当开发值得回忆的纪念品赠送方式，让宾客在获得时感到非常开心或非常有价值，就好像孩子们在美国女孩娃娃店咖啡厅里意外发现头饰松紧带时的那种感觉。在这一点上，加拿大卡尔加里市的做法就很别出心裁，令人过目难忘。该市会向来访的会议策划师和演讲师颁发一种白色的巴利牛仔帽，接受人必须高举右手宣誓愿做"卡尔加里荣誉市民",重复滑稽的宣誓内容("我发誓永远戴着此帽,即使是在睡觉时……"),然后领取证书,证书上还必须有戴着帽子拍摄的照片和日期。同样,奇客小分队也很注重"特工"向付费客户赠送奇客 T 恤衫的方式,作为标准的结束动作,他们会把 T 恤衫抛向顾客,然后直奔下一个服务对象。

只要有合适的舞台背景,任何企业都可以把纪念品添加到体验产出中。如果银行、杂货店和保险公司等服务企业发现不需要纪念品,那是因为它们没能提供让人值得回忆的服务。如果这些公司能努力提供积极信号,避免负面信号,通过这种方式营造主题化体验,它们的顾客肯定愿意付钱购买纪念品,以此作为对服务体验的回忆。(如果顾客不愿这样做,那只能说明企业营造的体验还不够深刻。)如果航空公司真正重视体验营造,肯定会有更多的乘客愿意按照座椅口袋里的目录采购商品,以此作为珍贵纪念。同样,利用这种思路经营,抵押贷款服务公司也可以推出家庭纪念品;杂货店结账处堆满的应当是纪念品而不是几元钱的便宜货;保险公司甚至可以考虑把保险单装裱起来给客户做纪念品。

调动五种感觉

伴随体验出现的感觉刺激因素应当支持和提升整个体验主题。一种体验对感觉的调动越有效,这种体验的感受就会越难忘。聪明的擦鞋匠懂得增强鞋油的味道,还会把擦鞋布甩得啪啪作响，实际上气味和声音并不会让你的鞋变得更光亮，但它们却能很好地调动你的感官，让你的体验更投入。精明的发型师喜欢用各种洗发水和定型液，目的不光是为了给你的头发做造型，还因为这样做可以增强顾客的触觉感受。类似的例子有很多，聪明的食品商会把面包房里的香气用排风扇吹向大街小巷，还有人在为果蔬喷雾时会利用声光模拟雷雨即来的情形，这一切都是为了更好地吸引食品采购者的注意。的确，不管在什么情况下，要想强化一种服务的感官刺激，最简单的办法就是通过提供食品和饮料的方式增加味觉体验。

在俄亥俄州阿克伦市，罗素·弗农创建的西点市场是第一家在杂货店经营特色食品的市场。伦纳德·贝利（Leonard Berry）是得克萨斯农工大学的零售业研究专家，他对这个高级市场的描述是："这里是颜色的海洋，充满探索的乐趣，是一家到处是巧克力蛋糕、核桃脆饼和花生酱美味的商店。"[22] 贝利还引用了凯伊·洛（Kaye Lowe，公关系主任）的说法，洛称："我们毫不犹豫地邀请顾客品尝产品，有些人周六来到商店，会在这里连尝带逛消磨一整天。对此，罗素最喜欢说的一句话是，'欢迎来体验西点市场的美景、美味和美食'。"[23]

当服务中添加了感觉因素之后，就会变成非常吸引人的体验，这一点在人生的初级阶段就能得到证明，例如给宝宝喂食的情形。有一天在晚餐时，只有 11 个月大的埃文（本书作者吉尔摩的儿子）推开了妈妈的手，不肯吃她喂的食物。于是老爸上场，和其他父母舀一勺喂一口的做法不同，吉尔摩退后两步，抓起小碗高举到空中，一阵夸张的折腾之后，这只"飞机"终于降落了，扮演飞行员的爸爸还要发出一阵阵马达轰鸣声，让整个表演更加真实。奇迹出现了，当满满一勺好吃的递过来时，小家伙紧闭的嘴巴马上张得大大的。

信不信由你，这种飞机游戏所传达的本质和所有餐饮企业把普通的食品服务变成顾客有趣体验的做法是一样的，即设计蕴含在信号中的正确的感觉因素，从而表现出让顾客喜闻乐见的主题。对小埃文来说，所有信号都符合"飞行食物"这个主题，这让他进一步产生了（食物）必须安全落地的印象。体验营造者消除了负面信号（如板着脸说"把饭吃完"），而是用积极信号（包括视觉、听觉、触觉、味觉和嗅觉五个方面）把印象综合成一种可信的、吸引人的主题。

为强化主题，雨林咖啡厅的水雾可以先后调动体验者全部的五种感觉。首先你听到的是响的声音，然后看到水雾在石块上升腾而起，接着感受到皮肤上的轻柔凉爽，最后你可以闻到那种热带雨林特有的味道，品尝到（或是在想象中品尝）它的新鲜清爽。显然，这种简单却充满感官体验的信号很难不让人受到影响。

有些信号可以通过极其简单的形式强化某种单独感觉的体验。克利夫兰建市 200 周年活动组委会花费 400 万美元，在弗莱茨夜市区附近的凯霍加河上为八座公路铁路桥安装景观照明，点亮了整个夜空。人们无须付费即可观看和通过这些桥梁，城市管理者推出的这项活动只是一个道具，目的是让克利夫兰明亮的夜空成为旅游者心中一个难忘的体验，从而刺激旅游业的收入。

同样，单一化的简单感觉也会彻底破坏人们的体验。例如，预录制声音或机械化声音已经将我们团团包围——随时随地的语音邮件，电话销售中的标准语调，引导乘客上下车的自动指示，飞机上通知安全事项的播音，以及酒店里早上叫你起床的电话唤醒服务。人们很快就对这些单调乏味的声音表现感到厌烦，因为设计它们的公司根本不考虑用富有创意的方式取代这些负面感觉信号。对此，我们可以借用第 2 章讲到的四种体验范围来设计丰富感受的计划。如何使用幽默方式让自动化语音充满娱乐性？如何让这种方式既发挥通知作用又具有教育功能？如何让这种方式促进逃避性体验？如何让这些声音及其背后的语音引发顾客的审美性享受，令他们百听不厌？

在体验中添加感觉因素并非易事，企业必须聘请懂得如何影响人类感觉的专业技术人员来实施这项工作。[24] 对于体验营造企业来说，它们需要具备建筑能力和音乐欣赏能力，不仅是因为需要设计楼宇和挑选音乐，更重要的是为了用正确的感觉来充实体验。（未来，酒店开会时也许不再需要音频视频工程师，而是需要"感觉专家"的参与。）当然，并非所有的感觉都是营造体验时必需的，有些感觉的组合不一定会有好的效果。巴诺书店运气不错，发现店内咖啡厅的浓香和新书打开后的墨香相得益彰，实现了嗅觉和味觉的完美结合。但达萨干洗店（Duds'n Suds）就倒霉了，它别出心裁地把投币式干洗服务和酒吧凑到了一起，没想到肥皂粉的味道让啤酒花的口感丧失殆尽，成为彻头彻尾的失败之举。

如果想要营造富有吸引力的体验，企业应当按照上述五个原则指导自己的实践方案。它们必须确定体验的主题，以及可以向顾客传达主题的印象。很多时候，体验营造者会开发各种希望能让顾客带走的印象，然后再提出不同的主题和故事，以便能把这些印象用连续的方式表现出来。接下来，它们要做的是对印象进行筛选和数量控制，只留下能准确反映主题的印象。然后，注重利用有生命和无生命两种信号来体现印象，遵循强化积极信号和消除负面信号的简单方法。随后，企业应当利用每一个信号小心整合视觉、听觉、触觉、味觉、嗅觉五种感觉，使其更好地发挥影响，但是需要注意的是要适可而止，不要让顾客对过度的感官体验产生厌恶。最后，企业要做的是在整个过程中加入纪念品，以便顾客可以随着时间发展延伸自己的体验回忆。

上面所说的五种原则一起构成了主题营造过程，即主题化：

- 为体验构思主题
- 利用积极信号改善印象
- 消除消极信号
- 添加纪念品
- 调动五种感觉

当然，目前来说企业要全面接受这些原则还有点困难，因为它们毕竟是一个逐渐发展的过程。不过可以肯定的是，那些知道如何设计深刻、动人、丰富而又值得回忆体验的企业，将来必定会成为体验经济中的成功者。

体验是用来销售的

和以前从工业经济到服务经济的转型一样，从服务经济向体验经济的转型也会遇到很多变化。这种转型开始的标志是企业牺牺体验以便更好地销售公司现有的产品，这就好比 IBM 和其他公司一开始会为了销售产品而放弃服务一样。尽管服务提供商认识到了顾客对体验的重视，但不管有心还是无意，他们并没有对这种体验另外收费，而是把体验结果直接和其核心服务捆绑到一起。例如，尽管明知顾客是来享受全面体验的，但现在很多餐厅还是只对提供的食品收费。这种看菜定价的方式体现的是长久以来形成的食品服务思维，即针对制造具体产品（这里是菜肴）的活动收费。与此相反，定价餐（也称份饭、包桌饭）形式则完全根据用餐体验来收费，如今正越来越受到热捧。例如，在 Moto 餐厅，用餐者支付 135 美元可以享用 10 道菜，支付 195 美元可以享用 20 道菜，酒水价格 45～95 美元；在美国女孩娃娃店的咖啡厅，采用的也是 19～26 美元的定价消费模式，其中还包括小费开销，这些都是根据用餐地点和场合的体验严格确定的固定消费价格。

由此我们不难看出，企业收入的来源方式决定了企业的经营模式，它只针对自己选定的收费形式实现营业收入。除非你明确要求顾客为某种特定的经济产出付费，否则你就不能说自己的企业进入了相应的经济时代。对体验经济来说，它意味着企业必须对顾客在你这里花费的时间收费，例如收取游乐园门票费用等。尽管你充分调动了顾客的五种感觉，提供了纪念品，营造了积极印象和信号，实现了主题化体验，这些或许会让你的公司产出和其他对手日益简单产品化的产出相比更具吸引力，但是如果你没有明确要求顾客在你能控制的地点或场所为使用（不是拥有）这种产出支付费用，那这种产出就不算是经济体验。尽管你可以为公司的服务或是为零售环境设计出无比动人的体验，但是，当顾客在欣赏或参与这些营造出来的活动时，除非你明确要求他们为此支付费用，就像去音乐会、主题公园、比赛现场、移动式景观现场和其他体验地点时必须先买门票才能进入一样，否则你营造的就不是经济体验。[25]

不管出于哪种原因，是担心、不确定或是怀疑，你可能会排斥这种收费体验的观点，但是请别忘了它仍然是体验营造的一个设计标准。你可以问一下自己，如果我们收费经营体验，又会给宾客带来怎样的不同呢？这个问题可以迫使你去发现哪些才是最能吸引宾客的体验。在此，我们想要强调的基本观点是：别老想着用免费提供的方式吸引顾客，这样做恰恰是错误的，如果你营造的体验毫无吸引力，即使免费也没人来感受。因此，推出收费体验活动反而是激励企业努力营造卓越体验的最佳方式。

我们可以看看那些正在接近体验经济的零售商的错误做法。下次你去布鲁克斯东电气产品连锁店时，可以看看有多少人在里面闲逛，试用各种新式电气设备，可实际上没有几个人真正会把它们买回去放在家里或办公室里。我们在这里看到的情形是，很多人都拿着新奇的产品玩得不亦乐乎，纵情享受迷你音响设备带来的震撼，或是躺在按摩椅上尽情放松，然后便拍拍屁股一文不付地走了！[26] 不难想象，如果不推出收费体验，布鲁克斯东连锁店很快就会步 Sharper Image 公司的后尘，沦落到靠目录销售和网络销售来勉强维持经营的地步。

像零售店这种地方真的可以收取门票这样的体验费用吗？现如今，没有几个人愿意掏钱进商店（或是掏钱上某个网站），肯定不会有足够的客流（至少按照企业目前经营店面的方式来看的确如此）支持企业依靠门票收入来生存。但是，如果布鲁克斯东连锁店决定收取门票费的话，此举肯定会迫使公司营造更好的体验，以便让掏钱进来的顾客感觉物有所值不虚此行，这样才能吸引他们反复光顾。为此，公司必须更频繁地变换商品组合，可以每日甚至每小时变换一次，还必须推出各种展示、表演、竞赛等体验性活动以提升顾客的感受。公司还可以考虑推出会员式收费，让顾客有机会试用新产品或是享受"每月新品"的租赁使用。如此一来，它就变成了和其他零售店完全不同的体验场所，成为厌倦普通购物中心的顾客逃避现实的新选择。这样做的结果是，零售店反而会以奇招制胜（指推出门票式服务），成功销售出更多的产品。

我们可以来看看耐克城的例子。耐克城一开始的设计是推出体验式元素，如展示过去的鞋模、《体育画报》封面上穿耐克鞋的运动员、半场篮球比赛地板，以及运动员每日活动的镜头等。在第一个耐克城——芝加哥耐克城开幕式的新闻发布会上，承办公司称这家店"是一个舞台，消费者即观众，一同参与我们的体验营造过程"[27]。通过这些旗舰店，耐克品牌的影响力逐渐巩固，同时也刺激了非耐克零售店的销售。耐克店营造体验的做法非常成功，使其他品牌零售店很难和它进行竞争。

既然如此，我们很奇怪耐克城为什么不对消费者收取门票式的体验费。这样做可以使公司有更大的动力在店内营造各种吸引人的活动，比如说让宾客使用篮球场，与 NBA 退役明星来个一对一过人，或是与 WNBA 球员举行一次 HORSE 投篮赛。游戏活动结束后，店家还可以推出现场定制的，带有顾客投篮照片以及比赛日期和分数的耐克 T 恤衫，肯定会让消费者趋之若鹜。此外，耐克城还可以推出互动式的宣传亭，向消费者介绍以前的重大赛事和相关的花边新闻。我们认为，就像美国女孩娃娃店的做法一样，推出这些活动可以让耐克城获得大量门票式的体验经营收入。相反，如果不对体验收费，耐克城慢慢会沦落成和普通零售店无异的商家。由此带来的结果是，像什么店内篮球场、比赛视频和其他浸入式体验统统都不会出现，只有摆在货架上的一排排运动鞋和服装而已。

诚然，针对体验收费的做法第一次很难吸引顾客（"什么？我逛个商场还要买门票？"），不过它的好处是能让尝到甜头的顾客反复光顾。此外，针对体验收费还有一个好处，对那些绞尽脑汁想要吸引顾客多次消费的体验营造者来说，如"乐食"型餐厅，收取门票费用可以改变消费者对餐厅总体经营产出价值的评价。如果餐厅把体验营造的成本综合到食品价格中，人们很快会习惯于你"免费"提供的精彩体验，但纷纷抱怨你的食品定价过高。这可真是得不偿失，企业其实根本不必这样做。只要明确宣布针对体验收费，顾客自然会意识到自己消费的是完全不同的经济产出，其中包括产品、服务和体验，因此会自行判断分开收费的价格是否合理，这样岂不是要比高得离谱的单一定价方式要好得多吗？同样，这种收费原则也适用于直接制造商、网站经营商、保险代理商、金融经纪商、B2B 营销商以及所有免费提供体验却高价销售产品和服务的企业。实际上，很多零售企业的倒闭，如 Imaginarium、Just for Feet、The Nature Company、

Oshmans 等，都以惨痛的失败证明——忽略对体验活动收费绝对是自取灭亡之举。其实，像这样还在苦苦挣扎的零售商还有很多，如 FAO Schwarz、Eddie Bauer、Guitar Center、Linens'n Things，当然也包括大名鼎鼎的迪士尼公司。

迪士尼在主营业务之外推出的特色零售店很令人失望。除了店内背景墙上播放的迪士尼动画节目之外，公司的零售店和其他商场店面毫无二致。究其失败原因，这完全是由于迪士尼没有采取收费体验的缘故。由于人人都可以免费进入，迪士尼特色零售店给人的感觉只是一个普通的卖场而非充满魔幻的冒险体验。尽管迪士尼在店面的建筑结构和装潢家居方面下了很大功夫，例如其曼哈顿中心店，走进去之后有那么一阵儿会让人感觉仿佛穿越时空来到了迪士尼乐园，但可惜的是这家体验大师级的公司并没有协调好所有的主题表现信号。例如，虽然店内的电梯入口内外都被装修成白雪公主的城堡样式，但走进电梯之后听到的却是和中世纪背景格格不入的喧闹的摇滚乐。虽然店内到处是打扮成动画人物模样的员工（显然，他们还称不上是"演职人员"），但他们的举止却毫不符合自己扮演的角色，互相之间闲聊不停。或许这些并不是迪士尼公司的本意，或许只是店面管理者的执行不佳，但一个不可否认的重要原因是，执行不佳正是没有对体验收费导致的（哪怕是推出销售返利式门票也行），由于达不到公司期望的高标准体验，这种做法只能造成迪士尼品牌的贬值。最终，在其许可经营商儿童天地商场内的代理商破产之后，迪士尼退出了零售店业务。

也许，对企业营造的体验来说，收费的正确方式应当是针对店内的一个特定地点或在特定时间内进行。例如，在苹果产品零售店，苹果爱好者和潜在消费者会参加名为"团聚、学习、创造"的主题活动，由员工通过一对一的方式在特定时间提供收费服务。顾客只需支付99美元的会员费，不但可以得到系统安装和文件转移等服务，还可以预订由个人培训师提供的一个小时的培训讲座或两个小时的"个人方案"讲座。在苹果零售店内，每当讲座开始时（公司培训师经常组织此类活动）便会投入专用地点和时间，在产品和服务销售之外实现基于体验的经营收入。

在美国新英格兰地区，乔丹家具公司拥有四家充满乐购体验的零售店，为消费者营造了大量独特的体验（包括公司第三代传人巴里·塔特尔曼和埃利奥特·塔特尔曼兄弟两人的发音玩具复制品，波旁大街主题的狂欢节气氛，以及一座IMAX影院）。虽然已被沃伦·巴菲特的伯克希尔 - 哈撒韦公司收购，乔丹家具公司仍在马萨诸塞州埃文市的零售店内对顾客体验收费，其奥德赛电影之旅尤其令人惊叹，通过模拟过山车、沙滩车、失控货车等惊险旅程让观众大喊过瘾，在电影放映过程中甚至还能体验到刮风和水雾等特殊效果。正如巴里·塔特尔曼经常说的那样："没有体验展示就没有我们的业务成功。"

在全面发展的体验经济中，我们不但会看到零售店辟出一角搞收费体验，还会发现整个商场要求消费者先交钱后参观的情况。[28]实际上，这样的购物中心已经出现了。例如，迪士尼的老对手环球影业公司就对其开发的步行街推出了收费游览的规定（以停车费形式收取）。此外，像明尼苏达州文艺复兴节、加州吉洛伊大蒜节、加拿大安大略省基奇纳 - 滑铁卢十月啤酒节，以及其他众多季节性节日体验活动也算收费游览式的购物商场，唯一的区别是它们把商场搬到了户外而已。消费者会发现为这些节日交参观费很划算，因为活动经营者既然收钱，那么肯定会为自己提供与众不同的主题式体验。实际上也的确如此，无论在顾客购买产品之前、之时还是之后，这些节日体验营造者总是力争通过各种活动吸引游客的兴趣。

例如，在明尼苏达州的文艺复兴节上，英俊的骑士和美丽的少女欢迎游客来到位于明尼阿波利斯郊外，属于亨利国王和凯瑟琳皇后的一块 22 英亩的主题游乐园。他们向游客颁发《王国新闻》，即用仿羊皮纸制作的游览图，邀请大家尽情享受各种节日庆祝活动。在一天的庆祝活动中，这里到处是身穿文艺复兴时代服装的表演者，有魔术师、杂耍艺人、小商贩、歌手、舞蹈团，甚至还有一对装作路人的活宝。这些人会不断地和游客搭话（很多游客也会穿上临时性的道具服装），目的就是要保证每个人都能最大限度地享受欢乐时光。游乐园推出的备受顾客欢迎的活动（适合各种体验范围）有：

- 定时展示传统技艺（盔甲制作、吹玻璃、装订书册等）。
- 宾客可亲自动手参与活动（青铜擦洗、制作蜡烛、书法）。
- 游戏、竞赛和其他有奖活动（射箭、迷宫、绳梯）。
- 人力或畜力车游览（象车、马车、骑马游）。
- 食品（火鸡腿、苹果布丁、佛罗伦萨冰激凌）。
- 饮料（啤酒、葡萄酒、汽水、咖啡）。
- 演出、庆典、游行和各种狂欢活动（魔术、木偶、马上长矛比赛），有些项目需额外付费。

　　此外，这里还有数百家和文艺复兴主题相关的商店，销售各种与节日相关的手工制品，如珠宝、陶器、玻璃、蜡烛、乐器、玩具、服饰、植物、香水、壁毯和雕塑，或是提供面部彩绘、占星算命、画像和漫画等服务。文艺复兴节体验成了摇钱树，把其他商场超市不起眼的产品集中在一起，让每个宾客都大包小包满载而归。

　　对传统销售渠道的竞争者来说，幸运的是此类节日的经营者没有推出全年体验活动（当然现在是这样，以后就不好说了）。例如，明尼苏达州文艺复兴节只在8月中旬到9月底的周末，以及美国劳动节时开放。鉴于其活动密度和独特的性质，很多人都是来这里体验一次就走，因此该游乐园完全可以改为每天经营。不过，由于表演范围和设施比较灵活，如果能在同一个地点定期轮换节目内容，这样肯定会吸引游客的重复性体验。中美节日体验公司（Mid-America Festivals）是承办明尼苏达州文艺复兴节的经营者，该公司在其他州也承办此类活动。除了文艺复兴节，公司还在同一地点推出了万圣节主题体验（有恐怖屋、石像鬼庄园和儿童狂欢活动），以及名为"费茨威格宴会"的圣诞节主题美食娱乐活动。商场要想充分融入体验经济，就必须学习剧院长久以来的做法，即定期更换节目（这里指产品展示），这样才能吸引顾客一次又一次地进来消费。

　　对于付费参与店家推出的购物体验，大家是不是觉得很疯狂？先别急，想想看，几十年前，比方说第二次世界大战刚结束，那时正是美国经济最繁荣的时期，从海外回来的大兵纷纷在郊区买房买车，为家中添置各种新式用具，如果你告诉人们用不了多久这些家庭就会雇人去给他们的汽车加油，花钱给孩子买生日蛋糕，请人干洗衬衫、清理草坪或是代理各种今天看来再正常不过的服务，他们肯定会说你脑子有毛病！我们不妨再把时间推早一些，想想看几百年前的农业时代，如果你告诉乡下的农夫以后很多人都不用再亲自耕田，亲自盖屋，亲自杀牛宰羊，亲自砍柴做饭，亲自量布裁衣或是制作家具，他们肯定也会瞪圆了眼睛说你是个疯子。

在任何一种经济向前递进的历史过程中，都包含着一些事物从免费向收费的转变。在全面发展的体验经济中，与以前单纯依靠个人方式体验新奇的做法不同，我们会越来越倾向于付钱给那些帮助我们营造体验的企业，就好像我们现在愿意付钱给那些为我们提供初级产品、产品和服务的公司一样，因为正是有了它们的出现，我们现在才不用自己去提取原料、加工产品和自我服务。这种趋势的结果是，我们会越来越喜欢花钱在各种体验场所或体验活动中消磨时间。

尽管入场收费是最常见的一种收费方式，但对体验收费的具体手段并不仅限于此。除了在享受体验之前预先付费，顾客还可以按活动或期间等方式付费。此外，对于这三种衡量方式而言（预先型、活动型、期间型），付费顾客还可以分为参加特定活动和公开活动两种体验类别，这样就形成了六种可供体验营造者借鉴的收费方式（见图 3-1）。

- 按入场收费：宾客进入表演场地或活动地点时付费，如去电影院、观看舞台表演、欣赏运动比赛或是体验展销会等。

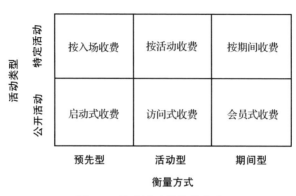

图 3-1　体验活动的收费方式

- 按活动收费：宾客参与具体活动项目时付费，如玩投币游戏机、打赌游戏、竞赛游戏、参加会议或研讨会等。
- 按期间收费：宾客根据时间段支付的费用，可以是按分钟、按小时、按天、按周、按月、按季或按年为享受体验产出付费，如卫星电视费、互联网使用费以及俱乐部或协会会费等。
- 启动式收费：宾客加入某种体验组织时付费，如参加乡村俱乐部、社交俱乐部、网站论坛或社交网络等。
- 访问式收费：宾客获准进入、参与、得到体验时间或是成为会员时付费，如后台参观费、新手费、测试期费、"专业资格许可"费、试用期会员费等。
- 会员式收费：宾客被吸收进组织，享受集体体验时付费，如俱乐部、联盟、论坛、合作机构或协会等（可以集体或个别支付）。

入场费在进入活动场所享受体验前预先支付，活动费在参与体验时（或在参与体验后）支付，期间费随着体验内容的延续定期支付，启动费针对要参加的组织预先支付，访问费根据特定体验内容按次支付，会员费是为了延续和保持某种身份时支付。

记住，体验是用来销售的。了解这些收费方式可以帮助企业更好地和顾客建立不同的经济关系，从而改变人们对其体验产出的价值判断。例如，很多酒店仍坚持让顾客在上午某个固定时间退房的做法，这就是传统服务思维在房费方面的体现。实际上，顾客支付费用，购买的是酒店直接或（通常情况下是）间接为其提供的各种活动，因此这种不尽如人意的做法会让他们感到很无奈。其实，具有体验经济思维方式的酒店，完全可以按照日费率为顾客提供更加灵活的按期间收费模式，允许他们在结账之前住满 24 个小时，哪怕这 24 个小时是好几个阶段累积而成。（也可以像 YO! 公司推出的 YOtel 式"胶囊酒店"，按照入住的小时数收费。）我们认为，所有企业都可以在此基础上推出个性化的收费方式，把这六种收费方式进行结合，以有效地提高顾客的忠诚度。

相对于产品和服务而言，针对体验明确收费的做法，会导致行业优胜者的经营方式发生重大改变。以电影行业为例，一部大片就可以垄断整个电影租赁行业，经营者不但按出租次数收费，而且会对过期交还的消费者征收罚金。（没错，他们真让顾客交罚金！）就在这时，Netflix 影视租赁公司诞生了，它的服务定价模式完全不同，是根据顾客的影片观看体验（注意不是按影片租赁服务）来收费的。Netflix 公司的顾客只需支付月费（按期间收费），就可以享受无限次数的影片租赁。如果说 Netflix 曾经创新了提供服务的方式，那么这家公司现在又实现了新的创新。原因在于，选择按时间收费（每月一次）而不是按服务收费（每租一次），Netflix 没有把新技术平台视为服务收入的威胁，而是把它当作降低服务成本、支持体验收入的一种手段。

我们还可以看看其他按期间收费的案例。例如，我们可以向玩具公司支付一笔年费，让它们帮孩子管理各种玩具组合方式，而不必让家人亲友为太多的（很多是没玩过的）玩具发愁。我们可以向时装公司支付一笔费用，让它们帮助我们管理衣柜，定期提供服装选择、保养和更换等方面的专业意见，而不必望着满满的衣柜发愁没衣服穿（实际上很多都没有穿过）。这种订购式的衣柜管理体验，还可以根据个人的色彩搭配、时尚品位和衣服的穿着次数量身定制。杂货店也一样，可以针对个人包装产品和其他食品额外收费。例如，在很多人体重超标的今天，杂货店难道不能推出每周采购最高热量值体验计划，并为此向顾客定期收费吗？其实，几乎每一个行业都可以在收费体验的基础上开发适合自己的差异化经营思路。

当然，针对体验收取费用并不表示企业从此就不能再销售产品和服务了。（不过，有些公司确实需要放弃低水平的经济产出，转而销售利润更高的顾客体验。例如，如今很多电话公司为推销无线服务甚至愿意向消费者白送手机。）迪士尼公司就是这样，每年能从主题公园的照相、食品和其他服务中获取惊人的利润，当然也包括各种被当作纪念品销售的产品。但是，如果没有被营造出来的体验（除主题公园外还包括动画、电影和电视节目），顾客就不会产生深刻的回忆，迪士尼公司也就失去了可以用来赚钱的特色。回顾历史，迪士尼公司一开始在营造体验时就在其中添加了很多低水平的产品销售，对于那些从经营产品或提供服务转型到体验营造的企业来说，这种方式是很有效的。在体验经济中，体验推动经济并进一步催生对产品和服务的大量需求。因此，企业应当探索可供开发的体验，只要你营造的体验足够吸引人，现有顾客肯定愿意付费感受，然后再额外掏钱购买你的服务。如果你营造的体验精彩绝伦，他们甚至会掏高价购买你用来当纪念品的产品。做到这一点，你就会跟上迪士尼乐园、明尼苏达州文艺复兴节游乐园、美国女孩娃娃店、普利费斯餐厅等已经进入体验经济时代的众多先驱者的步伐。

同样的原则也可以应用于 B2B 企业，为客户营造体验可以推动它们对这些公司现有产品和服务的需求。对企业界来说，和购物中心相似的展示舞台是行业展会，客户可以在这里寻找、了解和购买企业提供的产出。尽管展会经营者已经收取了门票（如果参展企业营造的体验精彩，它们可以把门票价格定得更高），但参展公司仍可以采用同样的措施。如果企业设计的体验足够丰富多彩令人难忘，客户肯定乐意付钱请你向其销售公司产品。

同样，所有的收费形式对不同类型的 B2B 关系来说都是非常公平的。例如，注重研发型的企业可以收取会员费，让付费者有机会了解其研究结果和开发情报。基于体验的新式收入增长流很快将会出现，让那些只能靠推出新产品或新服务来勉强维持生存的经营模式退出历史舞台。毕竟，新的产品和服务一旦推向市场，马上就会被人反向设计或是遭到廉价复制品的沉重打击。对于成本问题在医药、医疗设备和其他保健行业中导致的种种麻烦

（如非法进口、伪造假货、医疗旅游等），收取研发使用费是一个很好的解决办法。

那么是不是每一个企业都可以针对体验收取费用呢？当然不是。只有那些注重所有四种范围（娱乐性、教育性、逃避性和审美性）、为顾客设计丰富体验的公司才能这样做。只有那些利用主题化五大原则创造深刻而富有吸引力体验的公司才能这样做。收费只是最后一步，企业首先要做的是设计出值得让顾客掏钱的体验。

推出值得收费的体验，这一点也正是提高企业收入、增加工作机会、促进财富增长以及保证现在和未来持续的经济繁荣所必需的。显然，针对产品和服务收费已经远远无法满足上述目标。因此，现在我们要做的不是生产更多的玩具让孩子不知道从哪里挑起，而是需要全新的玩具管理和儿童发展指导企业，像 Netflix 公司管理电影租赁那样提供新的玩具使用体验；我们要做的不是生产更多的服装塞满衣柜和抽屉，而是需要全新的衣柜管理体验形式；我们需要的不是推出更多的营养食品，而是需要设计新的模式对营养食品提出收费管理体验。最重要的是，我们必须停止对大规模生产企业的保护，转而鼓励新的定制化经营企业。可以预见的是，这场"大戏"未来必将愈演愈烈。

第 4 章

积 极 行 动

The
Experience
Economy

　　还记得你上次经历糟糕服务的体验吗？或许是在餐厅的一次用餐，或许是在一家 4S 店买车，抑或是在航空公司买票的经历。对很多人来说，这种折磨很容易让人对一家公司的恶劣服务长期耿耿于怀，每次想起来都忍不住要骂上几句才解恨。瞧，我们总是忘记那些可靠的服务，却把那些偶尔出现的不快牢记心头。在服务行业如履薄冰的企业无奈地发现，要想把服务变成体验，最简单的做法是提供糟糕的服务，保准能让顾客记恨一辈子。

　　提供糟糕体验，最保险的办法莫过于用同一套机械的、毫无人性化的做法对待每个顾客，无视他们不同的需要，提供千篇一律的产品或服务。顾客受到这种对待早已不是新鲜事，自从服务提供商决定采用大规模生产的经营思路之后就出现了，与制造商利用这种方式的目的一样，他们这样做也是为了大幅降低成本。同样，曾经让制造业备受打击的初级产品化，如今也开始袭击服务业，使很多企业的经营形势雪上加霜。为保持赢利，服务提供商开始改造呼叫中心的业务模式，减少呼叫时间，削减已经疲于应付的一线员工数量，或是把部分工作外包以节省固定成本和管理费用。可结果呢？企业员工花在顾客身上的时间越来越少，服务时间变短了，可服务质量却没有提高。由于这种做法是以牺牲顾客需要来实现成本节约的，因此这些企业无形中就贬低了自己的价值，也就是说变得初级产品化了。显而易见，哪个顾客愿意掏高价购买质量低劣的服务呢？

　　不过，如果把这个原则反过来应用结果就大大不同了（即从规模化生产变成规模化定制）。如果对服务加以定制化，企业就可以营造出积极的体验，顾客的需求就会得到更好的满足。当然，定制化并不是决定一切的根本，企业应当利用它为顾客创造出独特的价值，这种价值才是吸引每个顾客积极尝试体验的原因。一种经济产出在理想状况下要实现独特的顾客价值，它应当具有以下特性：

- 因个体而异：在特定场合为特定顾客提供。
- 因特征而异：其设计目标是为了满足顾客的个别需求（当然，其他顾客有可能和这位顾客有相同的需求，会购买相同的产出）。
- 因目的而异：在满足顾客需求方面做到不多不少，严格准确地提供其所需之物。

如果企业能按上面的要求为顾客提供独特的价值，无疑会在营造难忘的互动体验方面迈出重要一步，将那些仍以大规模生产思路来对待顾客的企业远远抛在身后。

例如，克利夫兰前进保险公司就是这样做的，为理赔员提供了"快速响应服务车"，车上装有个人电脑，可连接公司主机的无线网络以及理赔员所需的所有设备，公司的目的只有一个，就是能在事故发生第一时间赶到现场，为客户提供高效的理赔服务。如果换成其他注重成本节省的保险公司，顾客往往要等上几天甚至几周才能理赔，而前进保险公司的顾客只需在事故发生现场稍等片刻就能满足理赔需求。前进保险公司的理赔员不但会详细检查车况，还会给顾客递上一杯咖啡；如果需要，顾客还可以到服务车上休息一下，打个电话给家里人报个平安或是安排车辆来接自己。正是因为这家公司做到了针对每个顾客的具体情况提供定制化的理赔服务，因此其产出已经超越了普通意义上的服务，更准确地说它提供的是一种适合顾客当时生理需求和心理需求的安慰体验。此外，这种做法也帮助公司成功地降低了成本。

自动化转型

同样的效果也适用于产品经营，对产品进行定制会自动将其转变为一种服务，戴尔公司就是一个很好的例子。自从1984年迈克尔·戴尔在得克萨斯大学的宿舍成立公司之后，他就一直注重根据每个顾客的订单按需生产电脑。直到不久前，戴尔公司仍在坚持零库存生产的做法，根据每个具体顾客提供的详细配置定制个人电脑（现在也开始生产服务器、交换机、消费者电器等产品）。通过网上配置中心、电话呼叫中心以及直接上门推销（针对大型企业客户）等方式，戴尔和顾客形成密切配合，帮助他们定制可满足其个人需要的特定计算机产品。

在快速变化的计算机行业中，戴尔之所以能够战胜其他不堪库存压力的规模化生产厂商，实现降低成本的优势，原因就在于其"资金周转周期"，即公司支付供应商和收取顾客货款之间的时间差。对大部分制造商来说，这个周期往往是数天、数周甚至是数月之久（试想一下，在汽车制造商对经销商的威逼之下，整个汽车行业的标准周转周期仍长达60天）。对戴尔公司来说，根据其2010财年年报显示，公司的资金周转周期竟然是–36天。[1]（与2007年之前相比这个周期算长了，因为2007年后戴尔推出了零售店销售模式，受此影响其资金周转周期有所延长，此前的周期更短，为 –55 ～ –40 天。）这就意味着戴尔出现负营运资本，其增长完全靠预先向顾客收取产品货款以及延后向供应商支付货款。

现在我们来看一下戴尔公司在产品和服务方面的显著差别。产品是标准化的，对所有顾客都一模一样，而服务则是针对每个个体专门定制的；产品是可以库存的，而服务是按需提供的；最后，产品是有形的，而服务是无形的。对戴尔来说，公司和顾客之间的互动，其关键之处在于它是一项无形的服务，目的是帮助每一个顾客确定能满足其个人需要的产品配置。因此，即使其销售的核心是看得见摸得着的硬件产品，但根据定制化方案与顾客需求销售个人电脑和其他产品这种行为本身，实际上提供的是一种服务。与所有的服务一样，这种产出在本质上是可以定制化的，因此戴尔的定制化能力使其能够更好地为个体顾客营造体验，这也正是迈克尔·戴尔 2007 年重任公司首席执行官时再三强调的重点发展方向。[2]

如图 4-1 所示，当产品和服务被定制化时，它们便会自动沿经济价值递进规律向上转型。（这种转型对真正的初级产品不起作用，由于具备可替换性，初级产品不会在本质方面发生改变，因此很难定制化。）这种经济转型的结果是，企业创造的产出越来越符合个体消费者的愿望和需求，可以更好地在高度同质化的竞争产品和服务中建立自己的差异性，因此可以提升其产物的价值，进而提高对企业和个人用户的收费价格。对于那些希望通过转型至体验经济来避免遭遇初级产品化的企业来说，它们要积极采取的第一个行动就是实现产品和服务的定制化。

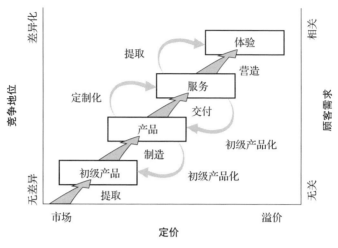

图 4-1 经济价值递进系统中的转型规律

规模化定制

像戴尔和前进保险这样的企业对公司产出进行的是规模化定制。规模化定制意味着企业可以有效地满足每个顾客的独特需要，在当今高度混乱、充满竞争的商业环境中同时实现低成本和个人化定制。[3] 当然，临时性的专门定制，即企业每次都要通过改变经营方式来确定如何满足顾客的不同需要，这种做法也能达到同样的效果，只不过成本会比较高。对于"规模化"和"定制化"这两种完全相反的因素，企业要想在它们中间找到最佳的平衡点，就必须对其产品和服务进行模块化处理。模块化一方面可以让企业有效地开发出标准业务模块，另一方面又能根据不同的客户需要对模块进行自由组合。戴尔公司在为顾客提供产品时就是这样做的，对硬件和软件等模块进行不同组合，以满足消费者的不同需要。

为便于理解模块化的概念，我们可以想想乐高积木。利用乐高积木你能搭出多少种建筑？答案是无穷无尽，只要你能想出来的，都能用它搭建起来。原因很简单，乐高提供的积木有各种各样的尺寸、形状、颜色以及标准的插接设计，可以让你轻松搭建出各种建筑风格。这两种基本元素，即多样化的模块和用于连接模块的系统，组成了企业在规模化定制时必须具备的模块架构。[4]这种架构决定了企业可以为顾客提供的利益空间，企业正是在这个空间内在特定的时间针对特定的顾客设计出特定的模块组合。以戴尔公司为例，它的模块是各种电器元件，如CPU、内存、硬盘、USB插口数量以及软件等，这些模块的连接系统是计算机主板，通过丰富的组合方式，戴尔就能针对每一个顾客的不同需求进行定制化生产。

对前进保险公司这样的企业来说，它们在提供规模化定制服务时还有一个不同之处，即这些公司组合的模块不是有形的产品部件而是无形的处理过程。我们可以想想联邦快递的例子，联邦快递接到和运送的每一个包裹都不同，这种不同不仅体现在包裹内各式各样的货物，而且体现在不同的发货地点和收货地点。但是，联邦快递却能在一夜之间，以令人难以置信的低价格完成这项任务，原因就在于其高度灵活的模块化物流系统。比如说甲地有一个包裹要快递，公司会派一辆货车来收件，将其和该地区其他货物一起送到地区中转站，地区中转站会把所有货物用一辆大货车运到位于机场的更大的中转站，随后，这些包裹会被空运到联邦快递在全美的物流中心（如纳什维尔等地），在那里，经过一番挑拣和分配之后，包裹会被重新安排路径，一级一级地运送到目的地乙地。

也许有人觉得不以为然，说联邦快递本来就是这样提供服务的，换言之它也没有其他可行的规模化处理方式。那我们再来看一个案例——全球最大的水泥企业之一，位于墨西哥蒙特雷市的 CEMEX 公司。通常来说，水泥的处理方式跟初级产品差不多，但 CEMEX 却通过为客户提供预拌水泥的方式实现了服务的规模化定制。受天气和建筑工期的影响，每个建筑工地对混凝土浇灌都有严格的时间要求，而在这里交通问题成了准时交货的最大障碍（你可以想象一下超过 2 000 万人口的墨西哥城交通是什么状况）。为此，CEMEX 开发了一套名为 GINCO（这个词是西班牙语词首字母缩写，意思是"混凝土整体管理"）的操作系统，对公司所有物流进行统一调配，该系统甚至为每一辆货车都配备了 GPS 导航仪。由于公司装载的是预拌混凝土（即水泥浆），而且实现了对货车的全程定位跟踪，现在客户只需提前两个小时订货即可。收到订货请求后，GINCO 系统会寻找装有足够数量的客户所需产品的货车，调派它们在准确的时间到达准确的交货地点（相比之下，规模化生产的厂商使用的是预定计划而非临时调派解决方案）。此举推出之后，CEMEX 公司定制化产品的销量大大超过标准水泥的销量，充分说明公司为客户创造出了独特的价值。

除模块架构之外，规模化定制还需要具备环境架构，这种架构也包括两个组成要素，即符合顾客需求的企业产能设计工具，以及企业用来营造设计体验，帮助顾客选择所需产品或服务的预设型界面。如果没有环境架构，企业推出的各种各样的模块组合经常会让顾客感到眼花缭乱，搞不清楚自己到底需要什么。像前进保险公司开发的快速理赔系统，戴尔推出的网站配置功能，以及 CEMEX 设计的 GINCO 软件都属于此类设计工具，它们一方面能帮助管理高度复杂的模块产品，使企业可以做到按需定制；另一方面也能积极参与顾客决策过程，帮助他们确定自己的真实需求。

例如，20 世纪 90 年代，位于明尼苏达州贝波特市的安德森制窗公司开始转变经营思路，从库存生产转变成按需生产模式，为帮助经销商向顾客推出更好的产品设计方案，公司开发了一套多媒体设计工具，即"知识之窗"系统。这款电脑软件的特点是有一个图形化的窗口，里面列出了 5 万多种窗户部件的组合方式，可以让消费者和经销商看到各种组合后的结果，帮助他们设计出最喜欢的产品样式。（该软件的展示视频也很优美，背景是白云点缀的蓝天，每个顾客看到后都会情不自禁地赞叹一番。）

但是，光提供设计工具还不够，安德森公司发现要想成功实现销售还必须对经销商进行软件使用培训，强调让他们以个人身份和顾客互动。经过几年的对比，那些接受过培训，能够和顾客进行良好互动的经销商，其销售额增长了 20%，而那些没有采用新软件或是没有接受过培训的经销商，其销售额出现了下降。通过用软件代替经销商客观展现无数种产品组合方案，以及利用网络工具为消费者服务，安德森公司这一招的高明之处在于极大地简化了使用方式，顾客可以毫不费力地自由组合各种设计结果，直到让自己满意为止。如果没有这项创新，而是让经销商罗列出上万种产品组合给顾客看，这种体验肯定会让消费者叫苦不迭。

在选择方案数量有限的情况下，企业完全可以展现所有模块的组合方式供顾客挑选，但如果你的选择"菜单"太长太厚，那可不是什么舒服的购物体验。实际上，通过丰富人们选择产品目录的方式本身，企业也可以让买卖互动变成一种独特的体验。例如，Land's End服装直销公司在其产品目录中添加了"随意贴"标签，以便顾客在浏览时可以随时标记想要订购的产品，而不至于过后再也遍寻不到。与此类似，网上零售公司亚马逊也推出了"最近浏览图书"列表，以便顾客在网上买书时可以轻松寻找浏览过的内容。

设计型互动体验可以通过分类商品目录、填空式菜单、决策矩阵以及安德森公司开发的配置或设计工具来体现，甚至可以通过一张白纸来体现。例如，通过在网站上推出配置中心，戴尔公司可以帮助顾客在相对标准的基础上选择，以此实现产品的定制化。当顾客选定和期望值接近的产品后，可以根据不同的组件进一步实现定制化，其中包括选择自己喜欢的显示器、音箱、操作系统、支持服务等。每一个选项页面都有不同的选择，极大地满足了顾客的不同需求。像这样的设计工具可以帮助顾客一直调整选项，直到找到自己最想要的产品。

第三种设计型互动体验是故意对顾客隐藏设计工具。规模化定制商为什么要这样做呢？原因是有时候顾客希望实现独特价值，但又不想过多参与决策过程。例如，围绕CEMEX公司GINCO系统开发的环境架构就属于此类。对CEMEX的客户——那些建筑公司来说，它们根本没有兴趣参加产品配送决策，CEMEX 的设计工具很好地响应了这种需要，一方面提供准确的组合，让货车把预拌混凝土准时送到指定的地点，另一方面又替客户完成了决策细节——顾客只要说出需要什么产品，剩下的工作就全部由该系统来完成。前进保险公司也是这样，为顾客专门开发了前进自动化理赔管理系统（PACMAN），内含一套理赔项目设计工具。在顾客车辆遇到事故，情绪高度不稳定的情况下，理赔员不会板起脸对细节问个不停，而是强调为顾客提供令人安慰的体验。联邦快递也一样，没人需要知道如何指定货物从甲地运送到乙地，但这家公司还是在网上推出了快递跟踪服务，向发货人确保会把他们的货物按时运送到目的地。

对这些公司来说，规模化定制提供了一个新的舞台，企业可以在这个舞台上为顾客展现体验的价值。它们已经认识到当前产品和服务的规模化生产与提供存在严重缺陷，认识到每个顾客都存在完全不同的需要，为此开发出可以有效满足这种独特需要的模块化架构，并最终创建出利用定制化手段使企业可以沿经济价值递进规律向前转型的环境架构。在这种情况下，这些企业已经超越了简单的产品和服务，为顾客提供的是能够真正满足其需要的新型产出。

毫无疑问，现代消费者越来越倾向于让自己购买的产品变得与众不同。这样的例子在生活中到处都是，以我们身边的个人定制化技术为例，无论是 MP3 播放器、手机、平板电脑还是计算机，我们都要显示出自己的独特个性和品位。在帮助顾客实现个人产品定制化方面，苹果公司无疑走在了行业前列，为广大用户营造出超凡的体验。当人们创建出属于自己的播放列表、地址列表、应用程序和软件之后，每一个设备都不再相同，而是成为具有鲜明个性的人造物（同时也是只属于这个消费者的珍贵所有物）。规模化定制对新一代成长中的消费者尤其重要，这种技术几乎可以说是他们的第二天性，这些消费者无论如何都不会放弃定制化功能，因为只有它能让自己的设备变成独一无二的体验。在此基础上，他们会越来越直言不讳，说出心中想要的东西，显然，这种"东西"已经超越了产品和服务，超越了企业和行业，成为一种全面综合性的体验。

顾客需要什么

然而，大多数企业还在负隅顽抗，不愿对公司产出进行规模化定制。面对消费者需求千变万化的现实，它们的权宜之计是推出"供应链管理"，在销售渠道中提供尽可能多的产品种类，让顾客从中自行挑选适合自己需要的产品。这样造成的结果是，制造商不得不维持大量产成品库存，服务商不得不维持过多的员工和材料储备，以满足日益增长的潜在顾客需求。这些做法怎么可能不增加企业的成本和经营复杂度呢？

更糟的是，顾客并没有从中得到好处，他们必须费尽气力在成百上千种产品中寻找，最后也不一定得到真正需要的东西，充其量只是差强人意的近似品。增加产品种类或许会吸引一部分新顾客，帮助他们找到接近其理想目标的产品或服务，但顾客为此付出的代价却是在寻找产品中花费的大量时间。试想一下，如今一个普通超市都有五万多种单品在货架上展示，消费者要找到真正满意的产品的概率有多大，为此花费的时间又会是多少？然而尽管如此，绝大部分顾客还是买不到完全符合自己需要的产品，长此以往只会产生越来越糟糕的购物体验。

生产越来越多的品种，以希望撞大运般地满足顾客潜在却难以捉摸的需求，可以说这是在零售业市场快速碎片化的背景下，企业试图维持规模化生产思维方式的最后一搏。但是，产品多样化并不等于产品定制化。[5]多样化是指企业生产和销售大量产品选择，希望可以吸引顾客从中找到希望购买之物；而定制化则完全不同，它指的是根据每个顾客的不同需求展开差异化生产。因此，企业大量推出产品选择只会让顾客感到无所适从，最终转身离开，而不是在毫无帮助的情况下靠一己之力在成百上千种产品中挨个挑选。最关键的是，顾客其实根本不想选择，他们只想让企业生产出完全符合其愿望的产品。从这个意义上说，规模化定制商开发的设计型互动，可以用高效、实用且（尽可能）轻松的方式帮助每个顾客确定所需的产品。要实现经济价值递进规律中的转型，无论是从产品经济到服务经济还是从服务经济到体验经济，企业都要用这种互动方式来精确定位顾客的真实需求。

了解顾客的真实需求之后，企业必须利用这些信息展开行动，提供高效的按需生产或是把传统的供应链有效地转变为需求链。需要注意的是，规模化定制并不是为每个人提供无限选择，而是要在顾客需要时针对这种独特需求开发特定的产品。尽管做到这一点需要企业先投入很大的投资，以开发所需的产品、流程、人力和技术，但规模化定制产品的成本最终会和规模化生产的产品持平，有时也会低于后者。

赫兹租车公司推出的一号俱乐部金牌体验项目就是一个例子，公司向其金牌顾客推出年费 60 美元的一项服务（这笔费用经常是免支付的），顾客可以租到常用的基本车型，但不用到公司柜台办理，只需向接送司机报上姓名即可。接送司机会把顾客送到一个设有天篷的金牌服务区，顾客会在一块大显示屏上看到自己的名字，显示屏会引导他到达车辆停放的位置。到达停车处后，顾客会看到车顶也有一个显示自己姓名的显示屏，此外在倒车镜上还挂着一份租车协议。在冬季和夏季，车内甚至会提前启动发动机，打开空调或暖风（当地法律允许这样做）。在这种组合体验中，顾客只需上车时报上姓名，其他什么都不用做，赫兹公司完全实现了租车顾客的按需服务。而且，赫兹公司还发现，金牌体验项目的成本实际上比标准服务的成本还要低，这就是公司经常免收年费的原因。但是，我们认为不收年费的做法是错误的，企业应当为其创造的价值收费，而不能因为成本不高就免除这种费用。此外，这笔费用也可以用来进一步改善服务，使金牌项目变成更丰富的租车体验。

当然，要确定哪种定制化值得收费并非易事。企业应当对其产出的哪些特性或优点进行定制？又该把哪些方面作为标准服务呢？消费者对企业价值链中哪些环节的定制化最为重视？企业可以从哪些方面获得最大的回报呢？为了更有效地营造令顾客难忘的体验，企业又该创建怎样的模块架构和环境架构呢？

要回答上述问题，很多公司都必须考察其顾客满意度，即利用市场调查技术搜集数据的所谓"顾客心声"调查。虽然此类信息可以帮助企业了解顾客的一般需求，但这种调查方式无法深入探查企业应当对哪些产品的哪些环节进行规模化定制。毕竟，顾客满意度实际上衡量的是市场表现而非每个消费者的满意度。没有几个管理者会仔细观察消费者作为个体的满意程度，他们关注的只是几项名为"客户满意度"实则代表各种细分市场的数据。他们设计这些调查的目的是便于制表和统计，而不是想真正了解每个顾客的需求和愿望。消费者也很清楚，填写这种调查表根本不会给自己带来多少直接利益。

此外，顾客满意度调查很少问及每个顾客特定需求和愿望方面的情况。与此相反，它们总是关心消费者对企业表现的评价，以及对企业员工在特定领域表现的评价。管理者对顾客真实需求的忽略，完全可以从此类调查的题目中得到证明，这些调查表的主题通常都是：我们的表现如何？此类调查正变得越来越泛滥，不但根本无法了解顾客的真实需求，还让他们不堪其扰。例如，有一份具有类似标题的航空公司问卷竟然难以置信地让乘客"帮助我们改造航空公司"——此举实在是莫名其妙，不是夸大了普通顾客意见的影响就是低估了企业革新的性质。

更难忘的衡量方式

J. D. Power & Associates 市场调查公司的戴夫·鲍尔三世（Dave Power Ⅲ）称："在衡量顾客满意度时，实际上我们衡量的是顾客期望值和感受值之间的差距。"[6] 换句话说就是：

顾客满意度 = 顾客期望值 - 顾客感受值

顾客满意度衡量实际上注重的是对顾客期望的理解和管理，而这种期望的目标是企业的现状而非企业对顾客真正需求的确定。尽管这种衡量方式有一定的意义，但企业要衡量的绝不仅仅是对有效实现规模化定制的理解，它们还必须理解顾客损失的本质，即顾客勉强接受的现实及其真正需要之间的差距。

顾客损失 = 顾客的真正需要 – 顾客勉强接受的现实

只有理解了顾客损失的概念，我们才能洞悉顾客接受的现实及其真正需要之间的差距，尽管顾客自己很可能根本就不清楚这些概念。

当企业采用全面质量管理（TQM）提升顾客满意度时，它们必须同时采用规模化定制来降低顾客损失。尽管全面质量管理可以帮助企业减少规模化产品生产和服务提供带来的损耗，比如通过消除冗余、瓶颈和其他无效因素等方式，但注重顾客损失却可以消除企业行为和特定顾客要求之间出现矛盾时带来的损耗。的确，由于全面质量管理带来的新特性（指产品方面）和新角度（指服务方面）改善了所谓"普通"顾客的满意度，因此有可能影响满意度提升的解决方案就成为顾客额外损失的来源。在这种情况下，无论企业在顾客满意度方面做出多大的改善，可以说它们提供的仍是针对所有顾客的千篇一律的产出或解决方案。

但是每一个顾客的需求是不同的，他们对企业提供的产品特点和服务优势之间的组合也有不同的要求。他们要时刻不停地做出权衡，希望能够找到一种足够有利的组合，一方面既能够保证自己的利益，另一方面又不会对他人造成不利影响。可以说，一个企业的产品很难形成完美的组合，能够同时满足顾客的所想和所需。因此，只要顾客购买的是规模化生产的产出，他就必然要同时接受该产出带来的令其满意的方面和不满的方面，这就意味着企业在产品生产或服务提供过程中浪费了一定资源。例如，对于消费电器之类的产品来说，制造商会不断向产品中添加新特性，希望最终能推出令所有人都满意的"大而全"的产品。这种过度供应的趋势也存在于酒店行业，很多酒店为考虑周全给每个房间都配备了熨斗和熨衣架，可实际上 99% 的房间都从未使用过。再比如，在很多飞机的饮料车中，航空公司都准备了小包装的脆饼干和罐装苏打水，结果总是无人问津，最后不得不原封不动地拉回去处理掉。

可见，出于对普通乘客需求的考虑而设计体验正是导致顾客损失出现的原因，每一种规模化生产的产品都捆绑了禁止讨价还价的特性或是针对所有人提供的设计因素。这种特性捆绑得越多，就越有可能出现产品的某种元素无法满足特定顾客需求的情况（其中有两种原因，要么是顾客压根儿不喜欢这种产品元素，要么是不愿为这种意义不大的产品元素支付高价）。与此类似，如今很多企业都高谈"为顾客设计"，但实际上应该说是"为普通顾客设计"，而这个"普通顾客"究竟是何许人恐怕谁也说不清楚，因为"他们"根本就不存在。除非企业把顾客视为一个个真实的、特定的、活灵活现的个体，否则再努力也是徒劳无益，因为它们从来就没有真正弄清楚顾客在个体层次上真正需要的是什么。

我们来看看航空业的案例。在航空业中，顾客损失会体现在每一次飞行的无数个服务环节中。[7] 例如，我们还以饮料车为例，看一下简洁性会给顾客带来怎样的损失。当飞机进入舒适安全的巡航高度后，空乘人员就会推着饮料车出来服务，问乘客："您想喝点儿什么？"如果对方是百事可乐的坚定支持者，肯定会要求来一罐百事可乐，但通常得到的都是这样一句反问（大部分航班都是如此）："可口可乐行吗？"这时，乘客往往会做出让步，表示可以接受，因此对他来说就产生了损失。如果后来连续多次乘坐同一航班，这位乘客都提出同样的请求，然后同样被请求更换成另一种产品，各位读者，最后你们猜这位乘客会点什么饮料？——肯定是可口可乐！换句话说，由于无法提供顾客喜欢的饮料，航空公司最终硬是把乘客变成了接受无奈选择的人，只有这时航空公司才达到了乘客的期望。（当然，对那些只提供百事可乐的航空公司来说，喜欢喝可口可乐的乘客就会出现顾客损失。）

对这家航空公司来说，这位乘客代表的是另一种满意型顾客，因为他总能得到自己想要的东西。但是，在这种虚假满意的背后，隐藏的是一种可以把普通航空服务转变成难忘体验的创新机会，即帮助顾客减少损失的机会。实际上，产品或服务提供商每次和顾客互动时，这种互动对双方来说都是一次学习机会。最终，其中一方会从这种学习中得到经验，从而改变其行为方式。但不幸的是，事实证明很多情况下做出改变的都是顾客而非企业。因此，他们开始违心地点自己不想要的东西——不过，企业要小心的是，他们也有可能转身而去，寻找能够真正满足自己需求的产品或服务提供商。

第5章

减少顾客损失

The
Experience
Economy

　　一些商业评论员称，调节顾客需要（即迫使他们降低期望）以使其接受次于真实需求的做法可以实现良好的商业惯例，当企业既想降低成本又不愿引发顾客不满时尤其有效，但是这样做必然会导致企业出现初级产品化趋势，因为它是以牺牲顾客利益为代价来降低公司成本的。如果企业认为"顾客根本不会在意"，那这种经营方式必然会为顾客带来种种损失。如果企业不愿研究每个顾客的真实需求，花费大量人力物力得出的结果不但不是顾客真正想要的，反而让他们在消费过程中叫苦不迭，这种吃力不讨好的做法其实付出的成本更高。更重要的是，这种思维会限制企业的发展机会，使它们无法创新，无法创建可为顾客带来新体验的独特价值。

　　有线电视和卫星电视行业就存在这种问题，每个服务提供商都提供捆绑很多频道的打包服务，顾客只能从中挑选一个相对感兴趣的产品。也就是说，有线电视公司的做法是强迫顾客接受很多不需要的频道，哪怕对方只对其中的一个频道感兴趣。所谓的"按需定制"节目和电影服务也存在猫腻，顾客无权指定希望安装的特定频道组合，更不用说去指定每个电视台的具体频道数目了（以便在浏览频道时，用户可以按事先确定的顺序进行选择）。鉴于程序控制在数字领域的应用，这种定制化从技术角度来说是完全可以实现的。实际上，电视观众完全可以把每个节目（也包括电视台）视为不同的模块，利用程控技术把不同电视台的各种精彩节目组合到一起，形成独具特色的"我的频道"，这样就可以按时间顺序在同一个频道内依次欣赏不同电视台的节目，免去每次打开电视都要在上百个频道中拼命找台的辛苦，大大提升观赏体验的质量。(这种功能可以把电视节目编辑成类似于 iPod 和其他 MP3 播放器中的音乐列表。)

观众还可以利用数码摄录机来定制电视节目,这种方式的缺点是只能先录制后观看,但优点是可以跳过节目中插播的广告。如果有线电视节目提供商愿意积极提供定制化的实时观赏方式,人们就会看到更多的广告,从而让电视台受益(有线电视公司可以针对顾客编辑的个人频道播放服务向电视台收费)。正如 TiVo 技术的出现使电视服务提供商可以支持顾客录制节目一样,像 Roku 之类的公司带来的变革也会给竞争对手带来压力,迫使它们实现更大的定制化能力。对此,《连线》(Wired)杂志记者丹尼尔·罗斯(Daniel Roth)认为,未来的电视节目提供商"不应让观众继续传统的观赏模式,必须改变以有线网络和卫星传输等方式提供的,只能让消费者被迫接受电视台的捆绑销售节目的做法。"[1] 这句话一点儿不假!

寻找独特性

当企业可以通过规模化定制技术有效满足每个顾客的特定需求时,消费者肯定不会再满足于标准化的产品和服务了。如果你的企业(如有线和卫星电视经营商)不这样做,你的竞争对手肯定会先下手为强,打破行业动态,成为新趋势的领导者。对于行业内的"老前辈"来说,要想通过简单的问卷调查来确定隐藏在顾客内心的真实需求实非易事。的确,消费者的长期隐忍已经导致了一种怪现象,即连他们自己也很难说清楚到底有哪些需求。

即便向他们解释了顾客损失的概念，大部分顾客还是无法确定得过且过的需求和货真价实的需求之间有何差别，显然，后者正是我们所说的消费者内心真正想要的东西。

正是因为很难确定顾客的真实需求，一些怀疑论者因此认为顾客无法帮助企业实现创新，不是它们可靠的信息来源。但是，顾客信息质量低下的问题，原因并不是顾客无法清晰地确定和说出自己的真实希望和需求，而是因为企业获取这些信息的手段和方式不对。之所以这么说，是因为人们总是习惯于根据问题的引导来做出回答，通常情况下他们的回答都反映出这样一个事实，即企业提出的问题本身就是规模化生产思维的产物，企业因此得出的结论并非顾客的真实需求。"移情设计"理论（该理论通过观察顾客在各种环境中的反应得出）的支持者，哈佛商学院教授多萝西·伦纳德（Dorothy Leonard）和杰弗里·瑞波特（Jeffrey F. Rayport）对此是这样评论的："有时候，顾客对企业当前提供的产出习以为常到麻木的程度，以至于根本没想过要尝试新的解决方案，尽管企业当前提供的产出无法满足他们内心的真实需求。"[2]

传统的研究技术，如焦点小组法、未来情景法、联合分析法，当然还有调查问卷法，仍可以用来确定顾客损失。但是从现在开始，企业可以把以前得出的研究结果统统抛到一边（此类研究多半是根据顾客的共享式或预定式期望得出的无用结论），它们应当学会从新的角度去确定顾客的真实需求，即根据顾客的体验反应去寻找独特性，因为顾客对企业产品或服务的体验反应能够充分说明他们的损失体现在哪些方面，显然此前没有几家公司真正关注过顾客损失。实际上，即使是一次个别的顾客互动也能为企业提供线索，让它们有机会发现所有顾客都存在未曾明确过的损失——企业从没有真正考虑他们的真实需求，而是一直在迫使消费者无可奈何地接受现实。正所谓"旁观者清"，那些被认为是"局外人"（相对于消费者的整体概念而言）的每个顾客个体，恰恰能够一针见血地指出"普通顾客"语焉不详的损失。因此，企业可以丢掉那些美其名曰为"广大顾客"所做的调查了，它们真正应该关注的是每个鲜活生动的个人，而不是什么虚无缥缈的群体概念。

此外，企业还应当改变向顾客了解信息的方式，直截了当地问"你的真实需求是什么"，要比问令人摸不着头脑的"我们的表现如何"要好得多。例如，来自密歇根州特洛伊市的气动阀门制造商卢斯气动控制公司，为帮助重点顾客（如汽车制造商、材料加工设备制造商等）和公司工程师（因为有效结合了开发、制造和营销等多种职能，公司称他们为"集成员"）更好地合作，对其 ROSS/FLEX 系统进行了创新，以便设计出完全符合顾客需要的阀门系统，有效优化客户公司组装线的生产表现。通过关注客户方在生产线上遇到的实际问题，集成员可以从公司模块库中选取合适的模块，为顾客快速设计出最合适的阀门系统原型。如果第一次设计的原型无法全面满足顾客需求，集成员可以马上进行调整，设计出第二个、第三个原型，直到消除所有损失，定制出完美的阀门系统。[3]

由于具备内在交互性，互联网也可以帮助企业有效地了解顾客损失，亚马逊零售网站就是一个例子。该网站能长期跟踪每一位顾客的消费习惯，可以为每一位顾客提供独特的网上购物体验。它能记住你的姓名以便欢迎你下次光临；它能记住你的住址和信用卡信息，免去你频繁输入之苦；如果你希望在公司采购和个人采购时使用不同的信用卡，没问题，它也能记住你多个信用卡的信息；它还能记住你通过该网站寄送礼品时的每一位收件人的姓名和地址——所有这些细节，顾客只需轻点几下鼠标即可重新选择。它不但能记住你在这里买过的所有物品，当你点击以前买过的物品时它还会提醒你是否确定重新购买。当然，亚马逊还会利用其协同过滤引擎对这些购买记录进行分析，根据相似产品爱好者的购买记录为你推荐你可能感兴趣的物品。有时候，出于某些原因，人们不希望别人知道自己采购了哪些物品，亚马逊为此还推出了反选服务，只要点击取消这些物品，它们就不会出现在你的推荐列表中了。

培养学习关系

不断扩展的交互式技术，其中包括电子信息亭、互联网、个人数字助理和智能手机，使企业能够更好地了解成千上万甚至是数百万个人用户的特定愿望、需要和喜好。规模化定制与营销大师唐·佩珀斯（Don Peppers）和玛莎·罗杰斯（Martha Rogers）所说的"一对一营销"的结合，构成了企业学习关系的基础，而且这种学习关系可以随着时间的发展成长、深化，变得更加智能。[4] 教导企业（指和企业进行互动）的顾客越多，企业的学习效果就越好，能够更加准确地提供顾客真正想要的产品或服务，因此出现顾客流失的概率就越小（即竞争对手很难把忠诚于你的顾客抢走）。即使竞争对手开发了和你完全相同的学习能力，已经和你形成学习关系的顾客也不会流失，因为他们还要付出大量时间和精力来教竞争对手学习你已经掌握的信息。这就是卢斯气动控制公司的顾客如此钟情于 ROSS/FLEX 产品的原因。作为通用汽车公司旗下价值 200 亿美元的一个部门（通用公司似乎天生就爱压榨供应商），通用公司从不在其他厂家购买气动阀门，也不允许这家供应商独立经营。耐特实业公司（Knight Industries）首席执行官詹姆斯·扎古罗利（James Zaguroli. Jr.）告诉我们，有一次有位竞争对手试图从他这里抢走卢斯气动控制公司的业务，他的回答是："我为什么要跟你合作？卢斯为我们提供的产品要比你们的产品领先五代！"

实际上，如图 5-1 所示，培养这种学习关系的规模化定制商形成了一种全新的学习曲线。人人都熟悉老的学习曲线，即成本会随着产量下降，它说明的是规模化生产的基础。然而在新的学习曲线中，顾客损失会随着和企业互动的时间逐渐下降。[5] 我们

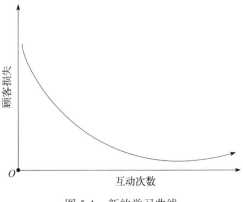

图 5-1 新的学习曲线

还以亚马逊零售网站为例，它和你的每一次互动都会促进其对你的了解，下次你再到这里购物时体验到的损失就会减少一分。每一次当你做出采购决定时，它都会把相关信息整合到后台的协同过滤算法中，以便更好地推荐你可能需要的产品。

假设你是亚马逊网站的铁杆用户，如果有一家零售业竞争对手，比方说沃尔玛，开发了跟亚马逊完全一样的网站功能，可以提供和亚马逊完全一样的产品选择（即定制化架构的模块），可以像亚马逊一样了解你的地址、信用卡、礼品接收信息，甚至能随着时间发展像亚马逊一样为你提供同样的产品推荐，你会放弃前者转投后者的怀抱吗？——肯定不会！首先，你要重新花费几个月的时间重新磨合，让沃尔玛熟悉你在亚马逊的购物习惯；其次，这样做肯定得不偿失，由于沃尔玛尚处于学习需求的过程中，你会错过很多定制化产品的推荐。

因此，和顾客建立起学习关系几乎可以保证企业能永久拥有忠诚的消费者。当然，这样说还必须有两个前提条件：第一个条件是，企业不会在学习关系建立之后过度提高价格或过度削减服务；第二个条件是，企业不能错过新的技术趋势。（例如，亚马逊开发了自主品牌的电子阅览器——Kindle电子书，以免未来电子阅读可能取代实体书阅读，从而为其图书销售业务带来不利影响。）企业采用这种方式的优势在于，它能从以下几方面改善公司的经营。

- **溢价**。由于你的产出是完全按照顾客需要量身定制的，顾客会得到更大的消费价值，因此也愿意支付高价。
- **减少折扣**。每当企业以折扣价格销售产出时，这种做法实际上等于让顾客体验更大的损失。顾客体验的损失越少，你用促销价格处理（或是完全丢弃）的产品就越少。

- **单位顾客消费的更高收入**。因为你比竞争对手更熟悉每位顾客的需求，顾客每次购物时都会选择你的产品和服务。

- **更多的顾客数量**（对顾客来说意味着更低的采购成本）。因为顾客对你提供的体验满意，他们会转告亲朋好友，从而间接增加你的顾客数量，这些新顾客又会继续传递口碑效应，让你的顾客数量如滚雪球般迅速扩大。

- **更高的顾客维持率**。关于个人愿望、需求和偏好等信息，每位顾客在互动中对你透露得越多，他们就越难以离你而去，难以被你的竞争对手挖走。

最重要的是，这些系统化减少顾客损失的企业可以有效地消除互动关系中的负面信号，提升顾客在使用其产品或分享其服务时的正面体验，因此，它们所满足的顾客需求是那些强调规模化生产的竞争对手完全无法实现的。

响应不同类型的顾客损失

规模化定制让我们想起，在规模化生产造成的同质化世界中有一个经常被遗忘的原理，即每一个顾客都是不同的，每一个顾客都有权以其愿意支付的价格得到他们真正想要的东西。消费者曾经愿意压抑自己的独特性，从标准化产品或服务中享受低价格的优势，但那个时代早已一去不复返了。有鉴于此，当需求独特的顾客遭遇企业为并不存在的"多数消费者"设计的标准化产品或服务时，企业必须高效而系统化地减少顾客损失，否则势必会被新的经济发展趋势所淘汰。显然，要想消除顾客损失，并没有一劳永逸的解决方案，这一点和规模化定制的概念正好相反。实际上，顾客损失主要有四种类型，每一种都会降低顾客对企业产出的整体体验，而这种产出又是企业通过特定的定制化方式提供的。因此，要想消除这些顾客损失，首先要了解企业应用的是哪种定制化方式。

为了响应每位顾客的损失，规模化定制商既可以改变也可以不改变实际产出，即产品的功能或服务的角度。与此类似，它们既可以改变也可以不改变产出的表现形式，即其描述方式、包装方法、营销材料、市场布局、条款协议、名称、标定用途以及产品或服务本身所有的外在特性。（如果说企业的模块架构存在于产品本身的领域，那企业的环境架构就可以说存在于产品表现形式的领域。）如图 5-2 所示，基于这些选择我们可以得出四种不同的定制化方式：合作型定制、适应型定制、装饰型定制和透明型

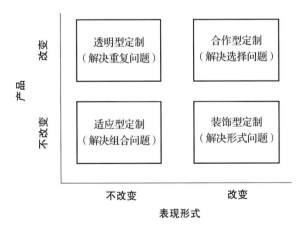

图 5-2　实现定制化的方式（顾客损失类型）

定制。每种定制化方式都可以用来减少相应类型的顾客损失，因此也可以反过来说形成了特定的体验类别。6

合作型定制：探索式体验

首先，当顾客被迫做出困难的多角度取舍性选择时会出现顾客损失，例如长对宽、复杂性对功能性、信息量对相关度等。传统的规模化生产商提供的产出无法解决这种取舍平衡问题，使得很多顾客转而和戴尔、安德森（制窗业）和卢斯气动控制等公司合作，因为后者能够利用合作型定制化手段直接和顾客展开互动，以确定他们的真实需求并提供相应的产品。合作型定制商的做法是让顾客自行探索发现其内心需求，从而避免了在选择产品时出现某些方面满意某些方面不满意的情形。

例如，戴尔公司的顾客无须到附近的零售店购买货架上摆放的标准化计算机，而是到戴尔的网站上订购完全符合自己需要的产品。卢斯气动控制公司的顾客无须为一个新产品下线等上数月之久，而是利用公司推出的 ROSS/FLEX 系统集成员的潜在优势，通过快速连续制造原型的方式得到想要的产品。安德森公司的顾客无须在家等到安装人员上门才知道窗户是什么样子，而是通过公司经销商在电脑屏幕上自由组合各种零件，直到搭配出自己最满意的产品。此外，还有很多著名企业也是通过合作型定制手段来减少顾客在面对过多产品选择时产生的损失，如制鞋业的阿迪达斯和耐克公司、经营地板清洁设备的坦能公司、提供保险服务的哈特福德公司、经营填充玩具的小熊工作室以及提供图书出版的麦格劳－希尔公司等。这样做带来的结果是：让顾客感受到一种全新的设计体验。

我们可以想想挑选眼镜的经历，面对眼镜店里堆满每个货架和每个托盘的一排又一排眼镜架，没有几个人能轻松找到自己需要的产品。面对这种情况，来自日本的眼镜商巴黎三城公司正是利用合作型定制方式，通过和每个顾客互动达到了精确定位每一款眼镜的境界。

这家总部位于东京的公司是全球最大的眼镜零售商之一，公司花费了五年时间开发出一套名为 Mikissimes 的设计系统，这套设计工具不但免除了顾客大海捞针般寻找合适产品之苦，而且把整个设计互动过程变成了一种探索式体验。这家公司的做法是，首先为顾客拍一张面部的数码照片，然后利用 Mikissimes 设计系统对顾客面部的特征属性进行分析。此外，该系统还提供一系列形容词供消费者挑选（如正式、传统、自然、运动、端庄等），以确定顾客最喜欢的搭配效果。接下来，该系统会推荐适合顾客需要的镜片大小和形状，然后把添加镜片后的影像合成到顾客的数码照片中进行显示。不过这还只是刚开始，接下来顾客要和店员合作，对镜片的形状和尺寸进行调整（通过旋转、放大或是用鼠标画出新的曲线），直到双方都满意为止。同样，顾客和店员还会一起挑选各种眼镜配件，如鼻梁垫脚、铰链和镜腿等，直到消费者找到完全符合其期望的眼镜。最后，店员会做出一张顾客佩戴选定眼镜的清晰照片，然后再进行成品组装。（值得一提的是，从参与体验到最终拿到定制化产品，顾客投入的时间还不到一小时。）

合作型定制商和顾客互动时，首先改变的是产品的表现形式；当顾客确定自己的需求之后，再改变产品本身。因此，最终实现的价值实际上是由顾客和定制商共同确定的。定制商放弃了对设计过程的部分控制，允许顾客直接参与决策过程，有时甚至允许他们参与部分生产过程。例如，小熊工作室其实就是一个零售工厂，但是它营造的关系并不仅限于公司和顾客之间，同时也体现在顾客和填充动物玩具之间。正如公司首席执行官马克西恩·克拉克（实际上他的职位是"首席执行熊"）所说的那样："当小朋友从我们提供的 30 多种产品中选出最想要的动物后，还没等他们填充完，没等他们挑一个心脏闭眼许愿，没等他们为动物选择配套的衣服和附件时，他们已经深深爱上了自己创造的小动物，准备和它做一辈子的好朋友了。"在这个案例中，顾客在探索个人需求时体验的方式越丰富，面对规模化生产的产品必须要做的种种取舍和权衡就会消失得越快。这种做法的好处在于，除了能得到真正想要的东西，顾客通常还会惊喜地发现现在终于知道自己的愿望和需求是什么了，以前他们可是从来都不曾意识到这个问题。

适应型定制：实验式体验

当顾客面对过多制成品或过多产品组件，必须从中进行挑选时，第二种顾客损失便会出现。在这种情况下，企业应当采用的是适应型产品定制法。这种定制法的特点是，产品本身及其表现形式不会针对每个顾客发生变化。相反，无论有没有顾客信息的投入，产品或服务自身都会根据需要，利用企业产出中内嵌的可定制化功能展开变化。

如果所有的顾客需求都包含大量的可能性，这时就必须采用某种形式的适应型定制策略了。例如，宾夕法尼亚州库珀斯伯格市的路创电子公司是一家生产照明控制设备（如开关、调光器等）的企业，该公司为顾客提供了非常自由的个人价值体验。在现实生活中，除了特许经营餐厅等场所之外，没有什么建筑是一模一样的，因此每一位顾客的建筑环境都非常独特。[7] 例如，每个房间的形状、装饰和窗户位置都有所不同。此外，天气条件也会影响室外的光线变化，每一天、每一小时都有所不同，而且，室内人数的多少以及人们使用灯光的方式，也会造成很多不同影响。因此，尽管路创公司可以和顾客合作解决某些问题（如选择和房间颜色搭配的开关面板），但它还需要利用适应型定制手段，让顾客在办公室或家中对公司提供的光线系统自行试验，找到最佳的使用模式。例如，这家公司推出的 GRAFIK 视觉系统可以连接房间内的各种灯光，让用户反复测试之后以编程方式确定不同的照明效果，如聚会型、浪漫型、夜读型等灯光效果。路创公司的独特之处在于，它不是针对每一种效果单独安装开关，而是让顾客花时间对各种效果进行编程设置，直到选出最满意的组合。这样一来，当顾客每次想要感受不同的灯光效果时，他们只需按几下设置好的开关即可。

为实现所需的产品功能或设计，当每一个顾客必须从大量元素或部件中进行挑选时，合作型定制才是正确的解决之道。但是，当可选式组合方案可以内置到产品中时，适应型定制就成了更有利的定制化方式，可以为每一位顾客有效地提供不同的选择方案。而且，对此类产品进行试验设置的过程，其本身就是一种充满乐趣的体验。例如，明尼苏达州明尼阿波利斯市的 Select Comfort 床具公司设计了一套睡眠硬度控制系统，使用该系统的床垫内含很多气室，可根据躺在床垫上的人调节所需的硬度。用户可通过手持式控制器调整不同的硬度级别，就连睡在同一张床垫上的夫妻都可以设定两边不同的硬度。与此类似，伊利诺伊州斯考奇市的 Peapod 公司是一家网上杂货店，隶属于荷兰著名的皇家阿霍德超市集团。由于在传统的零售店中顾客经常面对一排排的产品难以做出选择，Peapod 公司专门推出了一套电脑软件和网络服务，为初次来购物的顾客建立个人购物单，写上自己想要采购的产品以便随时浏览。对那些不经常采购的产品，顾客可以通过各种输入条件对产品信息进行搜索（如价格、品牌、营养成分等）。

　　利用适应型定制方式，企业可以让顾客独立实现体验价值。和路创公司的可编程式设置系统、Select Comfort 床具公司的手持式控制器以及网络杂货店 Peapod 公司的软件一样，可调式控制系统也允许顾客对时间进行试验，推出不同的排列组合方案。当顾客找到适合自己的方案之后，就不用在以后使用产品或接受服务时每次重新进行选择了。乔尔·斯皮拉（Joel Spira）是路创电子公司的董事会主席，同时也是最早把微处理器应用到照明控制领域的创始人，他是这样评论公司发展的："创造适应型控制让我们在市场竞争中脱颖而出，我们的做法可以让顾客更轻松，甚至是更快乐地找到适合他们的照明设置。"虽然这种定制方式和合作型定制完全不同，但它也能为顾客创造出独特价值。[8] 这种产品本身即可以实现设计互动，因此其本质是可调整式的，而这种本质正是推动顾客愿意为实现独特价值而积极实验的原因。

装饰型定制：满足式体验

当顾客损失不是出现在产品的功能而是出现在其表现形式时，即产品如何包装和呈现，何时何地以何种方式交付等，企业就要采用装饰型定制法了。这种方法之所以能消除我们所说的形式问题带来的顾客损失，是因为它能为每位顾客提供本质上标准的产品或服务，但外形上却具有不同的表现形式。此类产品既不是已定制产品（即合作型定制针对的产品），也无法实现内部功能定制化（即适应型定制针对的产品），而是为每个顾客专门定制包装形式的标准化产品。通过定制化表现形式来包装产品，例如定制打印或包装方式、营销材料、交付方式、专属标签，以及对其他条款条件的个性化表达，让每一位顾客都会产生一种"专门为我"的自我满足体验。

赫兹租车公司推出的一号俱乐部金牌体验项目就是一个例子，它的每一个定制元素改变的只是租车服务的表现形式，而非车辆这种产品本身，但是这种方式还是受到顾客的一致爱戴，原因就在于每一种定制化包装都体现出公司对顾客的重视。与此类似，来自加州雷德伍德市的 Zazzle 公司也是这样做的。这家公司在其零售网站上推出了很多形式的定制化服务，顾客可以在网站提供的 T 恤衫、杯子、鼠标垫以及各种能够定制化的产品上添加文字、图标、照片或其他各种图形。消费者只需选择想要装饰定制化的产品，选择好尺寸和颜色等定制元素，然后将文字或图片上传到选中的产品即可。接下来，该网站的设计工具会提示消费者是否确定设计方案，如果不满意还可以继续修改。总之，整个服务体验非常便捷、简单、"自我"。

在 B2B 领域也有这样的案例，惠而浦公司针对其标准产品惠而浦洗衣机、厨宝厨房电器、美泰克洗衣机以及 Roper 电器，推出了名为"即时速递"的次日交付服务，为顾客创造了非常独特的价值。此前，经销商从惠而浦公司订货时有一个很麻烦的问题，即每次必须订购足够装满一货车的产品数量才行，这就意味着经销商无法准确通知顾客什么时候到货，因为一个地区的订货必须汇总起来达到足够数量，公司才会发货。现在，惠而浦转变了这一做法，改为每周按固定数量发货，可以是五件、四件、三件甚至是一件，以经销商的年销售量为基础安排发货数量，此举有效地提升了产品交付服务的体验。（由于在惠而浦工厂、地区仓库、各地经销中心之间有高度成熟的物流系统，公司可以根据实时信息安排货车送货。）此外，由于"即时速递"次日即可交货，通过强调让每个经销商感受到特殊待遇，公司利用这项服务很好地满足了零售顾客的特殊需求。"即时速递"还为每次货物交付提供了个性化的服务，例如，在家装现场，身穿统一制服的货车司机会打开外包装，调整好开门角度，然后在规定离开时间之前快速安装好。实际上，货车还没赶到目的地之前，司机就已经开始打电话让经销商做好准备收货了。

对很多企业来说，装饰型定制提供的是一个起点，公司可以在这个起点的基础上为顾客提供个性化体验。尽管这些企业的产品功能本身并未发生改变，但装饰型定制商却满足了顾客对多样化产品外观的需求。为把这种独特外观展现到顾客眼前，它们不惜暂缓很多活动，以便让顾客感觉到这种体验是专门为他们营造的。对于"即时速递"服务，惠而浦公司首席执行官拉尔夫·哈克（Ralph Hake）这样评价道："我们为经销商提供的价值是以可视化的方式展现的，每当他们看到我们的货车抵达时都会有这种体验。我们为他们提供的每一项附加服务最终都要展现在他们面前。"无论是为经销商发送电器、在 T 恤衫上印制图案，抑或是提供个性化的租车服务，这种定制化方式显然能够实现我们每个人内心的满足感，从而对消费者形成很大的吸引力。通过对标准产出的表现形式进行定制，定制商为顾客提供的是一种高度个性化的企业关注。

透明型定制：发现式体验

最后，当顾客在买卖互动中必须不断重复提供相同的信息时也会产生顾客损失，这种损失是由体验营造过程中的重复性问题导致的。企业的这种强迫行为只会让顾客感到厌烦，严重损害他们的整体体验。这时透明型定制就可以发挥作用了，它能在不动声色（即不改变产品的表现形式）的情况下为每个顾客定制完全不同的产出。只有透过外部统一的表现形式，顾客才能意识到企业产出在内涵方面带来的价值变化。

例如，俄亥俄州代顿市的 ChemStation 公司是一家从事工业清洁用品的制造商和经销商，这家公司针对个人清洁用品的不同型号和类型进行了透明化定制，尽管应用于洗车店、车库、餐厅厨房和造纸厂的清洁产品各有区别，但公司采用的是完全相同的表现形式。这种定制化的思路是，企业完全没有必要告诉每个顾客所购清洁用品的具体组成成分和含量，而是悄悄地按照他们的需求进行组合，然后把实际上各不相同的产品用"ChemStation解决方案"的统一形象展现给顾客。在每一桶清洁剂的外包装上，顾客都能看到完全相同的公司标志。这种定制化的好处是，顾客关注的核心是公司产品能让他们的环境变得如何洁净，而不是为这些产品本身的具体属性操心。这是因为，这些产品的属性非常复杂，而且晦涩难懂，如果不加以掩饰很容易产生顾客损失。

透明型定制商是用难以察觉的方式来满足每个顾客的不同需求。透明型定制不主张让顾客花时间来描述自己的需求，而是让企业长期观察顾客的行为模式，以此确定其可预知的消费偏好，然后在以后的互动中提前满足他们的这些偏好。当然，采用这种定制方式的企业必须有大量的时间去深化对顾客需求的了解，以便尽可能地接近每个顾客最佳的体验水平。要想成为透明型定制商，企业还必须具备标准化包装（如同 ChemStation 产品的统一包装罐一样），利用这种表现形式掩饰产品内在的不同特性或成分。从这个方面来说，透明型定制和装饰型定制是完全相反的做法，说得更形象一些，我们可以认为透明型定制是"旧瓶装新酒"（即产品表现形式不变，但产品本身出现变化），而装饰型定制是"新瓶装旧酒"（即产品表现形式变化，但产品本身不变）。

适合采用透明型定制策略的企业，其顾客特征是不愿直接参与合作互动，出现这种现象的一个主要原因，是经常有公司让他们重复提供已经多次提供过的信息，因此他们才会心生厌倦。例如，为避免顾客每次登记时被同样的问题所困扰（比如，"您要大床间还是标准间？高楼层还是低楼层？"），丽嘉连锁酒店设计了一个免打扰式了解顾客需求的方式。当顾客第一次入住时，除了直接询问，酒店员工还会仔细观察他们表现出的个人喜好，比如是否喜欢低敏枕头、爵士乐广播，以及对百事可乐和可口可乐的取舍等各种细节。然后，酒店会把这些信息记录到一个数据库中，通过这种方式和每个顾客形成静默式学习关系，以便顾客在以后入住时不必再受重复回答之扰，从而有效地减少了顾客损失。顾客在丽嘉住宿的次数越多，酒店对其需求的掌握也越多，因此透过表面上标准化的客房为其提供定制化产品和服务的水平也就越高。显然，这种定制化方式可以很好地满足顾客的需求，提升他们的消费体验。

作为万豪集团下属公司之一，丽嘉酒店选择透明型定制的另一个原因是，公司管理层希望在满足顾客个人喜好方面创造一种神秘感。尽管不清楚酒店是怎么知道自己的消费偏好的，但顾客每次入住丽嘉都会享受到适合自己口味的体验却是不争的事实。同样，在谈到透明型定制策略的应用时，ChemStation 公司创始人乔治·霍曼（George Homan）的解释是，他发现公司的潜在顾客都在忙自己的事情，没有兴趣去考虑该使用哪种肥皂这样的小事。他说："我们希望顾客能在使用肥皂时发现公司为他们提供的独特价值，而不是操心去想这是什么产品，甚至不用他们去想这些产品是怎么来的，对我们来说，只要我们的产品总是能够出现在他们面前就行了。"显然，每一次订购肥皂，正如同每一次入住酒店的过程一样，都会给顾客留下糟糕的反复被盘问的印象，这肯定会形成顾客损失。无论在任何行业，采用透明型定制策略的企业都可以有效地消除这种令消费者不快的体验信号，他们要做的是简化买卖双方的互动过程，让顾客透过简单的外表去发现内在蕴含的本质差异。

选择正确的解决方式

那么，你的企业又该选择哪种定制化方式呢？这个问题很难做出简单回答。如表 5-1 所示，不同的定制化方式不但可以解决不同的顾客损失，而且能形成独特的消费体验。制造商和服务提供商必须认真分析其产出的独特性，确定当前顾客损失的类型，然后才能找出可实现最大回报的定制化方式。此外，由于顾客损失很可能是多方面的，故而企业也必须综合各种定制化方式才能解决问题。

表 5-1 不同定制化方式的区别

特征	定制化方式			
	合作型定制	适应型定制	装饰型定制	透明型定制
可消除的顾客损失类型	选择问题	组合问题	形式问题	重复问题
产出的性质	已定制	可定制	已包装	可包装
价值提供方式	共同确定	独立获得	可视展现	暗中实现
定制过程特征	可分享	可调整	可延迟	可预测
互动形式	直接	间接	公开	隐蔽
企业学习方式	对话	诱导	识别	观察
定制产生的体验类型	探索式体验	实验式体验	满足式体验	发现式体验

更重要的问题是，企业究竟为什么要选择定制化呢？答案很简单：定制商能够为顾客营造出完全不同的体验，他们能够实现产出的体验化。像安德森和巴黎三城等合作型定制商，可以创建

新的窗户设计体验和眼镜设计体验；像路创、Select Comfort 和 Peapod 等适应型定制商，可以创建新的照明体验、床具体验和菜市场购物体验；像赫兹和惠而浦等装饰型定制商，可以创建新的租车体验和电器产品交付体验；像 ChemStation 和丽嘉酒店等透明型定制商，可以创建新的清洁用品使用体验和令人难忘的住宿体验。

所有的规模化定制商都可以在体验经济时代创造出新的价值，而它们的老对手规模化生产商，由于缺乏有效消除顾客损失的手段，很快会发现他们的产品或服务已经被初级产品化。几年前，宾州石油公司总裁不无担心地告诉我们，他最怕有一天顾客会抱怨："卖来卖去就只有石油！"——毫无疑问，如果企业还不抓紧时间消除顾客损失，它们迟早会遇到这一天的。

幕间

惊喜新体验

The
Experience
Economy

当科林·马歇尔爵士一开始意识到英国航空经营的业务实际上是在营造体验时，他认为英航品牌的"磨损期"大概是五年，他说："现在我十分肯定，如果五年还不更新品牌，公司的业务肯定没有发展动力了。"[1]其实他错了，体验营造商必须时刻不停地更新体验，或是改变公司产出的体验元素，或是在产出中添加新的体验元素，以便让顾客愿意一次次重新掏钱体验。如果无法做到这一点，企业的体验产出就会逐渐失去价值。试想一下，任何一位顾客都不愿反复经历相同的体验，他们更希望每次都能尝试意料之外且能为自己带来惊喜的新体验。

明白了这一点，我们就知道很多"乐食"型餐厅的体验为什么总是令人失望了，原因在于顾客每次感受到的都是完全一样的体验，他们很快就会失去兴趣。斯科特·格罗斯（T. Scott Gross）是一位餐厅老板，同时也是一位作家，他就餐饮企业的"非常服务"问题写了一系列观点深入的作品，他在作品中提出了一个简单至极的让顾客感到惊喜的办法。格罗斯在其作品中谈到了菲利普·罗曼诺（Philip Romano）经营的超级成功的 Macaroni 意大利餐厅（即现在的 Macaroni 烧烤餐厅，在全美拥有数百家连锁店）。[2]这家餐厅不像其他餐厅那样靠发优惠券吸引新顾客（这种手段是如今很多连锁餐厅普遍采用的期望设定型做法），而是在每个周一或周二随机为顾客推出免费用餐服务。在 Macaroni 餐厅，顾客用餐完毕得到的可能不是账单而是一封短信，上面言之切切地说"不好意思"收费，因此这一餐免费。相比之下，大多数餐厅只会在提供了糟糕的服务或恶劣的饮食时才这样做（希望以此作为对顾客的补偿），但 Macaroni 餐厅却是在为顾客提供了极好的服务和极好的饮食时这样做（顾客原本已经准备好付账了）。看，这就是区别——毫无疑问，对顾客来说，这份惊喜肯定让他们既充满希望又有些内疚，因此会一而再再而三如此反复地光顾这里。根据格罗斯的估计，用这种方式为顾客提供惊喜大概会花掉餐厅每月 3.3% 的流水，但相比之下这种方式对顾客造成的影响远远超过餐厅花大价钱打广告的费用，也超过同行推出3.3% 打折餐的效果。其中的道理很简单，它把本来就极好的用餐服务转变成了令人难忘的用餐体验。

营造顾客惊喜

通过规模化定制减少顾客损失需要了解每个顾客的需求及其影响行为。对这些信息的了解可以让企业通过激发客户惊喜的方式，系统化地、有意识地推出更具体验性的产出。可以说，在营造难忘的体验的过程中，激发惊喜对产品制造商和服务提供商来说大概是最重要的元素了。

通过对比顾客满意度和顾客损失，企业在营造顾客惊喜时可以充分利用顾客感受值和顾客期望值之间的差距，即

顾客惊喜 = 顾客感受值 − 顾客期望值

因此，企业要做的不是简单地（通过提供满足感）实现期望或（通过降低损失）设定新的期望目标，而是要有意识地去超越这些期望，释放出全新的、出乎顾客意料的体验方式。不过，我们说的并不是简单的"超过"期望，因为它给人的感觉是在已知的竞争领域做出改善，也不是指要开发全新的领域展开竞争，这

两种观点的侧重点不同，前者强调的是提升顾客满意度，后者强调的是减少顾客损失——它们都是片面的，我们在这里真正要说的是营造意料之外的体验。

要做到这一点，企业仍需要以顾客满意度和顾客损失为基础。如图 A-1 所示，如果没有顾客满意度的提升以及顾客损失的下降，激发顾客惊喜也就失去了基础。换句话说，接受3S 模型理论的企业必须超越"我们该如何做"以及"顾客想要什么"的思维模式，改问自己能让顾客"回忆什么"。

图 A-1　3S 模型

例如，最难忘的飞行体验与顾客对航空公司服务的期望无关，而是与发生在期望范围之外的事件有关。这些事件可能包括你在飞机上阅读到精彩杂志的次数、遇到明星的次数或是和邻座相谈甚欢的次数。

我们还是举个例子来说明吧，还记得牧师吉姆·伊格纳托斯基（Jim Ignatowski）这个名字吗？在电视剧《出租车》中，有一集的剧情是，这位脾气暴躁（但又挺好玩）的出租车司机决心成为世界上最好的司机。为做到这一点，他决定采用各种意想不到的办法为顾客提供惊喜，其中包括为乘客提供三明治和饮料，用风趣的话语逗乐乘客，带乘客游览城市，甚至通过临时对讲机大唱法兰克·辛纳屈（Frank Sinatra）的歌曲。吉姆为乘客提供的惊喜如此生动，以至于乘坐他的出租车所产生的价值甚至超过了这项服务本身的意义，即把乘客从一个地点送到另一个地点。至少在电视剧中，由于体验到了完全不同的惊喜，吉姆的乘客总是非常高兴地给小费。为了能多享受一会儿这种快乐，有些乘客甚至愿意让吉姆多转一个街区，为他"并不出色"的服务支付高价车费——显然，这么说是仅从出租车服务本身来看的，因为他花费了更长的时间才把乘客送到目的地。由此可见，吉姆提供的出租车服务其实只是一个舞台，他真正销售的是乘客体验。

在现实世界中，也有一些企业开始利用营造惊喜的方式把无聊的服务转变成难忘的体验活动。例如，我们每天都会碰到的刷鞋摊就是一个例子。在密歇根州的卡拉马祖机场有一个名叫亚伦·戴维斯（Aaron Davis）的擦鞋匠，他之所以出名不单是因为手艺好，还因为他会"表演"，即总是能通过各种方式为顾客营造惊喜。除了小心翼翼地上鞋油，把擦鞋布甩得啪啪作响（这些手段虽然新奇但别人也会），他还搞出很多跟擦鞋无关的小招数来丰富顾客的体验。如果看到顾客鞋上露出一根线头，戴维斯会从口袋里掏出打火机将其烧掉；给顾客擦完鞋时，他不但会紧紧每根鞋带，还会轻轻地提一下顾客脚上的袜子。此外，戴维斯还有很多段子，比如掏出瓶酒让顾客"放松一下"。如果以前定期来的顾客因故有一周没来，再次为其服务时戴维斯会说："这次我请。"从那之后，这些顾客便决定，以后每次都要留足够的时间到他这里刷鞋。

不幸的是，大型企业经常缺乏小业务为顾客提供惊喜的能力。不过，规模大并不是借口，管理者必须停止为顾客设定期望的做法，改为充满创意地思考一个新问题，即如何利用服务的各个角度为顾客营造难忘的惊喜。比如，航空公司为什么只把飞行最频繁的顾客升级到头等舱呢？或许经济舱中那个西装革履的大学毕业生正要去纽约著名咨询公司面试，未来他很可能每周都要来回飞行，因此他可能才是企业最需要提供惊喜、需要升级到头等舱的顾客。再比如，酒店可以这样为顾客制造惊喜：在酒吧内准备一个小罐，里面装上50张1美元的纸币和一张纸条，然后请顾客收下，以表示酒店的敬意。如果企业能够构思出这样新奇的惊喜，岂不是要比邮递优惠券更能激发顾客忠诚度，更能吸引回头客，更能增加口碑宣传吗？

此外，企业还应当重新看待打折行为。例如，由于不断打折促销，汽车制造商的产品正变得越来越初级产品化。无论买哪个车型，顾客都能得到不少回扣，企业的这种做法其实是单纯地在价格基础上为顾客设定期望。根据理特管理咨询公司的一项调查，约有90%的车主对此表示满意。尽管如此，每年遭遇问题汽车的消费者数量仍高达数百万。调查显示，只有40%的车主下次买车还会选择"据说"让他们满意的同一家制造商（不用说，选择同一款车型的车主比例就更低了）。在这种情况下，如果汽车制造商能在顾客买车之后，为他们寄去一份意外的惊喜作为奖励，这样肯定会刺激更大的重复销售。相比之下，销售回扣只能在一定期间针对某个型号提供，而惊喜奖励则可以长期帮助企业影响消费者的下一次购物选择。

另外，很多企业还喜欢推出"经常性购买"活动，这种活动广泛存在于各种行业，从航空公司到停车库，从信用卡公司到咖啡餐厅屡见不鲜。这种活动是为了培养顾客忠诚度，但实际上却存在一个致命的缺陷，即纵容顾客希望获得免费的产品和服务。尽管通过免费提供部分商品的方式的确可以让某些顾客的购买频率出现一定程度的上升（这种行为背后隐藏的是传统的制造业思维模式——在个别顾客身上产生的损失可以通过销售量增长来弥补），但它们没有意识到的是，这种促销活动是针对消费者整体推出的，也就是说，顾客知道这些活动并不是为自己单独推出的，其他顾客也可以参加。因此，这种体验并不是针对个人营造的，随着时间的推移，消费者作为整体会认为这种额外服务是理所应当的，毕竟，这些免费的产品或服务也是他们"挣来"的（即他们认为企业这样做也是有目的的，因此自己理应得到免费的产品或服务作为补偿）。与回扣一样，这种做法对企业来说也是得不偿失的，因为它只会让你的企业产出日益初级产品化。

因此我们认为，企业要做的不是让顾客产生能获得免费产品的念头，而是应当把这部分资金用来为消费者营造难忘的体验。就像前面讲过的 Macaroni 餐厅一样，这些企业应当拿出和打折比例相同的资金，在固定时间内随机提供免费体验。比如，餐厅可以对每桌顾客所点的第 15 道菜或第 20 道菜免费，或是对当日第 15 桌或第 20 桌的消费全部免费。此外，商场还可以这样为顾客制造惊喜：让收银台通过广播通知销售人员，称某位顾客非常重要，商场决定为其免费，等等。

未完待续

要想真正实现差异化，企业必须首先注重提升顾客满意度，然后是消除顾客损失，最后是营造顾客惊喜；完成这三步可以帮助任何企业实现经济价值递进表中的转型。不过，先别急，我们还有一个要素没有介绍，即 3S 模型中的第四个 S——悬念（suspense）。当企业可以成功营造顾客惊喜之后，顾客肯定希望继续体验新的惊喜，显然这很正常，因此企业必须更进一步，做到营造悬念。顾客悬念是以顾客惊喜为基础的，指的是顾客已知的旧惊喜和未知的新惊喜之间的差距，即

顾客悬念 = 顾客未知的新惊喜 – 顾客已知的旧惊喜

我们可以来看一个营造顾客悬念的案例。在和美国联合航空公司合并之前，美国大陆航空公司的至尊飞行会员（飞行里程超过 5 万英里[⊖]或每年飞行达到 60 次的乘客）每年都会收到公司赠送的一个精美工具包，里面装有优先使用的行李票、座舱升级优惠券、常飞顾客手册以及其他附带的说明资料。第一年收到这样非广告性质的礼包，顾客的确感到是一个很大的惊喜。到了第二年，公司又重新寄送同样的礼物，希望能继续为顾客带来惊喜（大概有些人已经忘了去年收到过同样的礼包）。但是，除了那些每年新增加的至尊会员外，老会员连续三四次收到同样的礼物后，不但会觉得索然无味，甚至感到十分厌烦。现在我们来想象一下，如果大陆航空公司每年更换礼包中的内容又会怎样。比如，第一年给顾客写一封措辞幽默的总裁来信（就像沃伦·巴菲特每年给公司股东写信的风格）；第二年的礼物是根据一年来对顾客的了解专门挑选的纪念品（如为顾客订阅某杂志，在顾客经常去的城市提供某餐厅的一顿晚餐，抑或赠送一支雪茄或一瓶葡

　　⊖　1mile = 1 609.34m

萄酒）；第三年可以送一个崭新的行李箱，让顾客换掉已经有些磨损了的旧行李箱。这样一来，公司的最佳顾客肯定会兴奋地期待下一年的礼物，而不是为千篇一律的老花样感到厌烦。可以说，这种悬念是在"企业该如何做""顾客想要什么"和"顾客记得什么"的基础之上建立起的参与感，这种参与感可以鼓励顾客积极期待和航空公司实现更多的业务关系，即达到新的"将会发生什么"的层次，这种层次的动力之大，甚至可以让顾客忘记消费本身的目的，仅仅是为了保持至尊会员身份或是为了获得下一年的"未知"礼包而乐此不疲地飞来飞去。[3]（大陆航空和联合航空合并之后，新公司是强调降低内部运营成本还是建立新平台继续满足顾客的独特需求，这个问题只有时间能做出回答。）

3S 模型中的四种因素可以组成提升客户关系的有效框架。当这四种因素（满意度、损失、惊喜和悬念）实现统一管理时，企业就能鼓励消费者为了全新的目的去购买产品和服务。顾客购买产品不仅是为了获得其基本功能，同时也是为了享受购买和使用过程中的体验。同样，顾客购买服务不仅是为了获得服务提供商带来的利益，同时也是为了享受围绕这些服务产生的难忘经历。

在体验经济时代，企业应当有这样的意识，即它们必须制造回忆（而非产品），为实现更高的经济价值（而非提供服务）搭建舞台。产品和服务已经失去引领新经济发展的动力了，企业必须认清这个事实并积极做出转变。很明显，现在的顾客想要的是体验，他们愿意付费感受精彩体验，这才是企业的新目标，只有那些能够真正吸引顾客的企业才能在这个新的经济时代取得成功。

第6章

工作即演出

The
Experience
Economy

在哈罗德·罗威（Harold Rowe）的音乐剧《如君所愿》
（*I Can Get It for You Wholesale*）中，作为刚出道的女演员和歌
星，芭芭拉·史翠珊并没有全力发挥，她还有很大的潜力可以挖
掘。选角导演迈克尔·舍特列夫（Michael Shurtleff）向我们介绍
了当时名不见经传的史翠珊在试演中是如何征服大家，成为主演
玛梅尔·斯泰因小姐的最佳人选的。[1]其实，这部音乐剧的选角
对史翠珊有一点不利，舍特列夫担心她的大鼻子过不了制片人大
卫·梅里克（David Merrick）这一关，因为梅里克对他说："这
部戏一个丑女也不要。"不知道是没把这番话放在心上还是故意
为之，舍特列夫还是为史翠珊安排了最后一次试演。

在演出现场，迟到的史翠珊终于出现了，她身披艳丽的毛皮
大衣，脚穿两只不同的鞋子，嘴里还不停地嚼着口香糖。（她向
舍特列夫、梅里克和导演亚瑟·劳伦茨解释，在来试演的路上她
在一家旧货店看到一双非常漂亮的鞋子，但左试右试只有一只合
脚。）简要说明之后，史翠珊要了一个凳子摆在舞台中间，坐定
之后她开始演唱，可刚唱了几句突然又停了下来，取出口香糖黏
到凳子下面，然后才正式演唱起来。唱完之后，用舍特列夫的话
来形容，她的歌声"迷醉了全场"。后来，史翠珊又多唱了两首，
然后便回家了。经过激烈的讨论，梅里克终于被舍特列夫和劳伦
茨说服，同意把这个角色交给史翠珊来演。就在三人准备起身离
开时，劳伦茨顺手朝凳子下面摸了一下（他就坐在刚才史翠珊坐
过的那个凳子上），因为他记得没看到史翠珊把口香糖拿掉。结
果让人大感意外，凳子下面根本就没有口香糖！原来，史翠珊在
试演前嘴里嚼个不停完全是在演戏，而且是一场非常逼真的戏。

她这样做并不是要缓解紧张情绪，而是要给台下的观众（即导演们）留下一个深刻的印象——我的演技毋庸置疑。

至于史翠珊为什么要用这样的方式来表现自己，我们就不得而知了，或许是因为她想证明"我的演唱能如君所愿"，证明"外表并不重要，嗓音才是王道"；又或者，她是想证明"丑女也能大翻身"。无论从哪个方面看，她的策略都营造了一场难忘的体验，而这种体验直接奠定了她未来光芒四射的演艺生涯。无论她的动机是什么，无论她的出身多么卑微，史翠珊很清楚实现成功的秘诀——无论在什么场合，你的每一个微小的动作都会为最终营造出来的体验加分。对于正在进入体验经济时代的企业来说，我们认为它们也必须深思熟虑到这种程度。

我们再来看一个棒球行业的例子。过去25年，美国经历了史无前例的棒球场建设热潮，在美国职业棒球大联盟的30个承办地中，有20多个城市都兴建了新的体育场，其他地方也对老场馆进行了重大整修，以便更好地提升球迷体验。在这些场馆中，克利夫兰印第安人队的主场馆带来的变化最为显著，因为该场馆在建设时充分考虑到营造体验的舞台价值，正是这种价值给球迷带来了全新的感受。1994年4月4日，印第安人队在雅各布球场（后更名为进步球场）和西雅图水手队举行了第一场正式赛，而这座价值1.75亿美元的新体育场，正是为展现职业棒球比赛的风采而专门建造的。1994年之前，克利夫兰市球迷每年购买的季票数量还不到5 000张，新场馆建成后，球队已为连续455场比赛卖光了全部43 368个座位。当然，新场馆的修建并不是比赛门票销售量猛增的唯一原因，因为其他球队也新建了场馆，却没有实现同样的销售成功。那它们之间到底有何区别呢？答案是，克利夫兰印第安人队管理层发现这个新场馆也可以为棒球比赛之外的表演提供精彩的舞台。

实际上，1994 年 4 月 4 日并不是印第安人队在新球场的第一场比赛，两天前它在这里和匹兹堡海盗队进行过一场演示赛。演示赛那天是星期日，大量球迷涌入这座新球场，想在第一时间观看球队带来的新表现。这场比赛并没有影响两天后的正式比赛，可以说是新印第安人队的一场彩排，让观众提前享受了一次疯狂体验。

在球场停车场外，人们可以看到有个穿制服的男人，手拿扫帚和长柄簸箕，在紧邻东九大街入口处的人行道上打扫卫生。这个人身穿蓝色裤子，红白相间的条纹衬衫，在人来人往的球迷队伍中格外显眼，一看就知道是体育场负责打扫卫生的员工。尽管很多人都看到了这不起眼的一幕，但是真正注意到此人奇怪之处的观众却没有几个，之所以这么说，是因为虽然此人扫个不停，但实际上整个体育场外的路面上根本没有一点儿垃圾！毕竟，这座刚修好的体育场还没人来过，路上也不可能有什么垃圾。可是，这个人为什么要这样做呢？答案其实和史翠珊嚼并不存在的口香糖一样——是一种纯粹的表演。换句话说，他扫地并不是为了清洁路面，而是要给第一次来到这里的顾客（即球迷们）留下一个特定印象。作为已经在克利夫兰市体育场比赛过 62 年的老队，印第安人队棒球俱乐部专门导演了这一幕，请人穿上制服扫地是想向观众展现新球场的清洁、安全、舒适和激动人心，以此来传达球队的新主题——"这里就是你的家"。[2]

表演行为

乔治·威尔（George Will）是一位政治评论家，同时也是一个棒球迷，他写了一本书叫《工作中的人》（*Men at Work*），帮助很多球迷学习用新的视角去欣赏比赛。他在书中表达的观点很简单，即"职业棒球赛是一项工作"，这项工作需要场上的球员付出体力和脑力劳动。[3]威尔鼓励读者接受这样一个事实：球员是在工作，在此基础上帮助球迷更好地欣赏这种运动。美国职业棒球大联盟就相当于企业，提供的体育场相当于工作地点，而球员们的练习、分析以往表现和进行技术调整，这些都是在完成工作任务。当然，在这个舞台上不光有明星球员，还有很多像清扫员之类的配角，默默无闻地上演着自己的小角色。

所有企业及其具体工作职位，无论是公司总裁还是员工，都需要具备和上述两个例子中同样高超的表演能力。在体验经济中，各种表演者（包括公司总裁、经理和其他员工）都必须用新的角度来审视其工作。你可以默念"工作即演出"，仔细想一想，反思一下自己的工作表现，然后大声说出："没错，工作就是演出！"

接受了这个事实，我们就不必细究演出的种种细节了，也不用列举演出技巧了。对于怎样才能把一场演出组织得最好，我们既无法提出新的选择，也无力解决现有的观点冲突。其实，我们的目标只是想向读者传达"演出"这样一个概念，让大家能够重新审视自己的工作，接受"工作即演出"是体验经济中的一个原则，这就足够了。[4]

好吧，我们可以表达得再清晰一些：我们并不是要把工作比喻为演出，这不是一个比喻，而是一种模式。我们使用演出的一些原则来说明工作，并不是想牵强附会地进行对比。实际上，在当代商业领域，企业已经见识过太多的比喻了。我们没兴趣和大象一起跳舞，和鲨鱼一起游泳，推翻金字塔，跳过曲线，寻找蓝海，或是利用其他任何比喻来盲目介绍管理，让本来就看不清方向的管理者更加摸不到问题的本质。与这些做法不同，我们把注意力放在企业最重要的本质上来看问题，因此，我们说"工作即演出"，就是原原本本的字面含义。

英文里"戏剧"这个词源于希腊语的"drao"，意思很简单，就是"去做"。在每一个企业中，无论管理者是否注意到，实际上他们的员工都是在表演，这里说的不是游戏中的表演，而是指对现实生活中的工作场景经过缜密构思、准确扮演和生动描绘之后的再现。理解这一点很关键，它能让我们对很多从表演艺术领域借用的词汇产生全新的理解，如制作（引申为生产）、表演（引申为表现）、技巧（引申为方法）、角色（引申为作用）、场景（引申为情景）等。

说到对演出的研究，我们不得不从亚里士多德的重要作品《诗学》（Poetics）说起。[5] 尽管这部作品侧重讨论的是文艺形式，但它仍奠定了西方世界认识戏剧的基础。亚里士多德对"情节"的理解，用他自己的话说即"各种事件的安排"，为营造式体验以及创建印象所需信号的排列构建了基础。此外，他眼中的"情节"的组成，如意外转折、层层深入、事件的统一和平衡，以及悲剧的情绪影响等，在很大程度上解释了营造难忘体验的根本原因。同样，他认为动人描述的先决条件，如正确选择、角色适当以及完全入戏等，也说明了每个人在体验营造过程中应具备的基本要求。通过对戏剧加以定义，亚里士多德详细区分了戏剧和其他日常活动的差别。下面，我们就来看看亚里士多德提出的几个戏剧概念，以及这些概念对员工日常工作的影响。[6]

第一个（也是最重要的）概念是选择问题。戏剧有很多幕，各幕之间需要确定界限；演员必须提出各种困难的问题，其他人不能代替他们提问或回答；在戏剧表演过程中，演员还必须分辨哪些是重要元素，哪些是次要元素。对今天的企业来说，即使它们未曾营造过体验，也一定知道员工和顾客的每次互动都是一场演出。那么哪些行为应当在舞台上展现，哪些行为又应该是台下的活动呢？例如，在菜市场里，如果过道两边的售货员无视面前走过的顾客，互相喊着下班之后去做什么，这一幕对她们来说似乎没什么不妥，但对顾客来说却是漠不关心。那怎样做才能给顾客留下深刻的印象呢？售货员可以想想能否展示自己熟练扫描商品标签的能力，想想请对方出示信用卡时应该用怎样宜人的语调和措辞，想想怎样更适宜地向对方递交现金、信用卡或收据。对企业来说，最重要的问题往往是那些很难马上做出回答，但是你又深知其答案会给员工表现带来重大价值的问题。

第二个问题是顺序、进展和事件的持续时间。企业应当考虑的是，你的工作活动是怎样安排的？各种活动的组织是否存在连续性？一项工作从哪里开始，在哪里达到高潮，又在哪里出现结局？对于这个问题，我们可以用一次业务拜访来思考几个更详细的方面，如何时开始？当销售代表和客户约好时间并到达对方公司时，他是应当在门外等候，还是只和潜在客户保持目光接触？显然，不同的问题会产生截然不同的背景环境，企业应当根据具体的环境来营造体验。当销售代表开始和客户面对面交流时，具体过程怎样进行？是先寒暄几句还是直奔主题？谈话要点的顺序（即销售场景）是如何排列的？客户心中是否已有明确的交谈步骤？通向拜访活动高潮（即达成采购意向）的最佳方式是什么？销售圈里有句老话叫"销售完成，闭嘴收工"，虽然有些过分但也确实没错，因为销售活动高潮之后，接下来的任务就是怎样实现完美的结局了。我们认为，只有对上述问题做出深思熟虑的回答之后，企业才能为顾客营造出动人的体验。

最后一个问题是工作的节奏和速度，这些因素也限定着各种戏剧元素之间的关系。企业应当考虑的是，工作过程应当设定哪些不同节奏，各种节奏应该如何管理？如何利用不同节奏来实现增强、减弱、对比和释放功能，以丰富工作表现的能量水平？在特定的时间段内会有多少事件发生？每个事件的强度如何？例如，联邦快递的员工几乎永远都在奔跑，公司试图通过这个形象向顾客传达对速度的重视。不过这种形象并非快递业所独有，快餐店里负责烤汉堡肉饼的员工也是动作飞快，即使店里业务不忙的时候也是如此。（如果你去西雅图著名的派克鱼市观察一下抛鱼表演，保证每个顾客都会大开眼界，纷纷掏钱购买！）我们还可以考虑一下高级餐厅，看看这里的女招待可以从哪些角度为顾客带来更好的用餐体验。例如，她应当留意这样的问题：多久上一道菜？怎样让上菜恰到好处，既不冷场也不过分？是在给客人倒水时不动声色地撤掉冷点盘，还是上冷点的时候拿走水杯？递账单的最佳时机是什么时候？如果能回答出这些问题，餐厅不但能把单调的服务变成令人欣喜的体验，而且不会过多地打扰顾客（因为服务员是通过察言观色暗中操作的，而非一遍遍地询问顾客）。

想想看你上次和出租车司机、销售代表或是收银台服务员打交道的经历，你很快就会发现其中充满了亚里士多德所说的戏剧设计元素。但可惜的是，虽然经过了几千年之久，当今社会的很多工作中仍高度缺乏对这些元素的合理应用。

著名舞台导演彼得·布鲁克（Peter Brook）说过："我能把任何一块空地变成舞台，一个人走过这块空地，另一个人在旁边观看，这就足够营造出一幕戏剧了。"[7] 同样，企业也应当用类似的方法把工作变成演出，只有这样才能获得无限体验营造灵感。原因在于，当企业可以将工作场所视为舞台时，它就有机会从无数毫无特色的产品制造商和服务提供商中脱颖而出；显然，后者作为一个群体还没有意识到"工作即演出"这一本质。当企业能用舞台演出形式设计经营模式时，即使最琐碎无聊的工作也能以令人难忘的方式吸引顾客，而且，很多在产品经济思维模式和服务经济思维模式中难以想象的新式工作元素，如体育场外扫马路的工作，也会为了提升顾客体验而在这个舞台上得到运用。

技术媒介型互动也能为企业演出提供舞台。布兰达·劳瑞尔（Brenda Laurel）在其作品《计算机式舞台》（*Computers as Theatre*）中，把亚里士多德的思想详细应用到了基于计算机的工作表现中。劳瑞尔认为人机互动应当是一种"设计型体验"，这种体验定义了使用计算机为媒介而非接口的原则和技术。[8] 在描述这种技术化舞台时,她说:"把计算机理解为接口的思路太狭隘了,设计人机体验不是为了制作更漂亮的桌面,而是为了创造一个和现实有特殊关系的充满想象的世界,在这个世界中我们能扩展、放大和丰富人类思考、感受和行动的能力。"[9] 诚哉此言。从劳瑞尔的书中我们不难看出(尽管有些遗憾的是她在书名中使用了比喻式描述),她的确认为人类利用计算机工作的过程就是(至少可以说应当是)演出。

劳瑞尔还分析了 19 世纪表演艺术理论家古斯塔夫·弗莱塔克(Gustav Freytag)提出的戏剧结构模型,以解释精彩演出的组成结构。如图 6-1 所示,剧情会随着时间发展逐渐变得复杂,劳瑞尔提出的"弗莱塔克三角"包括 7 个阶段,而不是以前的 3 个阶段。这些阶段分别是:引子(介绍人物和故事背景)、诱导事件(设定发展情节)、上升情节(快速增加可能性和强度)、转折点(增强活动和障碍)、高潮(在各种线索中只有一个达到矛盾顶点)、下降情节(后续结果)和结局(剧情线索收拢,回归常态)。[10] 如果整个三角结构太平缓,或是高潮出现得太早或太晚,都会导致营造出来的体验不够吸引人,达不到弗莱塔克认为的理想结构。这一观点很好地解释了速溶咖啡对消费者的吸引力为什么不如现煮咖啡高(哪怕后者每次只能煮上一份),为什么人们总是一大早在星巴克急着等待自己的特制咖啡,这是因为星巴克把喝咖啡变成了一种值得珍视的小众行为,远离市井百姓的喧嚣,提升了享用咖啡的体验。(从服务的角度说此举不敢恭维,但从营造体验的角度说星巴克确实做得很出色。)

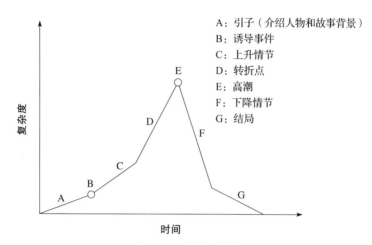

A：引子（介绍人物和故事背景）
B：诱导事件
C：上升情节
D：转折点
E：高潮
F：下降情节
G：结局

图 6-1　戏剧组成结构

资料来源：Brenda Laurel, *Computers as Theatre* (Reading, MA: Addison-Wesley Publishing Company, 1993), p.86; derived from Gustav Freytag, *Technique of the Drama*, 2d ed. (Chicago: Scott, Foresman, 1898).

在新兴的体验经济中，任何能让顾客直接观察到的工作都应被视为一幕演出，都应在戏剧结构的框架内体现。试想一下，飞机乘务员和酒店员工为顾客找座位或找房间，这种工作是演出；商店员工整理货架上的商品也是在演出。银行出纳、保险公司代理和房地产经纪人向顾客解释合同条款，这种工作是演出；出租车司机和乘客攀谈也是在演出。身穿制服的 UPS 司机每次运送包裹，以及联邦快递的员工次日送达的服务，这些工作是演出；在餐厅仔细观察，服务员的点菜、上菜、清理餐桌，这些也是演出。无论是推销汽车还是香水，销售工作都是演出；广告公司向客户演示营销方案是在演出；在每一张手术台上忙碌的外科医生也是在演出。但是，做这些工作的人有几个能意识到这一点呢？

如果他们都能按照"工作即演出"的原则做出积极改变，那又会营造出多么不同（而且令人难忘）的活动体验呢？

我们都听过一句老话叫"言行一致"，虽然有些过时但用来形容"工作即演出"还是非常恰当的。原因在于，它不但表示人们会身体力行地证明自己公开接受的观点，而且还意味着这种做法要受到别人的监督。[11] 实际上，所谓行动必须符合价值观指引这句话，其潜台词就是要有观众的监督，否则就成了一句空谈。诚然，顾客肯定是企业工作舞台上的主要观众，但有时候你的表现只能让供应商、同行或管理人员监督，他们其实也是观众。虽然没有顾客在场，但这种内部监督也同样是一种非常重要的演出。的确，由于内部表现会影响外部关系，"台下"的工作也肯定会影响舞台之上员工和顾客建立的联系。

正因为这样，码头上卸货的装运工是在演出，两个厨师在厨房揉面团做比萨也是在演出。保险公司内，理赔员拿着文件忙来忙去是在演出；工厂内组装线上，工头监督下的员工工作也是在演出。员工向老板提交方案是演出，同样，经理向董事会汇报工作也是演出。所有这些工作都是演出，即使观众中没有付费顾客也是如此，原因在于内部行为肯定会对真正的顾客（即付费顾客）产生影响，给他们留下深刻印象。在体验经济中，企业必须想办法让日常工作，无论是台上还是台下（即无论面对顾客与否），都充满吸引力。

社会学家欧文·戈夫曼（Erving Goffman）大概是最早发现舞台表演可以成为工作模式的人。在 1959 年出版的作品《日常生活中的自我呈现》（*The Presentation of Self in Everyday Life*）

中，戈夫曼研究了显现于日常社会和工作场景中的戏剧创作原则。在研究个人表达方式时，他发现在不同场合下，人们在他人面前表现出来的自我意识程度非常不同。有些人什么都记不住，有些人毫不关心别人对自己的看法，还有些人则非常善于利用这种表达方式，以便给人们留下某种印象。戈夫曼把最后这一种人称为"愤世嫉俗的表演者"，喜欢"迷惑观众"，但是对于那些"相信可以利用个人表演来改善他人印象的人"，戈夫曼则称他们是"真诚的"。[12] 对戈夫曼来说，所有的人类活动都是表演，唯一的区别是有些表演是经过"彩排"的，有些是纯粹自发的。他在书中写道："虽然普通人不会把眼睛和身体的动作事先表述出来，但这并不表示他不会通过这些手段，以一种个人行为戏剧化和预设化的方式来表达自己。简而言之，就是我们实际做出的动作其实要比我们的想象复杂得多。"[13] 这个观点足以鼓励各行业工作者更好地认识其行为对顾客的影响，鼓励他们按照戈夫曼的说法对各种行动行使"表现控制"，以便更好地创建真诚的顾客印象。理解"工作即演出"的观点，积极做出相应的行动改变，通过表演的方式来建立影响顾客感受的能力，这些正是化腐朽为神奇，让企业脱胎换骨的秘密所在。说到底，能让企业把普通的日常行为变成令人难忘的体验，最终还是要靠舞台化方式，即表演行为来实现。[14]

营造企业表现

关于对表演的基本构成的思考，表演理论领域的著名专家理查德·谢克纳（Richard Schechner）提出了非常宝贵的观点。和彼得·布鲁克一样，谢克纳把表演定义为"以个人或集体形式出现，为其他个人或集体所做的一种活动"[15]。这个定义不但适用于营造表演，而且能为企业活动搭建舞台。根据这个定义，谢克纳开发了一个理解各种营造式"现实"（这是他自己的说法）的重要框架，其中包括四个关键概念：戏剧、剧本、舞台和表演。

对谢克纳来说，戏剧是整个演出活动的中心环节，戏剧由"写好的文本、乐谱、情景、指挥、计划或图示组成，无论表演者是谁，戏剧都可以在任何时间和任何地点上演"[16]。从表演的本质来看，戏剧可以在不同的场合和文化中以不同的媒体形式体现，其中也包括在企业环境下体现。戏剧可以描述内部消费体验的主题，告诉每个演员该怎样做。在企业环境的舞台上，公司战略是戏剧，决定了企业的行为方式，但其表现手段却多种多样，如战略视野、使命描述、业务计划、竞争原则（如 20 世纪 60 年代，日本小松机械集团的唯一目标是"打败卡特彼勒！"）或是各种精心制作的活动计划表（如通用电气群策群力会上一致达成的目标）。无论企业战略的表现形式如何，公司管理者都会在一段时期内向人们展示戏剧内容（即战略视野）。尽管企业员工有来有去，但对于那些仍在台上参与表演的人来说，这种戏剧内容却是各种商业活动不变的核心。戏剧提供的是企业行动希望呈现的实质，无论这种表演在哪个工作场所举行，这一实质都不会改变。

与此类似，剧本指的是"不受时间和空间限制，可以自由切换的内容，是预先存在于舞台现实之前的各种事件的基本记录"[17]。根据这个定义，剧本可以以超越特定时间、场合或传统手法的方式来传送戏剧。对企业来说，工作流程就是剧本，它指的是企业可用来制定战略的、经过系统整理的工作方法。因此，员工必须学习剧本，确定其中的潜台词（即未在战略中明确说明的观点），对其进行提炼加工，进行必要的修改，以保证实现最大可能的演出成功。剧本必须对戏剧做出解释说明，忠实于戏剧的本来意图，以意外的方式对观众期望进行最大程度的开发。

在这种背景下，戏剧就成了"由一群特定表演者扮演的活动事件，表演者在演出期间的做法……是对戏剧和剧本的表现或体现"[18]。换句话说，演出既体现了表演者的内部工作，也体现了这种工作对观众的外在表达，即兼顾了功能与形式，使戏剧及其剧本得到真实展现。[19]通过为消费者营造表演，演出行为把戏剧和剧本与顾客联系起来，把他们变成了舞台前的观众。这一点再次说明，在体验经济中我们必须把工作变成演出。

最后，谢克纳认为，表演是"各种事件的集中体现，其中大部分都不显著。从第一个观众进入表演场地到最后一个观众离开，这些事件一直都在表演者和观众的互动过程中发生着"[20]。可以说，表演是在特定的时间和地点以最广泛的范围向观众呈现的各种完整事件。如图 6-2 所示，表演包含以下几种呈现元素：演出、剧本和戏剧。显然，对企业的表演来说，这些元素带来的产出即演出表现，也就是企业为顾客提供的经济价值。如果把舞台表演和企业表演做一个比较，我们可以得出下列结果：

[戏剧 = 战略]

[剧本 = 流程]

[演出 = 工作]

[表现 = 产出]

可以说，任何经济产出（无论是体验还是初级产品、产品或服务）都是企业按照从戏剧到剧本再到演出的顺序逐步营造最终表现的结果。我们不妨再回到谢克纳的观点，他认为："戏剧属于作者、编剧和创作者的范畴（相当于企业的战略家和总裁）；剧本属于教师、指导者和大师的范畴（相当于企业的经理、监督人和团队领导）；演出属于表演者的范畴（相当于企业行动）；表现属于观众的范畴（相当于希望获得体验的企业顾客）。" [21]

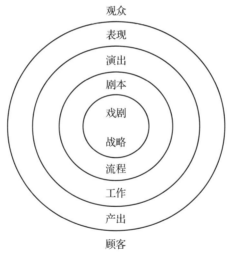

图 6-2 戏剧表现模型

资料来源：Adapted from Richard Schechner, *Performance Theory* (New York: Routledge, 1988), 72.

无论你的企业是否通过对营造型事件收费的形式来证明自己已步入体验经济时代，也无论你和你的同事在企业中担任什么工作，请记住你都是一个表演者。工作即表演，现在你必须尽力演好自己的角色。

到底什么是"表演"

有人会误解这里说的演出，认为演出就像电影明星那样任性轻狂、胡作非为或矫揉造作，或是像百老汇明星那样自命不凡。在演艺圈之外，很多人看到这个词也会联想到喜欢炫耀卖弄的地产公司、令人讨厌的商业广告主持人，或是诡计多端的汽车销售员。难道我们是想建议大家也去这样做吗？没错，正是这样！原因是，这种误解混淆了糟糕的演员和差劲的表演，认为演出就是这样。其实不然，演出是指采取深思熟虑的步骤逐步和观众建立联系。但是，如果消除演出就是作假或虚伪的感觉，你和你的员工就会认为它不过是平淡无奇的角色扮演，从而失去了以新奇方式吸引顾客关注的动力。

对演出的厌恶大概源自于这样一种观念，即只有全部展现出来的事物才是真实的。可是，如果这样说的话，难道芭芭拉·史翠珊嘴里嚼着真的口香糖会比现在更真实吗？——当然不会。史翠珊的做法是"四两拨千斤，无声胜有声"，如果用商业术语来表达，就是有效地以较低的投入实现了同样的产出。实际上，她用不用口香糖这个决定和她是否真实这个问题毫不沾边，整件事的关键在于是否应当使用特定的道具来影响特定的观众印象。同样，我们也不能认为，因为这个小插曲发生在观众欣赏其歌唱表现之前，因此史翠珊不够真诚。实际上，如果硬要把演出工作的

开始和结束人为地划分出明确的界限，这种做法常常会扼杀人们
的创新精神。例如，如果说车辆维修一定要规定顾客交付车辆后
才能开始，那恐怕雷克萨斯公司永远都想不出派员工上门取车修
理的创意了。

不愿积极接受演出这个事实还有另外一种观点，这种观点认
为表演会让人曲解表演者的原本意图。这样想其实是多余的，因
为我们所说的演出并不是让你去假扮其他人，去做其他事，而是
让你用一个演员的专业精神使你日常的工作呈现出亮点。想想看
全球知名的西雅图派克鱼市是怎么做的，那里的员工并没有假扮
别人，他们本来就是普通的鱼贩，但是他们的精彩之处却在于能
够在鱼市这个舞台上上演一出绝对的大戏。正是因为具备这种专
业的演出精神，来自明尼苏达州伯恩斯威尔市的 ChartHouse 企
业培训公司，专门为这些鱼贩拍摄了一部名为《鱼市传奇》的视
频，一下子让这些普通的小人物成了轰动全球的大明星。这部视
频对派克鱼市的成功经验进行了总结，提出了四条应用原则，其
中甚至包括员工之间互相抛鱼的关键时刻。[22] 这四条原则每一条
都是对表演技巧的总结。

- **玩耍**。尽管工作很严肃，但你也可以找到不少乐子，员工
  可以和顾客在这个舞台上互动，让每个人都感到快乐。
- **每天制造快乐**。顾客是一切关注的核心，因为他们是这场
  表演的观众，要尽一切可能为顾客营造难忘的回忆。
- **心无杂念**。这个原则改编自著名导演兼表演艺术教师康斯
  坦丁·斯坦尼斯拉夫斯基（Konstantin Stanislavski）的格

言"关注当下"，意思是说在投入表演时要全然忘记周围的一切，淋漓尽致地发挥出最佳状态。

● **选择你的态度**。正如亚里士多德第一个指出的，表演的本质是做出各种选择。我们在同事面前的表现肯定不同于在顾客面前的表现，在孩子面前的表现不同于在父母面前的表现，在朋友面前的表现不同于在陌生人面前的表现。在这些情况下我们的行为变化并不表示我们虚伪或做作，我们只是在选择，选择面对不同的对象展现我们不同的侧面。

无论是在艺术舞台还是在商业舞台上，表演都需要表演者去探索和总结个人的人生经验，然后在这些经验的基础上为其扮演的角色创造全新的、可信的风格特征。表演者的表演方式必须完全符合这些特征，否则观众就有可能不相信他们的表现，顾客就有可能对企业的产出失去兴趣。

对演员来说糟糕的表演有一个标志，那就是不断提醒观众自己是在演出。实际上，只有当表演者准备不足时，观众才会认为他们的举动是在装模作样。对此，迈克尔·契诃夫（Michael Chekhov）是这样评论的：

天才的演员和蹩脚的演员读的是同一个剧本，他们之间有何差别呢？蹩脚的演员是客观地读，即为了读而读，剧本中的事件、场面和人物不会引起他内心的任何反应，二者是貌合神离的，他只是站在一个观察者、一个局外人的角度来理解和表现剧情。天才的演员则不同，他是主观地读剧本，即为了感同身受剧本中的情境去读，这样就不可避免地在阅读过程中引入自己对场面的反应，形成属于他自己独特的渴望、感受和形象。对天才演员来说，剧本和情节只发挥一个引导的作用，以便他更好地展示与体验属于他自己的天赋和表演欲望。[23]

契诃夫以能够活灵活现地表演任何角色闻名，他对角色的高度投入让很多人都难辨真假，完全没有意识到他是在表演，还以为是他真实生活的体现。

对表演最投入的人，他们的角色感是如此强烈，入戏程度是如此之深，营造的效果是如此显著，以至于旁观者经常会忘记他们是在台上表演。像这样成功的演员在各行各业都有，例如金融界的沃伦·巴菲特、学术界的沃伦·本尼斯（Warren Bennis，著名组织理论研究者）、政界的罗纳德·里根和慈善界的波诺（U2乐队主唱）。我们认为，每一个人，即使是企业中的普通员工，也应当用这种方式来努力吸引他人的注意。然而现实却远非如此，太多的企业员工都无法做到这一点，他们在台上的表现和生活中的表现毫无二致，只是日复一日地重复着同样的场面，这样的工作表现肯定是毫无生机、令人乏味的。在体验经济时代，要想吸引顾客的兴趣，你应当表现得好像工作就是你的生命！

只有当企业能明确做到为观众（即顾客）演出工作表现时，体验才能真正作为一种新的经济活动逐渐繁荣。要做到这一点，企业必须首先审视公司内部的各种活动，然后指定一个场所作为表演舞台。诚然，营造富有吸引力的体验要做的工作有很多，绝非指定一个舞台这么简单，但它却是不可或缺的第一步（而且操作起来并不困难）。从现在开始，改变你的企业，然后正式对外宣布：这里就是我的舞台。

如何进入角色

有了舞台，现在你是真正的演员了。但是，演出结果的好坏取决于你对演出的准备是否充分。实际上，一个演员的工作绝大部分时间都是花在台下的。台下的准备工作包括很多，但其中最重要的大概要算如何刻画角色特征了，因为它直接决定着观众会对你的工作产生怎样的印象。准确的特征刻画可以让任何戏剧看起来都真实自然，毫无制作的痕迹。

埃里克·莫瑞斯（Eric Morris）曾帮助过很多演员（如杰克·尼克尔森）开发电影中的角色特征。他的观点颇有见地："多年来，演艺界有一个普遍看法，认为演员应当融入角色，意思是说演员应当表现出和剧中人物一样的行为、特性、思想和冲动。但是我的看法完全相反，我认为应当让角色融入你才对。"[24] 我们非常赞同他的观点，这是因为，成功的表演不是假装出来的，它在角色特征和演员个人之间的衔接是如此自然流畅，以至于观众无法看出任何破绽，也就是说，角色应当成为你，即工作中的表演者，应当顺从你这个个体所独有的情感、生理、智力和精神特质来展现。莫瑞斯进一步解释道："当你能够把角色的特征内化成自我表现时，你以独特的方式和这个世界互动时展现出来的面貌，以及你的各种冲动、思想和反应，都会投射到这个角色的行为中。因此，演员总是在他饰演的角色中充分展现出属于自我的一面。"[25]

为角色塑造特征是一项很重要的能力，它可以使体验营造有别于其他商业活动。实际上，很多企业正是因为缺少这种能力，才导致从事服务工作的员工其表现看起来像机器人。想想看，你有多少次在酒店前台碰到过接待员单调乏味的问候？有多少次碰到汽车销售员用同样的语调回答问题？有多少次在快餐店碰到服务员的"老三句"？其实，只要加以合适的角色塑造，这些单调的服务活动完全可以变成令人回味无穷的表演机会。例如，在丽嘉酒店，服务员用你的名字欢迎你回来，因为他们每天都要看新顾客的打印资料，记住他们的姓名和主要信息（很像肥皂剧演员每天都要背剧本），因此给顾客留下了非常深刻的印象。同样，去雷克萨斯汽车店也会感受到与众不同的新鲜体验，在这里销售人员会把顾客带到小房间去商讨价格。就连买汽水的小贩也能通过角色特征化的方式为顾客营造难忘体验，在俄亥俄州克利夫兰高地的 Cedar-Lee 电影院门口，我们碰到一个冷饮摊，卖冷饮的哥们儿高声喊着："下一个，该谁爽啦？"他的表演要比不少银幕上的明星好多了，排队买冷饮的人远远超过排队买电影票的人。

　　表演者可以使用各种舞台技术来开发创意，寻找丰富角色特征的最佳方式。这些技术包括日记法（以日记方式记录每天的事件，把事件分解成潜在选择供以后应用）、制图法（绘制演员自选行为图，按幕、按台词显示覆盖剧本的内容）和关系映射法（绘制一张图表，分析每个舞台角色之间的人物关系）。无论使用哪一种方法，表演都会从角色本身转向特征刻画，后者会逐渐吸收前者，为演员吸引观众奠定基础。

　　把角色扮演变成特征刻画需要认真地分析潜台词，即剧本中没有明确说明的所有信息。演员应当和导演通力合作，一起把剧本（即流程）转变成真实的演出（即工作）。潜台词可呈现出超越剧本的事件丰满度，除此之外，舞台上的演员还可以利用变形、姿势和其他元素来完成表演。其中包括身体语言，如身体姿势、手势、目光接触和其他表现方式（销售代表的一个微笑能传递出非常积极的信号）；道具（手机可以传达可联系的印象，但如果故意关机放进公文包则表示想引起某人注意）和服装服饰（同样是首席执行官发表讲话，一个身穿凉鞋短裤，另一个是典型的三件套西服正装，传达出来的信息完全不同。这两种穿着都没有问题，关键看他想塑造什么样的形象）。[26]

在创建角色特征时，无论多小的元素都值得表演者重视，例如一张小小的名片。名片是我们和顾客进行商业互动时最基本的一个道具，它的重要性不言自喻，但是人们设计名片的形式总是非常呆板，从未考虑过它对角色特征开发的重要意义。大多数情况下，对于在同一个公司工作的员工来说，他们的名片的不同之处就是上面的人名、职务和电话号码。诚然，名片的这种基本设计完全可以达到交流基本信息的目的，但每个员工都使用千篇一律的名片样式，这种感觉就好像舞台上所有的表演者都是临时演员一样。显然，把每个人的信息都用同样的方式在名片上体现出来，这种现象也反映了规模化生产的思维定式。

但是，鉴于如今人们在充满变化的工作环境中总是扮演很多角色，因此他们必须用各种不同的方式来体现这些角色的特征。例如，我们认识几位大企业的职员，他们总是随身携带不同的名片，每一张都代表一个不同的角色。还有一些企业家喜欢在开会时用个人电脑中制作好的名片展示给大家，这样做当然不是为了欺骗别人（就好像詹姆斯·加纳在美剧《洛克福德档案》中拥有各种骗人的头衔一样），而是为了能在不同的场合更好地展示自己的不同角色。（在此我们故意隐去他们的身份和公司名称，是为了帮助该企业保持神秘感，这一点也是他们在接待顾客和举行会议时采取透明型定制的一个策略。）

姓名也能起到刻画角色的作用。如今，大部分来自企业的表演者扮演的都是自己（这一点不同于演艺界的演员，他们总是以所扮演的角色闻名）。但是，这种情况也在慢慢发生变化。例如，在某大型计算设备制造商的呼叫中心，每一个客服代表都必须使用不同的姓名。如果员工出现重名，只有先入职者可以保留自己的名字，后入职的同名员工必须另外起一个名字。之所以这样做是因为，如果顾客需要多次打电话到呼叫中心而且希望和同一位员工对话，这样就不会遇到重名的麻烦。不要小看这个貌似不起眼的问题，在实际工作中这种情况并不少见，顾客有时需要连续订购产品，有时需要就维修等问题和员工反复沟通，解决呼叫中心员工的重名问题也能提高顾客的服务体验。

由于顾客非常重视企业制定的规定，这就使一对一关系成为服务的基础。但是在这一点上最让人感兴趣的问题是，企业规定怎样才能成为继续推动角色刻画的舞台？我们认为，在一对一的服务关系中，企业员工彼此扮演的角色不可能发生转换，电话销售员可以随意使用假名，以一个优秀表演者的形象出现在顾客面前，通过个性化的表达、活动和电话沟通手段形成独特的风格，以令人难忘的方式和顾客建立对话服务。显然，无论对顾客还是对企业来说，像这样优秀的呼叫中心的表演者非常缺乏。

掌握自己的角色特征（即入戏）可以让企业中的工作者产生目的感，可以围绕统一的主题把他们紧密团结起来，为顾客提供难忘的体验。如果没有这种特征开发，他们的工作就很难产生和顾客建立联系的机会。对于这一点，或许没有哪个公司的理解能像迪士尼那样深刻。在这里，无论是动画人物扮演者、安全工作者还是卫生清洁员，员工们每天都要穿上工作服装，拿起道具，走到各个岗位去营造欢乐体验；每个人都要努力把这里变成家庭、快乐和梦想的港湾。对他们来说，台上和台下完全就是两个世界。

迪士尼项目研究（The Project on Disney）是一个由观察员组成的小组，该小组成员都是对迪士尼世界的工作条件持怀疑态度的人（称迪士尼员工"在鼠窝里工作"），他们称这里的员工就像付钱游玩的宾客，"明明知道一切都是假的，知道事实和表面现象不同，可说起来还是眉飞色舞得好像跟真的一样"[27]。这番话说得太好了，准确道出了刻画角色这一本质倾向。对于这种倾向，斯坦尼斯拉夫斯基称其为"神奇的如果"。[28]后来，很多表演课教师对这一概念进行扩展，最终形成了名为"好像"（as if）的正式表演技巧。迈克尔·卡恩斯（Michael Kearns）就是一位强调这种理念的表演课教师，他说："'好像'式表演是一种能应用到现实生活中的有效手段。虽然听起来有点让人不快，但它实际上是一种积极思考方式。比如，你正在参加一个聚会，但是感觉非常沉闷压抑，这时一个小小的调整，即做出好像很开心的样子，就能改变你的情绪，让你可以用一种全新的角度去看待身边的人和事。"[29]当舞台上的服务人员感到情绪低落时，如果不会用这种方式来刻画角色就会任其自由流露，而这种真实体现对观众来说无疑是非常失败甚至是很无礼的。显然，在营造宜人的商业体验时，这种行为是绝对要不得的。即使遭遇了倒霉的一天（人人都会碰到），工作者也必须学会一登上职业舞台就表现得心情愉快；即使面对的是坏脾气的顾客（有些人真的很刁蛮），作为表演者的你也要装作不在意。这样一来往往会形成有趣的表现对比，心情愉快的服务带来的是令人难忘的体验，很多脾气不好的顾客因此会对自己的行为感到惭愧，很快也会轻松起来。

　　训练有素的表演者以及所有观众都知道，机械死板的表演和充满个性化的表演之间存在着巨大的差别。前者正是当今很多服务业的真实写照，让消费者总是难以忍受，巴不得赶紧结束服务离开。（如前所述，服务行业的管理者已经意识到这一点，却错误地决定大力削减为顾客服务的时间，因此造成众多劣质服务、自助服务和无服务现象。）如果工作者能够选择合适的角色并为这些角色创建特征，结果就大不相同了，这样营造出来的体验可以让顾客心甘情愿地花时间享受。要问他们为什么会心甘情愿这样做，答案很简单：因为你表演的方式足够吸引人。

有目的地表演

　　斯坦尼斯拉夫斯基曾不断告诫演员要"去掉 95% 的表演"。[30]他之所以提出这个观点，是想解决演员经常容易出现的过度表演问题。除了过度表演，这句话还表明演员会为表演活动带来很多干扰和混乱。（企业经常也是这样，从医生到汽修工，很多工作者都喜欢长篇大论地解释或是装模作样地表现，殊不知顾客只想知道简单的事实。）斯坦尼斯拉夫斯基认识到这个问题，他想清除表演过程中多余的姿势、动作、话语和可能降低主旨表达目的的情况。他要让演员学会围绕要表达的核心去演出，以便清晰地向观众传递表演的主题（他称之为"超级目标"）。据说斯坦尼斯拉夫斯基曾问谢尔盖·拉赫玛尼诺夫是怎么掌握高超的钢琴技艺的，这位钢琴大师和作曲家回答："别碰旁边的琴键。"[31] 斯坦尼斯拉夫斯基肯定很喜欢这个回答，因为他对舞台表演的要求也是这样。

由于全面质量管理和企业流程重组的全面普及，如今大多数企业都能了解重新设计和改善工作流程的观点。这些企业改善活动通常包括用于重新设计经营活动的流程映射工具，但是很多情况下，此类活动只能描述企业执行了哪些活动，却无法描述这些工作是如何执行的。简而言之，这些工具带来的工作流程仍然缺少目的感。可是，光完成活动显然还不够，我们还需要挖掘推动企业表现的潜在动机，这样才能最终影响购买企业产出的顾客。举个例子来说，现在有两位接待小姐参加组织客户会议，第一位只能做到登记姓名和打打电话，而第二位除了能干这些工作，还能在大厅里姿态优雅地迎接和问候每位来宾，她们之间的差别显而易见。无论和客户在大厅里的相遇多么短暂，这种方式都能对宾客产生影响，为后面的整个会议奠定某种基调，甚至有可能在某些场合下改变会议的结果。

因此，我们认为，企业不但要强调表演什么，更要强调如何表演，这才是普通服务互动和难忘的体验经历之间的差别所在。换句话说，只有当工作者有意识地带着目的去参加整个表演时，企业的经济活动才能真正吸引顾客；只有当工作者脑中时刻牢记自己的目的时，他们的每个动作才能变成有意义的表演。没有明确的意义，企业的活动就是枯燥呆滞的、单调无趣的，是典型的陈词滥调。（想想你遇到过的陈腐无聊的工作流程有多少？）正因为很多人都是毫无目的地去表演，所以斯坦尼斯拉夫斯基才要求表演者去掉 95% 的多余之举。这个观点同样适用于企业的工作表演，只有当工作者有意识地决定丰富其活动表现方式时，卓越的流程（至少在深受吸引的顾客眼中是这样）才会逐渐显现。这一点正如表演课教师卡恩斯所说的："确定想要什么对于你能否取得成功非常关键……如果你无法确定这个目标，就很难形成侧重点……结果造成令人模糊的、毫无意义的观众印象。如果能准确无误地说出你的目的，你才有可能表现得明确而具体，才能和观众建立激动人心的互动关系。"[32] 可以说，对于舞台上的每个工作者来说，无论是在农场、工厂、服务柜台还是在主题景区，只有带着目的去表演，企业提供的产出才会更有价值。

　　卡恩斯为此提供了一个最为实用的工具，他提出，对于每一项工作，人们都必须在描述过程中添加一个"为了"短语以彰显其目的。[33] 例如，芭芭拉·史翠珊嚼并不存在的口香糖是为了证明相貌并不重要，好的唱功才是关键；雅各布体育场外的清洁工在光洁的路面上扫地，是为了表明这里干净、安全、舒适和激动人心；而那位在大厅笑容灿烂地迎接宾客的接待小姐，是为了欢迎他们体验即将开始的激动人心的活动。

　　想象一下此刻你站在老板办公室门外，正准备敲门进去，这个动作很可能出现多种不同的场景——你是为了表示自己已经到了，还是为了迟到而表示道歉？是为了表示你已经来了但又不想打扰他工作，还是为了提醒他会议就要开始了？不同的目的，会决定你做出不同的敲门动作。

再举一个现实生活中医患关系的例子，医学研究表明在罹患乳癌的女性患者中，选择乳房肿瘤切除术（只切除肿瘤）的患者，其生存时间和那些选择做乳房切除术（全乳切除）的患者一样长。尽管法律规定医生必须向患者解释肿瘤切除术也是一种选择，但在美国一些地区选择做乳房保留手术的患者比例依然没有改变。对此，《华尔街日报》的评论是："这种影响力缺乏的部分原因在于，并不是医生没有向患者说明情况，而是他们说明情况的方式值得商榷。"[34] 也就是说，为了确保每个病人都认真考虑可行的手术方案，医生必须事先向他们告知所有的选择。[35]

律师在法庭上的表现也必须具备明确的目的。来自芝加哥的律师弗雷德·巴特利特（Fred Bartlit）说："你必须设计好每一个细节，包括你的穿着方式和桌面上文件的摆放方式。"[36] 如今越来越多的审判律师开始密切关注自己的每个微小举动，巴特利特也是其中一位。从自己在法庭内的走路方式到站立的位置，从何时以及如何展开眼神接触到递交文件和使用电脑时的每个姿势，再到如何即兴发挥和准备讽刺言论，每一个细节都不能遗漏。[37] 对他们来说，实施每个动作都要有目的，这个目的决定了动作会对整体表现产生怎样的影响。如果没有目的，只是为了完成工作而做，可想而知这项工作的表现会有多么乏味。

因此医生和律师会这样做也就不足为奇了，正因为他们的决定密切影响着顾客的生活，他们才必须在工作中牢记自己的目的。当然，只要具备了目的感，其实所有的工作活动都能变得更有价值，更值得投入，也更有意义。例如，在宾夕法尼亚大学山顶区宿舍，有一位名叫芭伯的女士每天的活动都充满了目的感。几年前芭伯曾在该宿舍的餐厅工作，对很多学生来说，她是整个大学期间最令人印象深刻的工作人员。芭伯的工作很简单，只有一个任务，每天餐厅开门营业时，她都坐在门口的桌子前扫描学生的餐卡。只需对着机器挥一下手，绿灯亮起表示还有余额，红灯亮起表示余额不足——这就是她的全部工作。在很多外人看来，这种工作简直是再无聊不过了，但芭伯却做到了让这项简单任务充满目的感。一开始，她会注意餐卡上的学生姓名；后来，她开始用姓名亲切称呼来用餐的学生；如果有人错过一次用餐，她会在刷卡时询问对方为什么没来；她甚至能告诉用餐同学其朋友坐在餐厅的哪个位置。无论在哪个场合，无论是亲切交谈还是只有一个动作，芭伯都让她的简单工作充满了目的，即热情欢迎学生尝试用餐体验。或许，全世界也没有像她这样优秀的欢迎者了。正是因为让工作充满目的，芭伯才没有变成机械的劳动者。当她退休后，宾夕法尼亚大学并没有立即取消这个职位或是用电子刷卡的方式取而代之，而是又延续了一段时间。[38]

各行各业都有像这样带有强烈目的感去表演的人，费城有刷卡人芭伯，芝加哥有律师弗雷德，卡拉马祖机场有擦鞋匠亚伦。这些人的工作或许很普通，但只要你见识过一次就会牢牢记住他们。他们充满目的感的工作转变成了对自身角色的热情，对企业的关注以及对顾客的投入。他们正是这个世界上真正伟大的表演者，是值得我们学习的杰出榜样。

第 7 章

表演的形式

The
Experience
Economy

　　琳达在一家美国汽车制造企业工作，负责领导一支新产品开发团队。[1]这天早上来到办公室，她检查起一天的工作安排："上午 10 点要到行政简报中心为供应商做例行报告；下午 1:30 是秋季战略周期报告会；下午 4 点到本地汽车经销商处做销售拜访；还不错，不算太忙，不过现在必须做些准备工作，这个可要花点时间。"

　　琳达启动电脑，打开为上午的会议准备的幻灯片文件，扫过几页之后，她发现有一个图表中的数据是过期的。琳达给助手发了个短信，让今天在家工作的助手查一下新的数据，然后改正了幻灯片里的错误。接着，她开始琢磨一会儿该怎样表达才能向供应商传递最新的信息，想到重要之处还不时用笔在便签簿上写上几句。很快，又一张幻灯片引起了她的注意，她想起上次开会就是在这里出的问题。琳达站起身，背着门模拟起来，想为一会儿开始的会议找到更好的表达方式。练习一阵儿之后，她意识到了问题所在，原来这个部分的表达太过了，她必须不断看屏幕，此外她的语速也太快，举止显得太做作。

　　为了解决这个问题，琳达坐下来对幻灯片进行了修改，删除了所有不重要的信息。她又加了几个注释以便更好地介绍言简意赅的观点，然后起身拿着笔记本又开始练习，直到把新增加的内容表达得炉火纯青，在模拟演讲最后，她还加重了语调并做出胜利的动作，以此表示成功实现目标。琳达对自己的表现很满意，于是放下笔记本又练习了一次。然后，她打开 Word 文档更新工作记录，其中也包括对该使用怎样的表情方式等细节的描述。

　　就在这时响起了敲门声，是她的下属保罗。琳达合上笔记本，关掉电脑显示器，以示自己认真听取保罗的看法。实际上，她一点儿都不想听最近市场研究计划中出现的问题，但她还是对保罗的抱怨表现出很大的兴趣，就好像第一次听到这些话一样。虽然他们的谈话是保密的，但琳达很快就做出了决定，在这件事情上绝不招惹这位专家的看法。保罗很快就抱怨完了，结束谈话两人握手告别时，琳达轻轻地挽了一下他的手臂，以示对保罗的感谢，谢谢他真心希望解决目前存在的问题。

送走保罗后，琳达的注意力又转到了供应商演示会的最后准备上。眼看时间快到了，她开始朝行政简报中心走去。快到简报中心时，琳达去了一下洗手间，检查自己的服装和发型有没有问题，牙齿上有没有残留的早餐。啊，差点儿忘了！她掏出为供应商会议专门定制的"合作伙伴"纪念章，用别针挂在胸前。琳达又在镜中端详了一下自己，脸上流露出从容和自信，然后大步走了出去。"去简报中心"，她默默对自己说，仿佛有人在前面给自己指路一样。几分钟后，琳达来到了报告厅。站在讲台上，琳达并不急着开始演示，而是向观众望去，从后排一直扫描到中间，最后和坐在第一排的一位供应商交流了一下目光，两人都露出了友好的微笑。[2] 然后，她道出了今天会议主题："伙伴需要建立学习关系"，稍作停顿之后，琳达开始侃侃而谈……

琳达的表现无懈可击，30分钟的演示会很快就讲完了，最后她激动地宣布："供应商以后再也不用打游击战了！"台下顿时响起一片热烈掌声。琳达看看前排那位供应商，露出一个胜利的微笑，然后便起身离开了报告厅。这时，坐在后排的一位采购经理向报告厅的服务员说道："哇，真是难以置信，她的表现太棒了，非常自然随意，每一个问题都能轻松化解。"服务员的回答是："是啊，不过我已经见她做过好几次同样的演示了，除了个别地方的表达有改动，基本上她说的每一句话都跟以前一模一样。"这下子，这位采购经理更加惊呆了。

此时，回到办公室的琳达已经开始准备下午 1:30 的战略会议了。这个会议可不像刚才的演示会那么轻松，没有幻灯片，没有实现准备的注释，更没有掌声。不过这个会议其实也不难，要想取得成功，关键在于确保每个一线生产部门员工的参与，让他们对公司的首次战略展示活动提出意见；确保公司最高管理层能够体验到这些战略为企业经营带来的优势；确保完美无缺的开发方案得到天衣无缝的执行。在这种会议上，琳达扮演的不再是自信的主管了，而是无所不知的向导。

为做到这一点，她开始翻看自己整理过的会议记录、电话记录、备忘录和电子邮件，邮件中是几位会议参与者对如何更好实现战略目标的讨论内容。琳达在准备过程中的要点是：保证此次会议讨论上次实现的成果，继续讨论上次关注的内容，就公司为展览参与者留下何种印象的问题让大家达成一致意见。做到上述目标，琳达就能保证会议主题清晰，不会出现太大分歧（另一个好处是能早点结束，不耽误她下午 4 点的客户拜访）。她开始利用"计划流"方式，为推动会议的每一个环节设计情节方案，同时利用活动挂图对这些方案进行简述。

琳达的充分准备果然没有白费，除了在会议中打了两个嗝有些不好意思之外，她很好地扮演了信息向导的角色，不但清晰地引导了会议方向，而且对整个活动的组织策划起到了推动作用。

现在会议已经结束了，在去拜访客户之前，琳达换了一件较为休闲的服装，以便更好地吻合对方的工作环境需要。准备妥当之后，她找到租赁业务部副总裁史蒂夫，两人一起出发去见客户。

这次可不是普通的销售拜访，那种情况她只要跟大客户经理去就可以了。琳达和史蒂夫要见的是当地一家大型汽车交易公司负责人，他们的目的是希望对方能加入公司推出的新项目——预租式主管级汽车尝试体验计划。琳达所在的公司推出该计划的目的是为一项测试活动寻找产品，公司准备针对潜在高端客户推出收费超过 15 000 美元的试驾精品车型活动。该活动包括各种车型，既有豪华车又有国外车；试驾选择丰富多彩，既可以驾驶别人的车赛车（包括当地明星），也可以在湿滑路面练漂移。当天试驾完毕，顾客还可以把自己选中的车开回家，公司允许顾客免费租用一年，而且可以为顾客定制驾驶体验视频。因为这种体验方式的价格比普通租车年费高出两三倍，琳达、史蒂夫和公司上下都知道这是一项利润很高的业务。而且，公司最高管理层终于认识到租车的利润比卖车还高，因此也开始支持这项计划，同意在此项目中添加其他厂商生产的汽车。

在开车去见客户的路上，琳达和史蒂夫商量了销售方案，争取让这家公司加入他们推出的活动。实际上他们两人在对付公司高管方面很有经验，已经多次进行过合作了。而且，他们两人在销售时各自侧重一个方向，琳达善于介绍该项目的体验，史蒂夫擅长从经济角度分析对客户的好处。琳达建议采用全景式的 B 方案向客户推销，史蒂夫负责向客户介绍项目的赢利情况，完成正式手续后还要再预料一下前景。最后，琳达会向客户展示她的小组为此项目设计的文字方案和图片，以证明其精彩的体验性。在整个销售过程中，琳达是热心推荐的主角，史蒂夫是旁敲侧击的配角。就在两人到达客户公司时，史蒂夫还提醒琳达别忘了有关冬季轮胎的台词，这些台词每次进行 B 方案销售时都会对客户起作用。

在客户公司办公室坐定之后，琳达和史蒂夫开始配合起来，两人轮流介绍该项目，有时甚至会接过对方的话进行补充。除了开始时间晚了 20 分钟，演示过程经常被对方打断，以及客户公司老板经常提出反对意见之外，琳达和史蒂夫的表现非常出色。尽管对方制造了不少麻烦，但琳达和史蒂夫很清楚彼此的角色和如何进行补救，两人最终成功地化解了各种问题，把对方的打断变成了玩笑或销售暂停，把老板的反对转化成另一个话题的继续。为打消这位交易商最后的反对意见，即引入其他公司标牌会影响自己的车辆库存问题，琳达轻轻朝史蒂夫做了个手势，两人起身走到办公室的书架前，指着进门时就看到的一辆德罗宁跑车模型若有所思。这位老板似乎猜到了他们想问什么，说道："哦，那是我的梦想，我的第一辆跑车……"琳达接过话头反问道："你肯定非常喜欢拥有它的体验，是不是？现在我们准备让你的顾客也能体验到开上梦想车辆的感受，你这样挣到的钱要比卖五辆普通汽车的利润还要高。想想看，谁在乎车是谁造的？它只不过是推动顾客体验的一个道具，我们之所以需要它是因为它能为你的顾客创造价值。"这番话终于说服了对方，临走握手时，琳达亲切地拍了拍这位经销商的后背，对他表示真诚的感谢。

表演的四种形式

上面的小品文描述了第 6 章所述的很多舞台演出元素，其中也新添了一些内容。琳达显然很清楚如何做好一个表演者，很清楚一个好的表演者能够把每个互动过程转变成难忘的体验，无论表演的结果是什么，也无论表演的舞台在哪里。在此过程中，我们需要注意的是她在一天四种舞台角色上表现出来的不同演绎方式。在准备演讲稿时，她遇到了下属保罗带来的问题，必须即时处理当时的情况。在这种情况下，琳达采用的是即兴表演法。如同在工作中遇到公司之外的人一样，琳达必须快速想办法应对保罗的问题，而这种能力源自于她在以往经验中积累的管理技巧。

在对供应商合作伙伴演讲时，琳达采用的是戏台表演法。这种演出的特征是，她事先已经打好草稿，确定了每一句台词和每一个动作，反复练习烂熟于胸，直到能够自信地完成一场完美的表演。在为下午的战略会议做准备时，她仔细回顾了以前参加过会议的人的所有相关资料，包括电话内容、电子邮件、往来信件和当面会谈等形式。然后，琳达采用了搭配表演法，使用一条统一的线索把这些零散的事实和事件串联起来，这一过程很像影片编辑或影片导演的工作流程。

最后，在和史蒂夫一起向经销商推销预租体验项目时，琳达面对的场景不是她一个人能够控制的。这时她不能再利用即兴表演方式去发挥，因为在这样的场景下这种做法过于冒险，于是两人展开了街头表演法，即根据具体情况利用多个小型活动片段组成一场表演（处理其间出现的各种中断事件或反对事件）。尽管他们的每个举动都是平时经常操练的，但此时这些动作的顺序并不是预先计划好的，而是根据表演现场的具体情况临时组织的。

现在我们来想想你在工作中应该采用哪些表演法。和琳达一样，在开始演出之前，你必须确定哪种表演形式最有利于你在特定时间、特定场合和特定观众的基础上进行表演。根据理查德·谢克纳的戏剧表现模型（见图 6-2）可知，表演是根据内在的脚本和外在的表现相互作用而确定的，如图 7-1 所示，据此我们可以总结出四种表演形式：即兴表演法、戏台表演法、搭配表演法和街头表演法。表现和剧本的相对变化程度（分别为激烈（始终变化）和平稳（很少变化）两类）对每个观众来说都决定着表演者必须表现的方式。因此，这四种表演形式中的每一种都代表了一种不同的表现工作方式，代表了一种不同的为生成经济产出而构思事件顺序的方式。可以说，决定采用哪种表演形式的，是企业产出的本质以及企业吸引顾客（或者说是任何表演者吸引其他工作者）的具体情况。

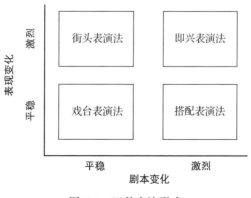

图 7-1　四种表演形式

即兴表演法

即兴表演需要想象力、创造力和独一无二的表现力。通过新的方式确定价值，如创造、发明、观点的单向或冲动发展以及随意发挥等，即兴表演可以提供自发的、自由的、无法预料的工作形式。但是，即兴表演的激烈运动并不是只包含自由发挥或无目的狂想的简单动作，并不是毫无结构和固定性可言。正相反，对于如何开发充满创意的想法、新鲜的表达以及利用独特方式解决老问题，即兴表演需要系统化和深思熟虑的方法。从广义上理解，这种表演方式的剧本很少是事先写好的，演出活动基本上都是即席创作的。

在即兴表演中，表演者早就预料到会出现错误，有时候他们甚至故意造成这种情况，只是想看看这种错误会带来怎样的结果。在执行其他形式的工作时，表演者甚至会故意即兴发挥，错误地做出响应，从而造成失误的意外出现。在任何情况下，即兴表演都需要一定程度的习得技能（这表明即兴表演是一种可以学习的能力），通过各种工具和技巧把看似毫无关系的观点以独特的方式组合起来，以构造出以前从未清晰表达过的新事物。即兴表演过程以及指导手册中采用的方法包括胡言乱语、演哑剧、随意使用道具互动以及戴面具等。每一种技巧都取决于刺激因素的故意使用，以强迫实现被改变的观点、不同的可能性或是其他的解决方式，这些动作的目的都是为了促进新观点的即兴发挥以完成最终的表演。

这些表演技巧的出现至少可以上溯到 16 世纪意大利的即兴

喜剧，这是一种以小丑角色为主的户外表演形式，演员们需采用各种夸张的身体动作表演，此外他们还必须戴上各种不同的面具，但是他们穿的服装能让观众一眼认出是谁。这些 400 多年前的角色，他们的姓名直到现在我们都很熟悉，如 Pantalone、Columbina、Il Capitano、Scaramouche、Arlecchino（根据这个角色形成了英语中的丑角一词）、Pulcinella（后演变成木偶庞奇）、Zanni（后演变成英语单词小丑）等。这些角色从来不用写好的对话表演，而是根据情境自由发挥，这个情境用约翰·鲁丁（John Rudin）的话来说就是："严格意义上的'舞台背景'，即搭建起来的环境，整个表演的情节包括的就是谁在什么时间做了些什么。"[3] 由于演员都是在后台，而且随叫随上，因此所有的对话和大部分动作都是现场即兴创作的。

　　如果你想"临场发挥"，这种做法就是即兴表演了。任何情况下以未作准备或彩排的方式扮演特定丑角的角色，例如在顾客面前一个唱红脸一个唱白脸的汽车销售员和销售经理，这些角色采用的表演形式都源自古老的即兴喜剧。当然，这种即兴表演方式还可以应用到更为复杂的销售场合。我们不妨假设某旅行社有一个四人小组组成的销售团队，四个人的职能分工各有侧重，他们的名字分别叫鲍勃、卡罗尔、泰德和爱丽丝，现在正准备向某公司推销旅游外包服务。由于没有时间做准备，为赢得业务四人选择了公司服务的三个特点进行销售，分别强调成本控制、高水平服务和提高员工士气。除了与此相关的职能角色，即销售、代理、财务和人力资源，四人还为临时销售表演选择了特定的小丑角色，并且很快就融入整个销售情境。鲍勃扮演的是欢迎者，负责笑脸相迎，斟茶倒水，对每个人的评论都称赞一番。泰德扮演小气鬼，话不多，总是直奔主题，确保整个销售过程顺利发展。卡罗尔和爱丽丝扮演的角色就像麦克早间播报节目（一档在广播、电视和互联网上很出名的体育评论节目）中的 1 号和 2 号体育评论员，你一言我一语地讨论旅游外包活动的各种选择，当然最终是为了推销其产品。这种即兴式的销售表演可以以极富吸引力的方式表达出公司推荐方案的经济价值。

当必须为顾客提供新的产出时，企业也可以使用即兴表演方式，这种情况与研发小组、设计师和图形设计师的工作方式差不多，或者当它们必须在各种工作中处理新出现的、意料之外的问题时也可以采用即兴表演方式。这种表演方式不但关系到人们的行为方式，而且关系到人们的思考方式。例如，创造性思考大师爱德华·德·波诺（Edward de Bono）采用的方法，可以为我们构思新创意提供即兴化练习。[4]波诺的方法中存在一个确定的结构，可以帮助我们聚焦、唤起、通向、形成和收获创意。他的方法可以激发表演者的积极思考，通过设定刺激然后实现观点迁移的方式为人们构造可认知的即兴工作。在其中的一个练习中，波诺建议练习者使用随机出现的单词刺激新的想象，以实现对预定领域的创新思维方式。你是否也在为构思新的营销方案而苦恼呢？不妨试试身边任何可用的事物来启发一下，一本字典、一份报纸甚至是一本儿童漫画书都能有所帮助。例如，"海龟"这个词能让你联想到什么？（海龟的头会伸出龟壳，或许我们可以把广告活动比喻为龟壳，只有当整个广告系列完成之后，才能让想要表达的信息"伸出"来。）我们的业务和"三轮车"有何对比关系?(骑三轮车的人看起来很别扭,顾客在竞争对手那里产生的体验损失,就好像骑三轮车一样别扭,而我们的规模化定制可以让每个顾客得到自己想要的产品——瞧,这不是就打开营销思路了吗?)

虽然绝非偶然,但体验经济的出现还是非常符合对创造性思维的高度关注。这种经济模式对于工作场所更高的即兴表演技术提出了现实需要,特别是那些在新的场所实施的工作。[5] 例如,在电视购物环境中,销售员必须采用各种即兴表演技巧来吸引观众。他们要营造精彩纷呈的登场和退场,高度强调视觉道具的应用,与销售团队其他成员进行巧妙的搭配(用即兴表演术语来说,这些人组成了一个零售马戏团)。同样,在即兴表演中声音训练的使用也至关重要,学会如何使用不同的音调、音量、音拍、音重和节奏,这些都是即兴表演的必修课。电视购物频道的销售员为什么个个表演都那么出色?是因为他们知道自己面对的摄像机背后有无数观众。我们认为,无论各行各业,工作者要想实现成功的即兴表演也必须做到这一点。

如今,这些技巧对使用电话和顾客沟通的工作者来说尤其重要。关于这一点我们可以从收音机节目中得到印证,因为收音机曾是非常重要的表演舞台。在第二次世界大战后电视产品得到普及之前,全世界无数听众都是围坐在收音机前聆听演员的节目表演的,虽然只有声音没有图像,但这种表演方式仍深深吸引了听众,让他们产生了巨大的想象力。直到电视节目一统天下的今天,收音机仍是一个很受欢迎的表演舞台。一些著名的广播节目主持人,像吉姆·罗姆(Jim Rome)、鲁什·林堡(Rush

Limbaugh)、霍华德·斯特恩（Howard Stern）和很多地方脱口秀明星，都为听众创造了深入人心的表演形象。在这些收音机表演中，表演者必须依靠即兴能力来完成工作，其中最典型的即兴发挥莫过于现场接听听众电话了，只有反应足够快才能应付各种突发场面。也许有人会质疑这些表演的政治观点或表达风格有些过分，或是讨厌这种表演夸张低俗的思维方式，但不可否认的是，这些广播演员的确是靠即兴发挥来表演的，可以说，即兴表演就是他们的工作。

因此，对那些靠电话销售谋生的人来说，电话线连接的空间就是你要表演的舞台。试想一下，如果每个呼叫中心销售员都能像即兴表演那样和顾客交谈，他们带给对方的惊喜体验会比现在高出多少倍？实际上，最糟糕的通话体验并不是 900 号码，甚至也不是午夜时分打广告的心理热线电话（这些请来的心理医生显然很清楚这种工作是表演），而是企业的电话销售活动。的确，还有哪种通话体验会比电话销售更让人感觉糟糕呢？可是，如果能采用即兴表演的技巧，又有哪种通话体验会比电话销售更让人感觉精彩呢？电话营销者推出剧本（即销售台词）是想让员工更有效地工作，打出更多的电话，可是数量再多又有几个能真正吸引潜在顾客呢？实际上，很多人都讨厌电话销售人员一成不变的台词，刚听两句就会挂掉电话。我们认为这种反应完全可以理解，因为潜在顾客在电话中所做的回答根本不会影响对方随后提出的问题。相反，如果能在电话销售中引用即兴表演能力，销售员就很有可能和潜在顾客建立趣味盎然的对话，原因在于顾客的评论会提示销售者针对其独特需求做出创造性的响应。只有这样，顾客才愿意继续跟你交谈，而不是冷漠地挂掉电话。

戏台表演法

大多数人谈到表演时脑中出现的第一印象就是这里所说的戏台表演法。这种表演法的名称源自于舞台概念，最早是演员站在一个高出观众所在位置的平台上表演。后来，这种舞台形式得到了进一步完善，通过前端的拱起部分拉开和观众的距离（此外还在各幕之间搭起镜框式的过场并以幕布遮挡）。[6]采用戏台表演法的演员所用的正式台词剧本称为舞台脚本。[7]在企业中，这种剧本以写好的演讲稿、编程代码或其他标准程序指令的形式出现，这种指令可以包括所有内容，例如工厂的生产流程，也可以是利用已有的经验编制成系统化的工作方式以产生价值。戏台表演式工作的特点是直线型和固定化，总是沿着固定的顺序前进，很少出现对预定步骤或方案的改变。采用这种方式的表演者希望通过彩排保持一切内容固定不变，然后把这种工作结果一遍又一遍地复制出来。换句话说，无论你在哪里看到这样的表演，无论是音乐剧还是产品生产线，你看到的景象和听到的台词一模一样。

这种稳定性通常来说是件好事，不管是计算机程序员开发的标准程序，抑或是管理者为董事会成员、投资者、供应商、员工精心设计的台词，都要求高度统一。正是由于这个原因，市场上才会出现很多帮助企业开发信息技术解决方案和标准化流程的方法论，才会出现大量教人演讲的培训师（其中很多人都是表演行业出身）。这种帮助主要解决的是如何表达台词的问题，因为机械地阅读写好的稿件绝不是精彩的舞台表演，实际上，应该说它连差劲的表演都算不上。据《华尔街日报》称，如今很多首席财务官都在参加表演课练习，以便和财经分析员做季度访谈时能够做出更好的表现，如果在这种情况下即兴发挥，很有可能让公司陷入极大的财务麻烦。[8]

在戏台表演法中，表演者必须预先排练台词，方法可以有很多种，如默记、读台词提示卡或提示机。但是光靠死记硬背还不行，他们必须把台词内化成自己的一部分，成为自己的第二天性。当表演者知道台词时（指真正把台词变成了自己的一部分），他肯定不是在死记硬背，而是有意识地把它们呈现给观众。

不过，过度依赖戏台表演法也存在一定危险。如今很多企业，特别是规模化生产商，都规定员工按照标准的剧本表演，让他们每天重复去说去做完全一样的事情，希望以此方式实现高效率，但这种想法肯定是徒劳的尝试。（因此电话营销者才如此讨厌"剧本"这个说法，企业规定他们在本该使用即兴表演或街头表演的场合错误地使用了戏台表演法。）在最为官僚化的机构，比如说机动车管理部门或比它稍微强点儿的航空公司服务柜台，管理者规定员工必须遵守严格的言行方式，根本不管顾客的真正需求到底是什么。当然，对于那些需要在顾客面前按照标准程序工作，但又无须和顾客直接接触的表演者来说，戏台表演法无疑是很好的选择。例如，戏台表演法适用于快餐店的柜台员工、眼镜零售店后台工作的技师、维修舞台的后场工作人员，需要背诵航管局安全事项的空乘人员，以及需要在公众面前做主题演讲的人。

戏台表演法同样适合那些按照固定剧本录制音频或视频产

品的工作，例如录制语音应答设备或语音邮件系统等，当然还有价值数十亿美元的有声书行业。尽管据我们所知，有声书的形式才出现几十年而已，但如今各大出版社和中小型出版公司每年都会推出几百种有声产品。更让人吃惊的是，很多出版社现在都给威廉·莫瑞斯经纪公司打电话，预约各路明星来为图书录音。通常，他们都是请百老汇和好莱坞的演员，为年度畅销书和其他特色图书录制有声产品。里克·哈里斯（Rick Harris）是哈伯音像产品出版社的执行制片人，对此他的评论是："音乐喜剧演员非常适合录制有声读物，因为他们知道如何改变音调，如何润色故事和转换表达。"Bantam Doubleday Dell 有声产品部总裁兼出版商詹尼·弗罗斯特（Jenny Frost）称，更好的读者"在欣赏有声作品之前总是要花很大力气去读原著"[9]。此外，市场上还有其他一些需要利用语音和精彩剧本阅读的录制活动，如发音玩具、互联网上有主持人的聊天室、视频游戏以及培训材料等。

　　企业年会、投资者联谊会以及商业演示会，这些也是需要利用戏台表演法的场合。外包此类活动的公司有 Populous 和 Dick Dark Productions 等，其中后者是由美国音乐台著名主持人迪克·克拉克（Dick Clark）创办的，该公司组织上述会议的收费价格在 15 万～ 1 000 万美元。克拉克说："这些表演都有一个共同形式，一次演讲、一次带图片的财务演示，然后就是董事会主席致辞。我想我可以利用主持电视节目时采用的方式，即欢迎观众进场，想办法让他们高兴，然后把企业信息传递出去。"[10] 显然，这项工作需要使用标准的剧本，然后根据剧本上的内容营造舞台表现。

搭配表演法

搭配表演法的典型例子是电影和电视作品，它们都需要对不连贯的时帧进行剪接整合，从而完成最后的作品。可以说，这些作品源自于不同时间不同地点拍摄的不同片段，最后将它们连缀成一个统一的整体。搭配表演法的制作人不仅要关注剪辑室中存放的素材数量，而且要关注所有片段的组合，即如何将它们连接成完整的表演。实际上，演艺界的人很少使用"搭配"这个词描述这项工作，他们通常的说法就是简单的"胶片处理"或"剪辑"，以表示必须在不同镜头间切换，最终经过剪切和拼凑变成一个整体的工作过程。[11] 正如 20 世纪二三十年代著名无声电影导演普多夫金（V.I. Pudovkin）所说的那样："电影艺术的根本在于编辑。"[12] 当企业在整合各种毫无关联的业务表现时，它们的做法也是搭配表演活动。

你是否也在电影或电视中看到过这种场景呢？屏幕上出现了一个角色；然后镜头切换到另一个角色；过了一会儿镜头再次回到第一个角色，但奇怪的是他的姿势、动作、表情、气质，甚至连服装道具都和一开始时不一样了。毫无疑问，这就是搭配表演法中的拙劣表演，也就是我们通常所说的穿帮镜头。这种情况不但让观众觉得无趣，就连演员自己也会受到影响，出现难以入戏的情形。同样，搭配错误的情况在企业活动中也会出现，特别是当规模化生产商把任务分配给多个部门分开执行时，这种垂直性分工经常出现彼此之间无法很好配合的情况。相比之下，采用持续改进业务模式（或精益生产模式）的企业，可以通过水平化关注，通过表现配合，把各种活动进行无缝连接，以此方式来解决这个问题。

尽管和戏台表演法一样，搭配表演法的导演也要准备写好的剧本，但拍摄过程中完全不改变剧本的制作方法还是很少的，通常都会有较大的改动。实际上，这种改动可以说一直都会出现，原因在于实际拍摄过程会发现剧本中的瑕疵，这就好比任何经济产出（初级产品、产品、服务或体验）的实际生产过程也会发现其预先制定的生产流程存在问题一样。因此，搭配表演法虽然使用剧本，但这种剧本是不断处于变化之中的，有时需要全面修改，有时需要在实际制作过程中临时调整。（相比之下戏台表演法中也存在改变剧本的情况，但仅限于表演之前的剧本开发阶段。这就好比在规模化生产中，企业不允许员工修改工作流程一样。）正如在持续改进业务模式中，所有相关部门都必须努力提高各自领域的工作表现，然后整合到一起形成高质量的企业产品，这种思路也是通过局部的改善来提升整体价值的。

因此，在努力改善同一个产出的质量时，工作者也应当采用搭配表演。这里所说的"工作者"包括营销经理（他们不同于外部聘请的广告公司，靠即兴表演法构思新活动）、快餐店柜台员工（他们不同于厨房操作工，按戏台表演法工作）和超市零售员（他们不同于销售员工，用街头表演法工作）。当然，像空乘人员就更不用说了，他们每天要用同样的台词迎接和送别旅客，根本不属于搭配表演法的工作方式。

在更高的层次上，例如在和同一个顾客重复互动时（通常是面对同一个员工），企业也应当采用搭配表演法的技巧。在此情况下，表演者的工作应当根据时间进行搭配。例如，一位销售代表需要定期拜访同一个顾客，如果他的表现和以前拜访留下的印象，以及以后拜访准备留下的印象完全一样，那会出现什么情形呢？比如，如果他想给顾客留下专业、有能力、知识渊博和善于助人的印象，那么每一次拜访时都必须留下其中一种或是全部印象，不能出现任何一次违背这些印象的拜访活动。

同样，在拜访之余的沟通过程中，无论使用电话、文本、邮件或是信件的方式，这位销售代表都必须给顾客留下表现始终如一的印象。如果企业想要达到期望效果，只有认真考虑客户拜访和沟通顺序中的所有方面后才能展开行动。对此，嘉信理财集团电子经纪部高级副总裁亚瑟·肖（Arthur Shaw）对《商业周刊》是这样描述的："对我们来说，最重大的挑战是要实现经营网点和网站服务之间的无缝连接体验。"[13] 此言非虚。无论通过哪种媒介方式和顾客互动，企业都应当精心制作剧本，把服务过程一步一步推向高潮，实现顾客沟通的特定目标。蹩脚的销售员每次和顾客打交道时总是不顾表现是否一致，而销售高手完全相反，每次都小心地搭配每一个表现细节。因此，后者无须多次努力就能给顾客留下积极的印象，从而实现销售任务。

与此类似，当一个企业内有多个员工需要长期和同一位顾客互动时，整合他们的工作表现也必须利用搭配表演法。此类工作情景适用于所有的零售业务人员、来自不同部门或业务组的需要拜访相同顾客的销售员、各种订单处理人员、技术支持人员，以及直接和最终用户沟通的客服人员。他们的工作不但需要有人负责指导整体表现，而且要求每个工作者必须意识到其表现和其他同事的表现密切相连。例如员工的制服就是一个例子，无论是猫头鹰餐厅少得可怜的啦啦队队员装还是 IBM 传统的蓝色西装白衬衣，代表的是管理层想要体现统一形象的意愿，这也是一种搭配表现方式。同样值得注意的还有工作者使用的背景、道具、动作姿势，以及各种可以帮助员工提升顾客互动体验的细节。

员工搭配的重要性在团队销售中也能体现出来，即每个人都要在同一时间和地点接待顾客的情况。即使是没有台词的次要员工也必须配合负责和顾客沟通的主要员工的表现，他们不但要对主要员工的言行做出动作上的配合反应，而且还要通过语言对主要员工的表现表示支持。他们不但要做出被动"掩护"，还应当故意采用某些方式来增强主要员工表现的可信度，如略微点头、专注聆听，或是看似无意实则有意地做出一些动作给客户方的主要决策人看——这些都能有力地支持最终的表演结果。在经典老片《北非谍影》的结尾，女主人公转身离去时的匆匆一瞥和脸上滑过的一滴泪水传达了丰富的内涵，它告诉我们顾客看到的或许比听到的更能带来销售拜访的最后成功，因为很多时候，和一个动作相比所有的语言都显得苍白无力。

要想完美地利用搭配表演法取得成功并不容易，它需要充分的准备和深入的思考。但是对企业的每日经营来说，它们没有那么多时间针对各种可能遇到的情况一幕一幕地去排练相应的表演方式。在表演艺术中，表演者投入的排练时间（以及对多次重复的容忍程度）随着媒介方式的不同而有所区别，主流电影、独立电影、30 秒广告、电视连续剧、肥皂剧和网络剧都有不同的标准。企业也是这样，虽然准备各个会议的时间不同，但基本上都希望能在演练中一次通过。尽管如此，做好配合还是取得成功的关键。正如即兴表演和戏台表演是可以习得的一样，搭配表演法也是可以通过学习掌握的，即使是在企业身处不利境遇时也能通过学习改变员工表现。托马斯·巴布森（Thomas W. Babson）曾在多个电影拍摄地指导演员掌握搭配表演技巧，他的著作《演员的选择：从舞台到银屏》（*The Actor's Choice: The Transition from Stage to Screen*），描述了如何从戏台表演过渡到搭配表演。巴布森提出的"三层系统"包括生理、动机和情绪行为，这些行为跨越了"六种选择"（角色、关系、目标、开发情绪、转化和他所说的"畅言"，即角色不敢说出心中所想的问题），不但能指导电影演员表演，也能很好地指导企业的表现。[14]

街头表演法

第四种表演形式是街头表演法，它也是最富有吸引力的表演形式。纵观历史，采用这种表演形式的人有杂耍艺人、魔术师、说书人、木偶演员、杂技演员、小丑、哑剧演员等。他们都必须首先吸引观众的注意力，然后才能用精彩的技艺来征服他们，最后也是最难的工作是，他们还要从观众那里赢得赏钱。萨莉·哈里森–佩珀尔（Sally Harrison-Pepper）虽然是纽约大学表演系的博士，但对街头表演艺术十分热衷，为此专门到下曼哈顿的华盛顿广场对街头艺人进行研究。她对这种表演形式的研究成果写成了一本书，名为《广场上的表演者》（*Drawing a Circle in the Square*），她在书中写道：

　　放弃了洁净卫生的正式舞台，这里没有黑暗的观众席，没有预先掏钱的观众，也没有令人飘飘然的赞美，但是街头表演家却利用这里的交通、嘈杂和路人为道具进行表演，和整个城市融为了一体。伴随他们表演的是轰轰驶过的汽车，空中呼啸的直升机，还有随时会打断表演节奏的质问者；他们要面对雨雪、严寒以及警察的不时干扰。尽管如此，街头表演者身边还是聚拢了各种各样的观众。对街头表演者来说，这里就是他们的舞台，正是他们动人的表演让坐在台阶上休息的路人变成了露天剧场里的观众。[15]

　　这番话简直是绝妙的成功销售场景，试想一下，当销售员走进顾客的办公室、工厂或家中，不是和这些街头艺人一样对即将发生的情况无力施加影响吗？在这种情况下，他们唯有充分利用陌生环境，将其变成表演销售能力的舞台才能获得一线生机。与利用固定舞台表演的演员不同，最好的销售员能用身边的一切事物作为道具，根据以前的丰富经验临时应变，找到适应新局面的最佳方式。面对顾客的不停打断，他们毫不慌张，而是利用恰到好处的评论或表达把这些中断连接成一场流畅的整体表演。不管是变戏法、演魔术、逗闷子还是卖东西，街头艺人总是能展现出高超的技艺和水平。[16]要问他们是怎么做到的，答案很简单——练习，练习，再练习。

　　看起来这些表演似乎是即兴发挥，但实际上街头艺人是经过无数次刻苦排练的，与那些舞台上的演员投入的努力不相上下，甚至有过之而无不及。但是，街头表演又具有高度的差异性，根据观众的构成和行为方式，以及表演过程中出现的特定外部影响因素（如呼啸而过的急救车），可以说每个艺人的表演都是完全不同的，至于表演者当天的情绪高低对表演的影响，就更不必说了。街头表演者必须评估观众，学会分辨哪些人愿意一直欣赏下去，哪些人没有多大兴趣（如果感觉观众不够"理想"，有时候他们甚至会推迟表演活动），然后把每个中断的环节变成表演本身的一部分，以免观众会走开或是自己不得不重新开始表演。虽然根据以往的表演经验他们也有一套行为大纲，但每个街头表演者还是要在具体表演中临时决定借助哪些经验和不用哪些经验。因此，街头表演者的表演特征是每次面对完全不同的观众，反复利用已有的经验来创造价值。

换句话说，街头表演者不必每次都即兴发挥创造，而是对其表演实施了规模化定制。他们的常用桥段，包括逗趣的表达、特定的行为、收费时的小花招，或是对反诘者看似随口而出的机智回答，全都是高度灵活的标准化模块，可以根据每次演出的具体需要进行自由组合，从而"搭建"起一次完美表演，或者叫"短时表演"。在这里，尽管每一个桥段（即模块）都是按固定剧本创作的，但最终完成的演出内容却是根据表演过程中多种因素的选择来确定的。如图7-2所示，这种感觉就像规模化定制产物，是企业和顾客通过设计型互动做出选择，然后才能确定最终结果一样。

不过，所有街头表演的结束部分都是一样的。对此，佩珀尔是这样描述的："通常情况下，整个街头表演的结束时间是根据表演高潮的时刻确定的，街头表演者很清楚，表演高潮的时间把握必须恰到好处，能够把观众的情绪能量最大限度地转变为支付

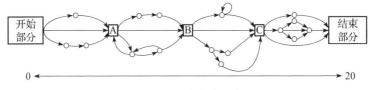

图 7-2　街头表演剧本

资料来源：Sally Harrison-Pepper, *Drawing a Circle in the Square* (Jackson, Mississippi: University Press of Mississippi, 1990), 117.

的钞票数目。"同样，我们也可以来分析一下个人销售过程，当销售员利用以往经验应对新顾客时，他也能采用街头表演策略。与此相似，整个销售表演过程的高潮部分是达成销售目标。[17] 如图 7-2 所示，为实现销售目标，销售员事先按基本剧本进行了准备，在开始部分和结束部分之间确定了 A、B、C 三条路径，根据销售时的具体需要临时进行调整。例如，如果和顾客谈得投机，他可能会延长表演路径；如果会谈气氛不高，他可能会缩短表演路径；如果在交谈中发现特定的兴趣点，他可能在表演中插入一个未知路径。在这些表演过程中，他不可避免地会遇到很多异议和打断（和街头表演者遇到的质问和打断一样），这时他就需要利用以前的销售经验来应付临时出现的各种问题。

　　有意思的是，街头表演法和即兴表演法一样，其表演技巧最早也源于意大利的即兴戏剧，这种表演最初"出现于市井之间，先吸引众人的兴趣，后收费以为谋生之计"[18]。随着时间的推移，一些被称为 lazzi 的喜剧演员逐渐熟练地用标准桥段和固定的花招来吸引观众，逐渐演变出这种表演方式。直到今天，我们仍能在很多街头艺人身上看到他们祖师爷的影子，例如，Arlecchino 仍坐在猪胆上高声喧哗；Zanni 一边数钱一边嘟囔："你一块，我两块"；Pierrot 一看到 Il Capitano 坐下就抽掉他屁股下面的椅子；Arlecchino 总是抓来抓去，想捉到并不存在的苍蝇；一旦有人走路摇摇晃晃，旁边的角色就会拿出一根长棍子对他敲个不停（英语中的"响棒"一词就是由此而来，表示闹剧的意思）。[19] 显然，这些并非即兴创作之举，而是长期重复使用的桥段，由于在过去数百年的表演中一直颇受欢迎，因此才流传至今，成为滑稽表演中可以随意使用的模块。

佩珀尔在其作品中记录了喷火人托尼·维拉（Tony Vera）的故事，维拉是 20 世纪 80 年代著名的"华盛顿广场街头艺人王"。每次表演时，他都会在广场南边大圆拱处的人行道上用粉笔画出一个很大的圈子，然后在周围写上自己的名字，这样就算划定了一块空间做舞台。他说："每次我只要走进那个圆圈，观众就会自己慢慢围过来，真的是这样，就像变魔术一样神奇。"[20] 为吸引更多的观众，维拉的做法是根本不去理会，而是在圆圈内各个角落专注地准备各种道具（这一招也源于历史悠久的即兴喜剧，至少可以上溯到 19 世纪美国西部的巫师表演）。最后，在正式开演前，维拉会认真"检查"地面卫生，用一把小扫帚清扫一遍（这也是一种即兴喜剧做法，和雅各布体育场外的清洁工是一样的目的）。

维拉的表演每次都是等到观众付钱热情最高的时候开始，他很会制造气氛，总是把压轴戏拖到临近结束、观众期望值最高的时候展现。和芭芭拉·史翠珊一出场就抖包袱的做法不同，他会在节目最后从口中吐出三米多长的火球，令所有观众都大呼过瘾。此前，他会机智地回应每次表演都会遇到的意外事件。实际上，维拉甚至希望在表演时某处能响起火警信号，这样他就能更好地表现自己的绝活儿了。对此，另外一位街头艺人是这样评价的："有一次维拉的表演实在是太精彩了，我这辈子还从没见过这么棒的演出，当时他刚点燃一个火把，突然附近响起了火灾警报，他张望了一下，把火把递给旁边的一位观众，然后居然没事儿般地走开了！他站到观众群里，嘴里还不停说着'跟我没关系，我可不知道是怎么回事'，最搞笑的是，他的动作和表情都很自然，不知道的人还真的以为跟他没关系。当然，这事他以前肯定做过，只不过他对时机的把握非常娴熟，整个过程简直如行云流水，没有一丝表演的痕迹。"[21] 看，这才是高手应对意外干扰的手段！反思一下，当我们在和顾客互动过程中遇到不可避免的意外状况时，如对方的质疑、反对、干扰和打断，我们是不是也能更好地做出准备和应对呢？

虽然企业高管对财务分析员所做的演示采用的一定是戏台表演法，但如果接着进行现场问答的话，他们肯定不能指望即兴发挥能力。与此相反，他们应当利用街头表演法预先准备可能遇到的各种问题，事先想好最无懈可击的回答，然后拼命练习，直到能够让人感觉非常自然，像是在"即兴"回答问题一样。无论在任何情况下，每个表演者都应当熟练掌握自己业务中的"桥段"，以便在和顾客互动时能够随时抓住可以展现自己的机会。

例如，在企业呼叫中心负责接听顾客电话的客服代表，他们就需要高超的街头表演技能，以便为了解信息、订购产品或是需要帮助的顾客更好地建立联系和提供帮助。有些企业甚至会聘请专门的培训人员训练客服代表如何接听顾客电话。在这些培训活动中，"电话医生"是一个很有名的服务，由密苏里州圣路易斯市的南希·弗里德曼（Nancy Friedman，电话医生客服培训公司创始人）创办。该公司共推出了18集的DVD培训内容，涉及的电话沟通场景有100多种，其中的主题培训内容有："销售技巧ABC"，"如何接听愤怒的客户电话"以及"绝对禁止的粗鲁行为"等，每一种场景都提供了相应的应对策略，能帮助客服代表有针对性地进行练习，然后在工作中根据需要适时使用。

由于意识到任何销售代表都不可能灵活应对所有可能出现的问题，哈特福德金融服务公司在其个人保险业务呼叫中心采用了街头表演工作法。[22]休·马丁（Hugh Martin）是该中心的前任负责人，他根据员工的特定角色对业务进行了模块化处理。通用型员工负责接听所有电话，处理那些他们能够自行解决的问题；专业型员工负责解决和各自领域相关的困难问题，如孀居顾客或各州对个人保险业务的相关法律规定等。每个通用型员工都有一套应对顾客特殊问题的特定做法，一旦意识到顾客的需要超过其能力范围，马上就能采用这些方法救急。实际上，通用型员工准备了很多可用的应对策略，只不过这些问题最后并不是他们负责解决。马丁告诉我们，尽管已经有了准确定位的"按需服务"工作分类，但该中心另外又成立了"应急小组"，可负责解决所有电话中的问题。他说："因为任何一个顾客的需求都不一样，所以我们接到的每一个电话都是不同的，但是我们没有时间为每一个问题临时寻找答案，因此只能预先设计好每个问题的回答方式，然后让员工反复练习，直到让顾客听起来以为是现场回答，可实际上是我们事先准备好的固定程序。"

　　事实也的确如此，规模化定制商的工作方式采用的正是街头表演法，其中包括安德森窗业、卢斯气动控制、巴黎三城，以及本书提到过的很多企业。它们的表演蕴含了充满桥段的片段，或者换个说法，它们的表现包含了高度模块化的活动，为表演者和观众（即员工和顾客）建立了直接互动的机会。规模化定制商可以准确地描述每一位顾客的需求，以便为其提供更加个性化的互动；在此过程中，它们还能化繁为简，在互动中只保留必要的因素，以此方式深化顾客的体验。最后，在表演接近尾声时，它们会有意让观众等待，直到对街头表演工作的期望值达到最高点时才推出最终的成果——企业的规模化定制产物。

　　这种街头表演（即规模化定制）是无法作假的，街头表演者在成功吸引观众（即顾客）之前，必须具备高超的专业技能。他们必须注重对表演桥段（即定制化模块）的管理，注重如何用新奇和激动人心的方式来连接这些桥段（模块）。最重要的是，他们必须注重感受和回应每个顾客独特个性（即不同需求）的能力。[23]

循序渐进

　　街头表演者的桥段不可能像变戏法一样信手拈来（就算魔术师也要讲究过场），正相反，他们是随着时间一步一步地展示更高超的技巧。在此过程中，他们要琢磨这次要换哪些花招，要老练地应对各种新的突发事件，还要构思新的固定节目。如果表演者初次展示刚发明的新绝活儿，应该说这第一次不算是街头表演，而是即兴表演。当然，所有的新桥段第一次都是即兴表演，只不过表演场所不同，既可以是在观众面前表演也可以是私下排练。不过可以肯定的是，即兴创作的桥段很少能形成完美的固定表演节目。当然，失败的结果也未尝不是好事，至少它能为开发出精彩的绝活儿奠定基础。此外，尽管有可能实现成功，但表演者的新创意或许根本就是错误的。无论怎样得到新桥段，表演者都要确定其步骤和差别，此时他还不敢贸然拿到观众面前去展示。首先，他必须勤加练习，经过无数次重复直到可以娴熟地掌握和随心所欲地表演，这就意味着此时他采用的是戏台表演法；然后，他必须利用搭配表演法对该桥段进行修改和微调，确保每次都能得到观众的一致好评，经过调整以保证每次都能实现同样的表演效果；最后，他还要确保该桥段能和以前的绝活儿以及以后要开发的新桥段能够很好地衔接。只有经过上述过程，表演者才能根据观众的具体要求"按需"展示新开发的桥段，以便最大限度地满足他们的观赏体验。只有完成上述环节，表演者才能更新其街头表演套路，使用新的桥段营造更精彩的表现。[24]

表演者熟悉新桥段的整个活动过程，从街头表演到即兴表演，再到戏台表演和搭配表演，直到最后又回到街头表演，可以使街头表演者成功地为其表演内容添加新的花样。[25] 实际上，这就是街头表演艺术家托尼·维拉为其精彩表演创造新桥段的方式。对此，佩珀尔在其作品中是这样描述两人的对话的：

托尼·维拉：你每天都要在街头表演，肯定会发现自己可能出错的地方。发现有出错的地方，你肯定不会再这么干了。你会尝试新的花样，如果成功了，那就保留下来。就这样一直反复尝试，直到最后你所有的表演都变得完美无缺。

　　佩珀尔：你说的"成功"怎么理解呢？

　　托尼·维拉："成功"就是让观众笑起来，让他们开心，表演结束时你看看帽子里的钱数就知道答案了。如果不成功，那就表示没钱赚，成功就是有钱赚。

　　其实，这位街头表演者开发表演节目的方式很简单，就是尝试，失败，再尝试；对个人固定表演内容不断进行添加、删除和修改。他的每一个调整都是根据表演是否成功来判断的，也就是说，看哪些招数能让观众开心，能让收入增加。但是，维拉并不是随意选择表演内容的，他是把表演活动视为一个整体，在这个整体中每个环节的选择都环环相扣，一波接一波地把表演推向最后的高潮。[26]

　　有鉴于此，我们认为所有的街头表演者都应该进行规模化定制了，无论是真正意义上以城市街头为舞台的表演者，还是比喻意义上以企业为舞台采用街头表演法的工作者，现在是时候做出改变了。

第 8 章

表演的分工

The
Experience
Economy

我们对表演的高度强调，肯定会让很多工作者都感到怯场，他们会想："什么？要即兴发挥？要记台词？互相配合？还有什么古典戏剧角色？天啊！"这种感觉就像罗斯·佩洛特（Ross Perot）的竞选助手詹姆斯·斯托克代尔（James Stockdale）在1992年美国副总统选举中的表现，佩洛特本来是有资格当选的，却因为助手没有准备副总统竞选辩论而输给了阿尔·戈尔（Al Gore）和丹·奎尔（Dan Quayle）。当时斯托克代尔也是这样想的："我是谁，为什么要到这儿来？"不过，个人对表演概念的不适并不影响舞台表演式经营对企业的重要作用。这种不安只能说明，在营造体验而非提供产品或服务的过程中，一些个人和团体必须学习如何用不同的方式来表现。

个人从业者（展示个人表演）很清楚在商业环境中扮演各种角色的重要性。但是对大部分企业来说，它们需要很多人共同参与表演才能产出价值。一个企业所需的参与人数越多，某种组织模型（即关于如何组织人们工作的一套明确或暗示的假定）对其努力成果的影响可能就越大。[1]这些假定是多年形成的，随企业文化的不同而各具差异，其中很多都是受规模化生产思维模式发展出来的，这种思维模式强调把所有工作都变成单一的标准化行为。例如，人人都要有个工作头衔，老板都负责绩效评估，男士都必须在工作中打领带等。如今，很多企业开始挑战这些传统模式，寻找新的手段来吸引、激励和留住高素质的员工。现在我们经常能见到不讲究职称的公司，360度全方位绩效评估，员工的衣着也变成了休闲装，这些努力都是想通过新的方式实现对人力资源最有效的利用。

当企业在营造体验时，表演可以为这种工作提供新的框架，从而为顾客创造出特定的价值。了解表演模型可以帮助我们避免对传统经济手段的误用，如数据"挖掘"和服务"工厂"等，因为一旦采用了错误的方式，企业确定的工作模式很有可能不符合当今体验经济的竞争需要。[2] 这是因为，单纯为了提供服务而工作（或者更糟，为了制造产品或提取初级产品而工作），根本无法以独特而令人难忘的方式吸引观众（即顾客）。很多时候，工作者（上至企业高管下至一线员工）都需要用新的视角来观察和应对不断变化的世界，现在也是如此。

在工作中搭建表演舞台

如果把理查德·谢克纳的戏剧表现模型放大，我们可以得到如图 8-1 所示的表演模型。在这个模型中，对所有企业演出的结果来说，人是整个舞台的中心，他们不再是普通的员工，而是变成了演职人员。从这个角度出发，要想在企业中全面应用表演原则，首先要从确定演出人员开始，即为各种特定角色选择适合的扮演者。显然，任何企业的成功都取决于是否为各种职能部门选择了合适的工作者。有一种观点认为，因为企业为其职位招聘的人才往往不是能力过高就是能力过低，因此会出现员工流失现象，这种看法其实掩盖了员工不满和背叛的更加基本的原因——企业往往以招聘最佳员工为名义为员工胡乱安排职位，根本无视他们的能力和这些职位毫不搭配的事实（罗斯·佩洛特让斯托克代尔做其竞争助手就是鲜明的例子）。换句话说，要想为其工作角色找到最佳人选，企业在选择员工时必须考虑员工的个人技能和相应的职位要求是否吻合。要想有效地上演企业戏剧（即战略），公司必须选择正确的演职人员（即员工）来实施这些战略。

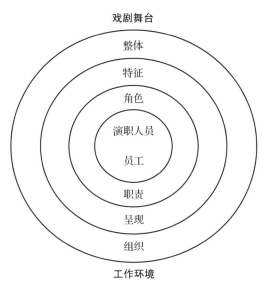

图 8-1　表演模型

从形式上看，角色是一个或多个工作者扮演的对象。为了让剧本（即流程）变成现实，角色可根据不同职能分为多种职责。对企业来说，台下的活动和台上的表演一样重要，有些台下活动必须由演职人员在表演之前完成（如设计师布置舞台），还有些活动需要在表演过程中进行（如舞台监督和剧务一起进行幕间转换）。尽管"演员"和"角色"这些术语主要和台上的表演活动相关，但实际上它们适用于所有工作人员及其工作职能。正因为如此，迪士尼乐园总是用演职人员来代指所有员工。当企业能够把公司内每个员工的职责视为角色扮演时，这些角色就会成为顾客营造动人体验的一种手段。没有详细定义的角色（即职责），工作就会变成费力不讨好的付出，变成为了完成而完成的磨洋工。

我们在第 6 章已经讲过，要想表演好就要为每个角色设计特征。特征指的是每个工作者为描述其演出（即工作）所做的各种选择。角色是人们的外在表现，而特征才是他们要掌握的内在因素。吉连·德雷克（Gillian Drake）是一位兼职演出指导，也为律师提供舞台表现技巧培训，他说："在表演过程中，观众看到的每一件小事都是选择的结果，例如演员服装上的扣子、盘头发的方式、手中的道具、灯光效果等。同样，对律师行业来说，成功的关键也在于对每个细节的选择。"[3] 当然，利用特征（即呈现）的内在选择来吸引观众的做法，在财务、银行、餐饮、干洗、工程设计等行业也广泛存在，实际上，这种方式几乎无处不在。

当表演者利用鲜明特征来演绎角色时，他们的表现（即产出）就会超越普通的服务。不过，每个具体的特征都必须和舞台整体相吻合。按照《舞台和戏剧术语词典》（*Dictionary of Theatre and Drama Terms*）中的定义，舞台整体指的是："演职人员作为一个团队而非以一群个人表演者的形式创造整体效果的一种演出类型。"[4] 特征塑造的力量在于，它能把每个工作者的角色整合到一个有组织的整体中。无论其形式表现为剧团、正式的表演公司、演艺制作公司还是街头表演者群体，这种整体（即组织）都可以让个体表演者自由创造其角色特征，前提是他们塑造的特征必须对整体表演效果起到积极的推动作用。在表演艺术中，当某个演员的个人利益超越整体表演结果，即出现"抢戏"时，就会出现主要演员。在企业中，我们把这种现象叫作钩心斗角，或者说是办公室政治。但是，伟大的演员要想成为主演，都是靠一点一滴地磨炼各种表演技巧，靠经年累月地和各种搭档表演合作（而不是靠抢对手的戏份）。他们善于观察和聆听，而且非常尊重表演搭档，一心想提高双方的表演水平。在此过程中，他们的表演能力和声望会与日俱增，直至成为真正的主演。对于跟这样的主演合作，人们的感受自然是不一般的，因此很多人会问："嘿，跟成龙合作的感觉怎么样啊？"

成功的角色塑造不仅存在于表演行业，而且在任何行业都会出现。随着服务经济中越来越多的工作变得高度自动化，希望转型营造体验的企业应当注重的是在其业务中构建人际互动机会。[5]有鉴于此，每个企业的体验产物都必须体现出独特的观众 - 演员互动关系，而公司的每一个角色都必须致力于提高这种关系的互动程度。把上面的表述总结起来，在一个企业中：

演职人员（即员工）

必须承担其角色（即职责）

通过各种选择来开发富有吸引力的特征（即呈现）

以便形成高度凝聚的整体（即组织）

最终实现以难忘方式吸引顾客的目标

这个结构概括了体验经济业务的本质，无论对台上或台下演员都具有深刻的意义。尽管这种经济转型对企业及其员工的全面影响尚未全部体现出来（工业革命对各行各业工作者的巨大影响也是在 100 多年后才被人类全面认识），我们仍然可以对全新的体验经济中的工作的本质进行探讨。在第 6 章中，我们解释了让企业一线员工变成演员的意义；本章我们要更进一步，把企业的管理者变成制作人、导演，以及其他支持一线员工的角色（包括编剧、剧本作者、技术人员、舞台监督和剧务）。此外，我们还会讨论选角导演的工作，他们的职责是帮助制作人和导演为每个角色物色合适的人选，包括台上和台下所有的演职人员。

至关重要的角色

对任何企业来说，制作人都是至关重要的角色，负责为各种企业提供财务支持，这些企业可能是私人投资公司、风险投资公司，或是由代表数百万股东的执行官管理的公司。制作人决定着企业生产什么样的产品，是经过提取的初级产品？经过制造的产品和服务？还是全新的体验？对企业来说，没有人能比制作人更清楚这个问题的答案，因为它们涉及一个最基本的考量——我们想要把哪种生产过程实现舞台化？显然，这个根本问题是很难回答的，也没有标准答案。由于制作人负责制定企业的战略方向，而战略方向的选择必然要对未来进行展望，因此他们可以引领企业实现变革。他们可以选择希望服务的观众（即顾客），以及舞台（即工作环境）的性质，在此基础上为观众上演一场精彩的演出。

反之，如果制作人未能确定希望通过表演实现哪些方面的业务改变，他们就没有发挥自己的作用。不幸的是，放眼望去，如今无数企业的使命宣言都是漏洞百出的模糊概念，没有几家公司能够明确说明自己想要实现的具体目标。它们的宣言内容空洞无物，只要换个公司名称就能适用于所有企业，从来没有认真思考过自己到底想做什么。我们认为，使命宣言、战略计划和行动步骤的设计必须以企业的独特性为基础。这项工作的目的不是简单地定义你和竞争对手的差异，而是要探索企业自身尚未发现的潜力。正如演员登台前的做法一样，这种自我检查可以为企业提供新的发展动力（如同了解顾客独特之处可以帮助企业发现其潜在需求一样）。对于企业试图通过其所在行业改造世界本质的行为，只有当每个演员能够从内心表示理解时，制作人提出的远见才是有意义的。这是因为，舞台整体（即组织）的每一个活动的实施都必须推动其外部改变。

但是，有太多的企业都是在被动地观察未来，它们没有认识到，对行业发展以及经济形势影响最大的正是每个企业的具体行为。换句话说，决定企业命运的并不是什么自然规律，而是企业内部人员做出的选择。优秀的制作人只需做好一件事就能自己决定企业命运，这件事就是努力发现经济活动中有哪些因素可以利用，然后将其转变成企业的战略优势。

体验经济的崛起为我们提供了新的机会，企业可以利用这些机会制定新的战略，改变以产品和服务为主要利润点的落后做法。面对产品和服务快速初级产品化的趋势，以及越来越多的顾客希望消费体验的现实，制作人必须要求其企业执行官和经理回答下列关键问题：

- 识别怎样把新的体验元素添加到企业业务中，以实现需求增长或现有产品和服务价格提高的目标；如何通过吸引感官刺激的方式提升现有企业产出的价值？应当消除哪些负面信号，增加哪些积极信号，以便在动人的主题中整合各种顾客印象？应当怎样进行规模化定制，以帮助企业沿经济价值递进规律转型？

- 确定哪些产品和服务具有较高的价格，可以被体验营造商用做关键资源，重新定位作为道具的产品和作为舞台的服务，以支持潜在顾客所需的新体验产出的开发。企业应当如何帮助其他公司沿经济价值递进规律转型？企业的产出能否实现体验化，以提升顾客的消费感受？企业的服务能否重新设计成平台，以支持这种经济体验的营造？

- 取消当前免费提供体验元素促进产品和服务销售的做法，将这些元素重新定义为需要付费享受的体验。企业针对体验收费后会做出哪些改变？企业如何营造综合娱乐性、教育性、逃避性和审美性的"蜜罐"型体验？

- 通过营造全新体验产出的方式让竞争对手的产品和服务低级产品化。企业如何利用五步主题法（即为体验构思主题，利用积极信号改善印象，消除消极信号，添加纪念品和调动五种感觉）设定体验舞台？哪种表演形式能最有效地描述企业想创造的体验？

这些战略调查指向的只是探索的开始阶段，其关键之处在于，好的制作人在出资支持企业经营之前，必须要求公司管理者对上述问题做出令人信服的回答，因为这些答案决定着整体（即组织）准备上演的戏剧（即战略）内容。

无处不在的角色

导演的角色是把戏剧（即战略）的概念性材料变成可操作的现实。[6] 承担这个重任的人往往要面对比其他角色大得多的压力，因为导演要对发生在企业舞台上的所有事情负责，真的是大大小小所有的事情。他们不但要协调各工种的配合，如演员、编剧、剧本原创、技术人员和剧务，还要确保制作人同意表演中的重要决策事宜。除此之外，还有很多琐事需要他们操心。

导演角色需要高超的组织能力，如安排试演（需要选角导演帮助），保证技术人员按时完成各场次的设计施工，选择合适的服装道具、确定每日进度，以及调整演职人员等。导演必须帮助演员在正式彩排中做准备，在旁边随时进行指导，还必须独自阅读剧本（即流程），对如何组织表演活动提出自己的看法。此外，他们还必须和制作人沟通，随时报告戏剧（即战略）排演的进度。总之，导演的工作就是要统筹安排整个表演活动中的各种问题。

为满足这些要求，导演的角色不可避免地落到权威管理者手中。很多情况下，导演都是在命令大家该如何做。不过，开明的导演不会对演职人员呼来喝去，他们的做法很高超，是在合作和命令之间找到一个微妙的平衡点，这种合作者和命令者双重身份的混合正是导演所需要的特质。要想成功实现这两种身份的混合，导演需要具备一定的激励技巧。这种混合的结果是，它既能让演员乖乖听话，又不至于让他们丧失自行探索角色的主动性。尽管导演和演员对如何表演都有不同的观点，有时候这种观点甚至非常武断，但通过合作他们还是能很好地塑造角色特征。

此外，导演还必须具备解释能力。[7]应该搭建怎样的舞台背景？应该选择怎样的演员？像这样的问题都需要导演把战略意图解释成相应的表演场景。随着实际产物逐渐从概念演变成具体活动，在表演前的准备和排练过程中，各种决策都需要导演做出详细的解释，如每场演出应当包括哪些内容，去掉哪些内容？当戏剧展开时又该对表现内容如何取舍？以及台上表演和台下活动如何界定等。在整个表演组织过程中，这些问题的决策都必须由导演说了算，而导演的判断依据是分析这些表演是否符合战略需要。正是因为具备这种洞察力，导演才能负责概念、原则等需要解释的工作。为了给人留下深刻印象，导演必须学会即使在飞机上飞行时也不忘遥控地面上表演活动中的各个细节。

最后，导演还必须具备讲故事的能力。实际上，每一个导演要想在表演中完全吸引观众，都必须依靠精彩的故事。彼得·奥顿（Peter Orton）曾担任过好莱坞剧作家，现在在 IBM 公司做剧本策划，他在向 IBM 主管传授经验时这样说："故事能够吸引观众的注意力，促进观众的参与，提升观众的保持率。如果把观众比作鱼，故事就是那个我们能够用来传递信息的'鱼钩'。"[8]后来，《快速公司》（Fast Company）的一篇文章引用了奥顿这段话，并且把文章标题命名为"每个领导都会讲故事"。

从戏剧到表演，从战略到产出

为实现"从戏剧到表演，从战略到产出"这个基本目标，导演需要四种角色的支持，每一种角色都和戏剧表现模型（见图 6-2）

中的一种元素相呼应，只有把这些元素综合起来，才能为观众（即顾客）成功营造体验。这四种角色是：

- 协助创造戏剧（即战略）的编剧
- 协助开发剧本（即流程）的剧本作者
- 协助实现演出（即工作）的技术人员
- 协助协调表现（即产出）的剧务

下面，我们就来依次分析这四种角色，看它们怎样帮助导演创造一场完整的表演。

编剧

编剧负责在戏剧（即战略）方面为导演提供建议。舞台艺术教授大卫·卡恩（David Kahn）和唐娜·布里德（Donna Breed）称："编剧是导演的咨询顾问，他们可以帮助导演进行各种分析，指出模式、问题、形象、角色功能和其他各种有利于确定表演含义的元素。编剧应擅长戏剧结构的组织，能协助确定如何构造演出，哪些模式有利于表演分析等工作。"[9]在企业舞台上，扮演编剧角色的通常是内部规划人员或外部战略咨询顾问。无论是哪种情况，编剧都要研究分析企业发布产品时的经济环境和竞争环境，然后把分析结果汇总之后提交给导演参考。对编剧角色来说，最重要的能力是分辨顾客现象能否影响决策的能力，特别是行业突变因素对企业决策的影响，例如社交媒体的出现以及消费者经历日益数字化的趋势等，只有预先意识到这些因素才能帮助企业更好地加以利用并形成优势。

在表演艺术中，编剧要帮助导演向全体表演人员解释预先写好的剧本。与此类似，企业舞台上的编剧也要向一线员工解释公司既定的战略意图。当然，所有的战略自从被写下的那一刻起就已经成了老战略了，编剧的大忌是改变现有战略以适应当前的具体形势，他们应当做的是调整各种其他因素以配合现有战略在特定场合下的成功实施。要做到这一点，编剧必须牢记三个重要原则：第一，编剧必须让企业产出强烈吸引作为观众的顾客；第二，对于难以解释或体现的表演部分，编剧必须帮助演员明确理解；第三，编剧要为导演和演职人员做的不是指示各种场景和选择，而是对它们进行描述。无论是企业内部顾问还是外部聘请的顾问，作为编剧都不得代理制作人和导演的工作，因为那不是他们的职位。

对于编剧对表演事务的参与程度，不同的导演有不同的看法，因此也会选择不同风格的编剧，但是导演不应容忍任何人在对其工作指手画脚。那些允许编剧越界工作的导演，比如说让编剧提意见或下命令等做法，无疑会削弱自己的导演权威，这种情况会让所有演职人员都看在眼里。为避免这种情况，编剧切记不要凡事都积极参与，而是应当利用其专业技能解决自己分内出现的问题。

最后，导演还需要编剧帮助他们把奇思妙想变成能够讲出来的故事。例如在 3M 公司，这家企业的内部编剧（即规划师和战略顾问）要帮助其导演（即各部门的一线管理者）对战略戏剧进行全面检查，把纸上谈兵的高见转变成公司前总裁格顿·肖（Gordon Shaw）所说的"战略叙述"。他说："用叙述的方式进行战略规划很像讲故事。和故事高手一样，战略规划师也必须搭建舞台，即用深刻的观点和连续的表达来陈述当前形势……接下来，战略规划师必须引入戏剧冲突……最后，整个故事必须以令人满意和信服的方式找到解决方案。"[10] 因此，企业编剧也必须这样做，用讲述内部战略故事的方式来帮助实现导演构思的外部表现。

剧本作者

导演需要剧本作者确定表演过程中的每一幕内容，以便营造出最终的演出效果。[11] 为此，他们必须关注的是图 7-1 所示的四种不同的表演形式，关注剧本（即流程）和表现（即产出）之间的独特组合方式。即兴表演需要利用系统化的技巧帮助演员掌握富有想象力的关注响应方式；戏台表演需要为演员准备正式台词；搭配表演需要对每个表演细节进行提炼和细察，以便准确描述何人、何时、何地、何事等要素的拼接；街头表演依靠的是丰富的桥段积累，针对独特的表演需要随意组合使用。在每种表演形式中，剧本（即流程）都是由剧本作者提供的，是表演活动重要的组成部分。

企业舞台上的剧本写作是随着全面质量管理和企业流程重组等运动的兴起出现的。鉴于市场上介绍这些内容的作品不胜枚举，在此我们只对其中比较重要的观点略作说明。全面质量管理的流程特征是由一系列小型的持续性改善组成，而企业流程重组的流程特征是通过大规模流程重组的方式来实现显著的非持续性改善。流程重组的支持者一针见血地指出，如果为需求不足的业务推出高质量的流程，全面质量管理所做的努力肯定会付之东流。因此，管理学家迈克尔·哈默（Michael Hammer）曾极力主张对这些流程要"放弃自动化改造，全部推倒重来"。[12] 对那些对全面质量管理结果失去耐心的企业管理者来说，哈默的这句话无疑引发了他们的共鸣。可以说，企业流程重组的剧本作者在这一点上是对的：多年来，使用信息技术的企业只是对现有业务流程进行自动化改造，但实际上每一种新技术中蕴含的特性都可以帮助企业建立全新的工作方式。[13] 尽管企业流程重组宣传声势浩大，而且明确道出了和全面质量管理的区别，但在假定企业战略是既定事物这一点上前者还是借鉴了后者的观点。流程重组的支持者强烈建议企业同时对技术和流程进行重新思考，但实际上企业真正需要的是同时对流程和策略进行重新思考。关于这一点，加里·哈默尔⊖（Gary Hamel）和后来的普拉哈拉德⊜（C. K. Prahalad）都曾明确指出过，他们的建议是通过构思充满想象力的剧本实现对整个行业的再创造。[14]

如今，受全面质量管理和企业流程重组两大思想的影响，企业剧本作者创作了大量的流程管理方式。同样，在哈默尔和普拉哈拉德的引导下，现在大部分企业都认识到了创新流程的重要意义，它不但能帮助企业设计高效的生产，而且能为它们开发富有想象力的战略。由于绝大多数导演（以及爱管闲事的制作人）在设计戏剧（即战略）时只向编剧寻求建议，这就导致了编剧几乎在戏剧设计方面大权独揽，但实际上，剧本作者在构思创造性战

⊖ 世界一流战略大师，当今商界战略管理先驱。——译者注
⊜ 哈佛大学博士，就职于密歇根大学商学院。——译者注

略方面的贡献丝毫不低于编剧，甚至可以说有过之而无不及。

我们可以举两个例子，看看新流程是怎样推动全新战略的设计，然后又进一步改变整个行业的。20 世纪 80 年代之前，消费者如果想买一副新眼镜要到当地配光师的小诊所去，检查完视力之后可以在几十种镜框中选择一款。然后，诊所会把订单送到一个集中生产眼镜的工厂，在那里要等上好几周技术工人才能做出所需的镜片。接下来，当地诊所还要去取货，然后往镜架上安装，这才算完成所有工作。这时，亮视点公司创始人迪恩·哈特勒（Dean Hutler，一个非常富有创新意识的企业家，同时担任制作人、导演和剧本作者等角色）想到了一个好办法，能让眼镜制造和销售直接联系起来，同时还能逐渐扩大规模，使整个流程能随着时间发展定期改善。亮视点公司设计的新剧本（即流程）不但为企业带来了竞争优势，而且还进一步改变了整个行业的本质。如今，所有的眼镜零售店都设有专门的配光师工作间，这样一来，从检查视力到规模化定制镜片，消费者只需一个小时就能买到称心如意的眼镜。

我们在第 4 章提到过的戴尔公司，也是通过剧本编写进行规模化定制，从而在 25 年中实现了从零到 600 亿美元的惊人业绩。但是，经历过计算机产品规模化定制的巨大成功后，戴尔未能继续开发针对其产品的支持服务的规模化定制（顾客的零售体验太少）。2002 年，奇客小分队被百思买收购，这家公司针对家庭电脑维修服务创作了新的剧本。2001 年，苹果公司推出了革命性的店面销售形式，彻底颠覆了计算机零售体验的表演剧本。相比之下，戴尔发现自己的产品正变得越来越初级产品化。最后，这家以直销闻名的计算机巨头不得不放下身段，开发起了以前根本不屑一顾的零售渠道。

剧本编写也能帮助其他行业应用新的战略，如钢铁行业，像 Nucor、Gerdau Ameristeel 和 Gallatin Steel 等小型钢铁厂，利用这种方式显著地降低了成本，和传统的大型规模化生产商相比经营灵活度要高得多。还有，想想看 Prodigy 和 CompuServe 公司是怎样被美国在线打败的，而后者又是怎样被 Facebook、YouTube 和 Twitter 等新秀取而代之的。还有总部位于英国的 Pilkington Brothers 玻璃公司也是通过改变剧本来实现战略创新的，该公司实施了一系列流程革新，最后成功地实现了大面积整板玻璃一次成型生产。[15] 由此可见，编写流程剧本是一种具有内在创造性的活动，能极大地推动企业的战略开发活动。同样，在艺术领域中谁又能想象失去剧本的戏剧会是什么样呢？因此，我们强烈建议企业在设计战略时，一定要充分考虑流程会对企业产出造成怎样的影响。

技术人员

各种技术人员也能协助构建最终的企业产出，表演的技术呈现方式决定了演出（即工作）的背景或操作环境。这种呈现方式通常包括设计好的场景、道具和服装。根据表演形式的不同以及最终产出的需要，这些技术元素具体的组合和呈现方式各有差别。例如，销售代表几乎根本无法控制所要拜访的顾客的背景环境，他们只能采取即兴表演或街头表演，利用各种便携道具或是在顾客公司中能找到的任何道具进行表演。而戏台表演和搭配表演通常有很多机会进行场景设计，以便让演出整体营造丰富的观众体验。下面，我们就分别来介绍一下这三种技术人员的角色。

场景设计师　企业表演舞台（即工作场所）上的场景设计师和戏剧表演中的场景设计师一样，要注重构成场景的六个部分，即前台、后台、观众席、舞台前端、入口和出口。其中，只有后台是观众无法看到的，因此可以完全按照功能（即内容）进行设计；其他部分的设计都必须考虑如何（即方式）支持表演（即工作）。入口和出口也不能忽视，因为它们能够引导和巩固烙印在宾客头脑和回忆中的体验。场景设计师固然要重视前台的设计，但同时也不能忽略观众席和舞台前端的设计，因为它们分别是宾客所在的位置和目光所及的区域。我们在前面曾举过这样的例子，在拉斯维加斯的罗马集市商场，每家商店都必须设计华丽的圆拱式外立面以呼应古罗马市场的整体主题风格。

显然，场景设计必须遵循建筑方面的规定。出于内部和外部目的，体验营造商也必须采用建筑技术来设计新的体验场景。在开展这项技术工作时，企业应遵守三个规定。第一，企业必须考虑清楚其场景要为付费顾客留下怎样的印象，然后用传统建筑因素有针对性地加以体现，这样才能把想要营造的体验展现出来。例如，沃尔特·迪士尼在布景方面采用的一个非常简单却必不可少的元素是树木的选择，利用不同的树木来体现虚幻主题的真实性和常态性。据其传记作者鲍勃·托马斯介绍，迪士尼"想用树木来构建迪士尼乐园的美景和戏剧感，要实现这个目标，这些树木必须非常高大……他还针对不同景点选择了不同树木，在美国江河区选用枫树、悬铃木和白桦树；在边疆世界选用松树和橡树。有时他会拒绝选用某些树种，称它们'毫无个性'"。[16] 可见，场景设计师一定要避免这种错误，营造毫无个性的体验只会破坏表演的整体效果。

第二，企业应当围绕五种感觉设计场景，即光影、舒适度、曼妙的声音、宜人的气息以及精美的食物。这方面的案例很多，例如，过去 20 年中很多酒店都开始注重感觉设计的创新，从注意床单的纺织针数、枕头舒适度和床上用品的选择，到使用香味机在大厅散发香味（如威斯汀酒店制造的奶茶味），再到提供特定的小食品（如逸林酒店的巧克力片）。在有些情况下，场景设计师必须重新设计合适的感觉环境，如雨林咖啡餐厅结合五种感官体验的水雾，以及维珍美国公司在机舱内安装的情绪照明系统等。这种感觉设计和其他方面的设计一样，都必须体现组成元素的主题一致性。

第三，不要被惯例束缚，你的体验你做主！这句话是弗朗西斯·瑞德（Francis Reid）说的。多年来，瑞德一直任伦敦中央艺术设计学院（现更名为中央圣马丁艺术设计学院）舞台设计系主任，他说："如今，舞台设计已经达到高度自由的发展阶段，一个作品风格既不应因循守旧，也不应一味求新的阶段，唯一的要求是实现内在一致性……无论采用怎样的初始设计，一定要注意在整个作品中都保持相同的设计风格。"[17] 对企业舞台来说，要做到这一点首先要从关注体验主题开始，每一个细节都必须符合表演和场景设计的主题。

道具管理员 除了场景设计师，导演还经常需要能在表演（即工作）中推荐合适道具组合的道具管理人员。如果得到合理使

用，道具可以很好地提升表演对顾客的吸引力。道具的使用主要
有两种目的：一是审美目的（创造特定印象），二是实用目的（帮
助演员完成某种任务）。当然，有时候两者的界限并不明显，审
美目的道具也具备一定的实用性。

　　我们还以律师行业为例，在得克萨斯州莱维斯威尔市的
Cathy E. Bennett & Associates 律师事务所，陪审顾问罗伯特·赫
希霍恩（Robert Hirschhorn）建议律师事务所考虑工作表演中出
现的每一个具体细节，不但包括台上表现，也包括进出表演场地
时的方式。他说："当你在停车场上下车时，你的表现很有可能
会被陪审员看到。"为此，他建议陪审顾问不要开豪车，而是改
乘小货车或多功能车。[18] 有人也许会问，把这种行为延伸到法庭
上算是欺骗还是坦诚呢？在回答这个问题之前，我们想提醒大
家，汽车这个道具的重要性已经超越了律师为其他行业服务的意
义。例如，在纽约阿蒙克有一家跨国商用机器公司，该公司一直
要求其销售代表在拜访底特律汽车厂的客户时驾驶美国产汽车。
俄亥俄州辛辛那提市有一家消费品企业，甚至要求销售员拜访所
有美国境内客户时都必须开美国车。显然，在这里企业为销售人
员指定车辆类型的做法绝不仅仅是出于简单的运输目的，而是有
着更深的意义。据说，有些大型企业在营造表演过程中，甚至会
使用上万种产品作为道具。

　　有时候，一些台上的演员会担任自己的道具管理员，像公文
包、稿纸，甚至连书写工具的选择都会为表演增添不少色彩。无
论是谁选择道具，要注意的是应当尽量消除负面信号的传递，错
误使用或错误选择的道具都会让企业失去赢得顾客的机会。在和

潜在客户会谈时，千万不要话说到一半去接手机；如果是必须要接的电话，那也要急中生智把这个小插曲变成给自己的表现加分的机会。（如果这一招成功，可以像托尼·维拉一样把它变成时常拿出来表现的绝活儿。）如果这个问题处理不好，有时候一个人的电话响起会让顾客对整个销售团队的表现都感到厌烦。

此外，演示材料的准备也值得重视，千万不要把道具作为唯一依赖。如果幻灯片上密密麻麻全是文字，观众肯定觉得枯燥，还不如听人声情并茂地讲述。同样，中间没有休息时间的马拉松式演示也会让人感觉无聊，还不如精心准备一份图文并茂的小册子发给观众。无论你的道具准备得多么巧妙，记住千万不要指望利用道具掩盖整体表演中的所有问题。道具管理员要做的应该是，确保演员在必不可少的情况下正确使用道具，以完成和强化演出中的重要特征。如果演员无法确定是否需要道具，道具管理员应当建议他们尽量少用道具，或是不用道具演出。

服装设计师　在准备表演的过程中，演职人员服装的设计和选择也是一项很必要的专业工作。对某些企业来说，工作者的衣着一直都是非常重要的问题，对很多服务行业来说尤其如此，如航空公司飞行员和空乘人员、酒店员工、餐厅里的服务员和招待、快递公司司机以及保安人员等。大多数情况下，为工作者设计准备服装分为两种情况：一是为普通职员配备制服，二是为台上演出人员设计标准服饰。制服可以有效地向顾客传达视觉信号，帮助他们识别企业员工。例如，UPS快递司机总是穿着褐色制服（还有手中的褐色纸箱做道具），人们一眼就能看出他们的身份。

　　无论是哪种工作，以下几个着装原则都会让企业受益匪浅。[19]
第一，在即兴喜剧中，不同角色总是穿戴完全不同的服装和面
具，能够让观众一眼就明白各自的身份，企业也应当按照角色设
计不同的服装选择。在这一点上，航空公司总是能很好地在表演
中利用这种元素。例如，在柜台和登机口的服务人员是一种制
服，飞行员是另一种制服，地勤人员和其他工作人员又是一种制
服（在英国航空公司，就连负责维护排队秩序的人员都有不同的
制服）。如果行李工闯进了顾客来来往往的登机道，人们一眼就
能看出他们的身份不同，因为他们穿戴的护膝和耳塞完全不同于
其他人的装扮。

　　第二，服装设计必须确保每一件服饰都能传达出和体验主
题一致的信息，以及和导演创作意图一致的角色特征，就好像
奇客小分队的搞笑装扮能透露出其滑稽主题那样。[20] 明白了这一
点，我们就知道为什么西南航空会摒弃传统转而采用休闲衣着的
原因了（不过其安保人员仍身穿制服，这是因为传统制服能传达
出权威感，当制服设计中采用军队元素时更是如此）。西南航空
服务人员身穿网球衫运动鞋想要传达的信息是：我们充满活力！
好像随时都能跟你到加州（尽管要转机四次才能到达）参加一场
运动比赛一样。当然，各位读者不要因此产生误会，以为我们想
说的是制服设计超越了对正式服装和休闲服装的选择。我们想说
的是，服装设计是一种有效的表演诱导手段，通过使用适当的服
饰，企业可以让工作者更好地体现希望营造的行为方式。例如，
当企业使用吉祥物时，这种手段的影响可以立即得到发挥；不
过，要想实现同样的影响，企业大可不必把工作者都包裹在正式

的三件套西服中，通过这种死板的方式来体现。

服装设计的第三个原则是对导演和设计师的要求，他们应允许演员对服装进行个性化改变以满足其塑造角色特征的需要，哪怕这种改变只是对细节的微调。例如，在卡尔森集团旗下的连锁餐饮企业星期五餐厅，在标准制服红白条纹连衣裙的基础上，公司允许每个服务员自选一顶帽子，而且鼓励她们用带有图案和口号的扣子自行装饰帽子和裙子（也包括背带、袜子和裤子），至于扣子上的图案和口号，内容越超乎想象越好。这个服饰上的小变化发挥了很大的作用，从视觉和听觉上极大地提升了宾客的用餐体验。

在很多企业角色中，男性着装唯一能够体现个性化的选择非领带莫属。不过，在过去40年中这种情况已经出现了一些变化，现在我们能够在工作场所看到各种颜色的衬衣和各种样式的衣领，至于袜子、鞋和腰带的选择就更加多样化了。就连对员工着装一向要求保守严谨的IBM和宝洁等公司也逐渐放松了有关限制。但是，当企业对员工的着装标准管理过于放松时也会出现问题，这时谁又负责协调服装服饰，确保每个演员的表演和每一幕的衔接天衣无缝呢？可以说，如果没有专门的服装设计师（如杰斐逊东部总医院成立专门团队制定《医院形象手册》，详细规定在着装方面对每个员工的具体要求），企业往往会忽略对这个问题的考虑。

由于服装设计关注的绝不仅仅是正式或休闲的问题，因此服装服饰的选择远远超过了"人靠衣装"的简单研究。服装设计包括各种有关服装服饰的选择工作，以帮助演员利用这些更好地扮演自己的角色。例如，The Motley Fool（字面意思是花衣傻瓜）是一家投资咨询公司，由曾做过演员、导演的大卫·盖特纳（David Gardner）和汤姆·盖特纳（Tom Gardner）兄弟担任咨询顾问。除了金融家的标准服装，他们两人还特别配备了一件独特装扮——每人头戴一顶小丑帽。在解释这顶帽子的重要意义时，大卫是这样说的："每个投资公司都在虎视眈眈地盯着客户口袋里的钱，我了解得越多，就越发意识到那些身穿高级西服，用各种复杂图表和数字糊弄人的家伙对客户没安好心。他们跟我们完全不一样，也不会站在客户立场上说话，老实说，如果那些家伙自认为聪明，实际上他们就是这样做的，在电视或各种财经杂志上自诩为专家，那我们甘愿做傻瓜好了。"[21] 此外，《我为钱狂》（Mad Money）节目主持人，财经顾问吉姆·克莱默（Jim Cramer）也是在服装设计方面独辟蹊径。虽然不像盖特纳兄弟那样特立独行，克莱默仍大胆地放弃了正装，还在节目中卷起衬衣袖口，显然这也是一种通过服装设计吸引观众注意的举动。看起来他似乎对衣着没有特意准备，但实际上，在利用道具营造声音和视觉效果方面谁也不如他擅长。

　　形象就是一切，对服装设计和其他技术设计来说都是如此。如今，工作场所着装日益休闲化的趋势为企业带来了大好机会，使它们可以为体验营造创造独特的表演舞台（即工作场所），例如像 The Motley Fool 公司的投资顾问那样吸引顾客眼球。但另一方面，企业也应当积极引导不断放松的服装设计标准，使其更好地吻合企业希望营造的体验主题，而不是任由服装设计毫无约束地发展，让顾客对复杂的角色外观感到困惑和难以理解。

剧务

剧务只有一项"简单"的职责:"确保每个人每件物品在正确的时间出现在正确的地点。他们负责记录表演制作期间所有人和事的每一个台上举动,他们必须冷静面对危机,耐心调解冲突,无限理解每个人的问题。"[22] 剧务必须确保随时随地提供表演所需的正确的场景、道具、服装,甚至是演员,以保证表演(即产出)得到顺利呈现。说到底,剧务扮演的是物流人员的角色,无论是仓库员工向分销中心发送库存还是服务员整理酒店房间,他们都是剧务组的成员,负责按照剧本作者规定的方式,利用技术人员设计的手段去采购、维护和运输导演需要的资源。

为了演好这个角色,剧务工作必须做到既有效又高效。他们必须高度关注各种细节,以实现提升企业产出质量的目的。没有这种细致入微的关注,剧务工作人员很可能把构思精美的戏剧和严谨开发的战略变成令人尴尬的表演和结果。不过,细致归细致,剧务还要注意的是,一定不要以浪费人力财力和时间的方式增加制作成本。这就意味着,剧务必须随时准备卷起袖子参加后台工作,而且要做好功劳被抢走、没人会领情的心理准备。

舞台监督负责确保一切活动都按计划进行,他们还必须对整个演出全程跟踪,包括定期发布报告以及监督和跟踪每一刻的演出进展。对于戏台表演和搭配表演,舞台监督和剧务必须记录、记录,再记录,以制度化的形式体现整个表演的制作过程,以便实现表演的重复性呈现。此外,我们都知道无法衡量的事物就无法管理,因此他们还必须对表演的制作过程衡量、衡量,再衡量，以实现最佳管理。当台上演员准备登场、演出和结束退场时，他们还必须离开舞台，但又不能消失，因为在此过程中若出现任何问题，人们第一时间就会找他们解决。

尽管他们的工作看起来费力不讨好，但剧务人员应当意识到自己的工作对于实现最终成果的重要贡献。毕竟，他们负责整个演出制作过程中的所有操作内容，是技术设计工作展现价值的手段。场景设计、道具安排和服装设计，这些工作是为了帮助演员展现剧本中未体现的潜台词，而为了支持台上演员展现这些潜台词，剧务人员必须确保场景、道具、服装等所有细节因素准确到位。

对此我们可以举一个例子来说明，即剧务工作是如何帮助里根总统在白宫新闻发布会上出色地展现自己的潜台词的。首先，通往东厅的大门打开，在摄像机镜头中人们看到里根从远处的一个房间走出来，他特意走上长长的铺有红地毯的走廊来到讲台前，然后一个箭步跳了上去，显得十分轻松自如。身体语言研究专家朱利叶斯·法斯特（Julius Fast）这样评论里根的这段表演："他还没开口，已经向人们传达了这样的潜台词——活力、权威、轻松。"[23] 当里根开始演讲时，他的态度和方式也为其演讲内容提供了引人注目的潜台词。和所有优秀的演员一样，里根个人吸引力的彰显不在于他是怎么说出台词的，而在于说台词时他想表达什么。显然，里根的精彩表演离不开剧务人员在背后的付出，是他们在合适的角度架设摄像机，是他们铺设红地毯，是他们在两边开门，是他们暗示里根在合适的时机跃上演讲台。可以说，如果没有剧务，一线演职人员（即演出活动中的台上演员）根本不可能自行完成所有的准备工作，其重要意义由此可见一斑。

如何选角

要想全面了解图 8-1 所示的表演模型，为导演、编剧和剧本作者创造的每一部作品选择合适的演员、技术人员和剧务人员，企业的人力资源部门必须变成选角导演。因此，为公司不同职位招聘员工也就变成了为不同角色（即职责）选择演员。对企业的人力资源部门来说，此举意味着一个重大转变。任何希望营造体验的企业，都必须摒弃利用面试作为主要评估手段的做法，改为安排试演来考察应聘者。

首先值得注意的是，词汇表达可以影响行为方式，把企业产出更名为体验，工作过程变成演出，面试机会变成试演，这些变化都能帮助企业朝积极的方向迈进。但是，我们想提醒大家光这样做还不够，不足以维持企业长期的积极改变。除此之外，人力资源部门还必须和企业聘请的制作人和导演一起组织真实的试演，这才是真正了解演员能否适合其角色的最重要的方法。

传统的一对一面试总是把演员作为个体进行考察，但他们的表演能力（以及他们想要扮演某个特定角色的愿望程度）只能通过试演的方式才能得到了解。收集应征者的个人资料固然重要，但它只能作为筛选有潜力的演员进行试演的手段。巴布森学院院长伦纳德·施莱辛格（Leonard Schlesinger）曾在一家速食休闲餐厅担任过执行总裁，他是这样描述餐厅安排的招聘试演活动的："在好面包餐厅（Au Bon Pain）的招聘流程中，在最终面试之前有一个环节是安排两天的店内付薪工作体验，这种体验可以通过自我选择和管理层对应聘者的行为观察两方面淘汰不合格的应聘者。"[24]

企业在组织招聘试演时，有几个原则值得注意。[25]首先也是最重要的原则是，企业必须为试演所需的行为模拟、角色扮演或现场测试安排合适的场所。企业应当改变以前众多应征者排队等候面试的做法，改为提供新的地点进行试演，尝试人力资源部门内部营造的体验。实际上，现在已经有很多咨询公司这样做了，为应征者参与角色扮演提供真实环境下的办公室和合作间，我们认为其他企业也应当这样做。如果你是为采购部的采购员提供试演机会，那就应当准备一间办公室，让供应商过来和每个应征采购员的人面谈。如果你是为银行出纳提供试演机会，那就提供一个窗口或柜台，让应征者处理存款、支票和余额核对等具体业务。如果你想招聘呼叫中心销售员，那就准备几部电话让应征者现场接听顾客来电。正如好面包餐厅的做法一样，企业应当为每一个职位的招聘活动安排试演场所，甚至可以到客户公司或顾客家中实际表演，只有这样你才能真实地观察到每个"演员"是如何演绎其"角色"的。应征者不用在全体观众面前表演整个演出，只需对负责招聘的人展示几个重要和有表现力的场景即可。

另一个要注意的问题是，在准备特定的试演场所时，企业应做到力求环境简单。也就是说，你应当提供最少的道具，故意取消日常工作环境中的一般特性，同时确保招聘者能够清晰地看到应征者的举动。这样做的好处是，它能提供一个缺少额外帮助的环境，便于观察应征者如何创造性解决问题。例如，企业在试演时可以规定，采购应征者不得携带各种资料进入办公室；出纳工作台不得粘贴各种规定和条例，电脑屏幕上不得张贴各种有关资料；呼叫中心座席只有一部电话，电脑屏幕上只有一幅固定图片等。毕竟，正如芭芭拉·史翠珊的做法所表明的那样，道具是否真实并不重要，重要的是你该怎样证明自己的表演真正符合这个角色的需要。企业应观察每个应征者如何表现角色特征以及他们的表现和全体演员的表现是否一致，只有这样才能通过试演了解应征者能否适应特定职位的工作。

在这个方面，恐怕没有哪家体验营造商能做到迪士尼的地步。为修建作为应征者试演用途的选角中心，迪士尼专门聘请了曾为迪士尼乐园设计过多项设施（包括迪士尼的"欢庆"主题体验）的著名后现代主义建筑师罗伯特·斯特恩（Robert A. M. Stern）。迪士尼研究项目小组是这样描述该设施的："斯特恩的选角中心向我们展示了在迪士尼工作的内幕，或者用他的说法是'用建筑形式来阐述迪士尼的招聘过程'。在这栋建筑中，应征者必须穿过狭窄的坡道，坡道两边的墙上画满各种故事，斯特恩试图用这种方式暗指在迪士尼世界的旅程效果。沿着这栋建筑的结构前行本身就是一种旅程，它能让人意识到这个乐园的最大秘密——一切都是幻觉。"[26] 显然，这里不仅仅是迪士尼乐园大型幻想的微缩景观，也是这家公司观察每个演员能否适应这种角色的试演舞台。

无论你想让应征者表现哪种试演体验，记住一定不要急着做出选择。这是因为，试演过程存在很多可能性，企业在考察应征者表现时如果存在先入为主的成见，很可能会在初始选择中淘汰

真正合适的人选。我们必须接受这样一个事实，即不是每个人都
有机会完成角色塑造（即工作表现），完成选角之后有的是时间让
他们去真正发挥。因此，我们认为，企业应当关注的不是每个应
征者在试演中的具体表现，而是他们未来有没有发挥这个角色的
潜力。

对此我们不妨举个例子说明。众所周知，棒球星探的任务
是挖掘最有潜力的运动员，他们很喜欢通过实际表演来观察运动
员的表现。但是，即便这种工作非常强调试演过程，其中仍有明
确的行为规定。托尼·卢卡德罗（Tony Lucadello）是美国棒球
史上的著名星探，50 年来他曾遍访俄亥俄州、印第安纳州和密
歇根州的高中，寻找能成长为明日之星的运动员。在此期间，他
一共发现了 50 位后来参加过大联盟赛事的棒球明星，这个数字
比任何星探都要高，其中包括荣登美国棒球名人堂的迈克·施密
特（Mike Schmidt）。卢卡德罗发现棒球星探在挖掘人才时通常有
四种做法，这就是他所说的"4P 型星探"。27 具体来说，第一种
是"糟糕型"星探，他们丝毫不做任何准备，只关注舞台上的选
手，不考虑挖掘潜在的明星。实际上，星探应当有挖掘潜力的能
力，否则他们很快就会发现自己不适合干这一行。第二种是"挑
选型"星探，他们的问题在于眼里只看到选手的缺点，往往忽
视他们的长处，从而导致很多优秀人才被埋没。第三种是"表现
型"星探，他们的数量在这一行中占绝大多数，特点是仅凭"试
演"表现来做出判断。这种方式存在一个严重缺陷，它过于强调
选手在试演情况下的表现，比方说高中球星对阵弱旅时的表现。
最后一种是"投射型"星探，他们的特点是认为试演结果并不重

要，其中包括卢卡德罗本人以及其他持这种观点的选角导演。在这里，问题的关键在于当一个演员真正投入其角色时，他是否具备所需的表演技巧，能否出色地完成表演需要。显然，试演只能回答上面的问题，然后在此基础上"突显"出有潜力在未来创造优异表现的明星。

那么，我们到底该如何为角色挑选合适的人选呢？颇具讽刺意味的是，这个问题的答案不在于寻找最"理想"的人，至少这里的"理想"指的不是符合人们对角色特征先入为主的理解。我们认为，企业应当注意挖掘那些未经雕琢，但又能敏锐理解表演活动，能够做出不同选择的人，他们才是企业真正需要的、能够完美演绎角色需要的演员。做到了这一点，你的成就就会像迈克尔·舍特列夫发现芭芭拉·史翠珊，或是托尼·卢卡德罗发现迈克·施密特一样伟大。

由于面试无法发现合适的角色，选角工作就变成了寻找以下问题的答案（注意这些问题应当由企业而非应征者回答）：

- 演员的沟通能力如何？要特别留意对方聆听表达的方式。
- 演员和其他人的关系如何？注意对方在试演中怎样和其他演员建立关系，对方会在什么情况下寻求、给予和拒绝帮助。
- 演员希望从人际互动中得到什么？注意对方的行为动机。
- 演员如何处理陌生环境、打扰和中断等因素的影响？人们只有在情况失控的时候才会寻找自我证明。
- 演员能否在和观众互动时把握好节奏？观察对方能否利用

试演中的事件巧妙而流畅地组织各种顺序、进展和活动
时间。

- 演员是否具备幽默感？他们觉得哪些事物滑稽？是否妙语
连珠？这些都能显示对方的智力水平和学习意愿。

- 演员是否做过具有独特创意的事情？注意观察对方在试演
过程中能否做出与众不同的选择（不限于选择本身，也可
以从其他方面观察）。

- 演员能否营造惊喜体验？观察对方是否擅长管理和提升观
众期望。

现在，你可以设计一场选角试演了，争取对上述问题做出明
确回答。需要再次提醒大家的是，不要对试演中的某个特定选择
轻易做出评判，要知道试演毕竟是在模拟，还不是真实的工作环
境。与此相反，你要做的是评估演员的选择能力，看他们能否为
其角色（即职责）创造全面的特征（即呈现）。

此外，在所有应征者全部试演之前，注意不要急着确定最终
人选。你应当打电话联系那些值得考虑的应征者，此时安排面试
才能获得有价值的信息。（相比之下，如今的人力资源部门的做
法完全相反，总是先面试所有应征者，最后却只安排被聘用的人
做试用期表演。）企业还应注意了解每个应征者在工作之外的兴
趣，这是因为，生活经验越丰富的人在表演中越有可能做出有意
思的选择。最后，在做出选角决定时，正如一位导演所言，记住
你是在"选择关系而非每个角色本身"。[28] 对任何一位新演员来
说，是否适合角色是其次的，你要真正考察的是以后他能在多大

程度上和舞台全体（即组织）积极互动。

再强调一遍，选角导演不应把个人理解强加到演员的试演中，以此作为确定人选的标准，因为这不是他的工作。他们要做的应当是帮助制作人和导演寻找那些自己知道如何演绎角色的演员。

认识剧中人

很多人都在剧院海报或电影片尾看到角色列表，却不知道这个东西怎么称呼，它叫剧中人物表，按照《舞台和戏剧术语词典》的解释，它"源于拉丁语，指的是戏剧中的角色或角色列表。通常出现于打印剧本的开始部分，指出剧中角色的姓名和扮演者姓名，有时也对角色身份做简单介绍。该词亦可做戏谑语，指任何活动的参与者"[29]。我们认为，在体验经济中，这个词应当得到更大的重视，在更广泛的范围得到应用。

当今经济世界的现实是，企业很少以书面形式公开承认员工表现。例如，公司年报上罗列的都是高级执行官的姓名；在很多服务性场所，值班表上显示的是管理者的姓名；租车行的摆渡车上粘贴的是司机的姓名；打开新买的衣服，标签上写着"7 号质检员"，可这个 7 号到底是谁呢？顾客从来都不知道参与产品生产或服务提供的全体参与者姓甚名谁。为什么会这样？原因是只有被营造出来的体验值得向观众说明剧中人，而且所有体验营造商都应当这样做。当然，宾客可能并不关心每个服装设计师的姓名，也不在意有哪些配角协助营造了最终体验（就好像电影结束时没有几个人会坚持看完演职人员名单一样）。无论如何，我们认为剧中人物表的存在是为了演员自己而非观众，它不但包含了大明星，也包含了那些从未在表演中登台的小人物，如编剧、剧本作者、技术人员和剧务（还有舞台监督）。就像那些名利双收的台上演员、制作人和导演一样，这个名单也能使这些小人物的贡献有机会得到承认。通过纪念前期的作品，剧中人名单这种形式可以很好地鼓励演职人员的贡献，让他们更好地为下一次制作搭建更好的舞台。

正如企业表演可以利用这种方式向表演艺术学习一样，表演艺术也可以反过来向企业学习。在《表演艺术营销战略》（*Standing Room Only: Strategies for Marketing the Performing Arts*）一书中，作者菲利普·科特勒（Philip Kotler，西北大学凯洛格商学院营销学教授）及其同事乔安娜·谢弗（Joanne Scheff）鼓励艺术管理者学习商业原则以维持艺术生命长青。[30] 他们认为，"艺术中心式管理"太过散漫，用无拘无束的表现手法来看待艺术；而"市场中心式管理"又过于实际，把艺术看成赤裸裸的生意，这两种方式都不好，因此建议将两者合二为一。在音乐表演方面，钢琴家大卫·欧文非常认同科特勒和谢弗的看法，他说："演奏者营造的表演体验必须和观众密切相关，让他们感到满意或是惊喜。"实际上，这句话适用于所有表演艺术。无论在哪里表演，无论表演形式如何，无论是在戏剧舞台，抑或是在工作舞台，这句话都是至理名言。[31]

实际上，对于那些在农场和工厂的工作者来说，他们的产出一直都是戏剧表演的结果，这种产出创造出了完全不同于日常生活的体验。无论是长达两个小时的《李尔王》戏剧表演还是联邦快递一夜送达的工作表演，它们都压缩了时间（显然前者比后者压缩的时间更多），都能让我们用不同的方式来看待世界，但是你能说出其中哪一种对我们的帮助更大吗？如今，成功的企业也必须像艺术行业一样最大限度地吸引顾客的注意力。如果你对待顾客的方式和那些普通竞争对手的做法毫无区别，你的企业肯定无法实现经济价值递进表中的转型。

体验经济的出现，使舞台体验走出了剧院的大门，延伸到千千万万个行业中去。以前舞台表演只能在政府经营的剧场、社区剧院、电影院和主题公园向观众呈现，现在它们将要面对的是烽烟四起的竞争局面——它们的竞争对手不但包括餐厅、咖啡厅、电脑游戏和虚拟世界，还包括银行、保险公司、航空公司和酒店，甚至包括每一个街头舞台和转变经营理念的商场。简而言之，现在每一个企业都是一个舞台。

第 9 章

顾客即产品

The
Experience
Economy

如今，每一个企业都能成为营造经济体验的舞台。无论是向顾客或公司销售，企业都必须意识到产品和服务已经失去了魅力，消费者现在需要的是体验。但是他们对体验的需求会达到什么程度呢？体验的确具备娱乐性、教育性、逃避性和审美性，但是推动体验经济发展的并不只是简单的对难忘回忆的追求。这是因为，并非所有的体验都一定能营造乐趣、启迪智慧、转移关注或传播美感。

例如，人们为什么愿意掏钱去健身房体验身体受罪的感受呢？为什么愿意花每小时 200 美元的高价聘请心理医生，在他们的办公室里回忆精神创伤呢？为什么成千上万的男人愿意掏钱参加基督教组织的"家庭承诺⊖"活动，宣誓要改变自己的行为呢？为什么年轻的经理人愿意抛下高薪工作，去花十几万美元读商学院呢？这些看似不同的问题只有一个共同答案——让体验改变自己。

我们经历的体验可以影响我们对自己的认识，影响我们能实现哪些目标，影响我们的人生方向，我们越来越希望企业能够营造可以改变我们的体验。人类一直都在寻找全新的兴奋体验，这些体验可以帮助我们学习和成长，发展和完善，进步和改变。但是，随着世界越来越融入体验经济时代，原来可以通过非经济活动获得的很多体验将会逐渐出现在商业领域中，这就必然带来巨大的改变。换句话说，以前我们可以免费获得的东西，现在要付

⊖ promise keeper，该组织每年都在美国各大城市举行大型活动，其中一个会议在体育场举行，有上万名男性参加，该会议的主题就是要对自己的配偶信守诺言、保持忠诚、巩固自己的家庭。——译者注

费才能体验到了。

如今，这种模式已经在人类文化的某些领域中出现了。我们发现，人们喜欢到传统活动范围之外寻找精神发展动力，"家庭承诺"活动就是一个例子。此外，精神导师，即某作家所称的"灵魂的个人培训师"的兴起也能说明这个问题。[1] 关系紧张的家庭成员现在不必再向亲戚朋友寻求帮助了，他们可以向劳拉·施莱辛格（Laura Schlessinger）博士和菲尔·麦格劳（Phil McGraw）博士等媒体明星求助，抑或通过各种介绍个人成长的图书或录像获得帮助。在教育方面，越来越多的企业开始成立自己的学习中心，不再依靠公立学校培养的学生。同样，越来越多的家庭愿意掏钱让孩子上私立学校，以免在公立学校毕业后无法找到工作。劳动力性质的变化也推动了对新型经济体验的需求，随着农业经济和工业经济的衰落，靠艰苦体力劳动谋生的人数大大下降，结果导致现在很多人在工作之余花钱去健身房健身。毫无疑问，经常在下班之后去健身的人，基本上全都是每天在办公室上班的人，而不是那些肉联厂或建筑工地的体力劳动者。

那么，他们参加这些活动的真正目的是什么呢？当然，毫无疑问他们是在追求体验，不过我们认为还有比体验更高一层的目标，即改变自我，让自己成为另一种状态。尽管体验不像服务那样转瞬即逝，但参与体验的个体往往希望得到比记忆持续更久的产出，一种能够超越任何产品、服务或体验本身的产出。例如，人们购买健身房的会员卡，目的不是为了自讨苦吃，而是想通过长期锻炼实现身体健康，去掉难看的啤酒肚。同样，人们之所以去看心理医生，是因为这样做能改善他们的心理和情绪健康。人们去读商学院是因为他们希望借此机会改善其职业和财务状况。健身日程、心理咨询、学习课程和总结旅游，这些都是诱导某种结果的手段，而这种结果无疑比体验活动本身价值更高，更令人向往。[2]

例如，在保健行业中，患者需要的不是药品、治疗服务或住院体验，他们想要的是从生病状态转变到健康状态。管理咨询行业也一样，备受困扰的企业需要的不是信息产品、咨询服务或教育性体验，而是从停滞不前转变到稳定成长。显然，目前大多数咨询公司只能提供产品、服务或是孤立的体验，相比之下，企业更重视的是经济增长产出。例如，项目方法（具体产品的复制）、项目组调配法（现场管理服务）和干预管理方案（多学科体验）所收的费用要远低于系统外包计划的收费，因为后者可以为企业带来大规模的深刻变化。

随着经济活动逐渐远离产品和服务领域，那些只能营造体验但从不考虑体验对参与者产生影响的企业，那些从不在体验设计中想办法诱导顾客期望变化的企业，会慢慢发现这种业务也会初级产品化。大家肯定都有这样的感受，同一个主题餐厅你第二次去的体验会比第一次去的时候大打折扣，第三次去的体验会更差几分，几次之后你会对这里根本提不起兴趣，甚至怀疑当初怎么会那么激动。没错，这就是体验的初级产品化，换句消费者经常挂在嘴边的话来形容就是："哦，那个啊，早去过了，早试过了！"[3]

再谈经济价值递进

其实，体验并不是最终的经济产出。和其他经济产出逃脱初级产品化威胁的方法一样，营造体验的企业也只能采取定制化的策略。当你针对每个顾客营造体验时，即提供完全符合其当下需求的体验时，你肯定会为每个顾客带来改变。当企业对体验进行定制时，会自动将其变成变革，即在体验基础之上形成的新产出（想必人人都听过"转变人生的体验"这种说法），这一点和服务定制必然会导致体验出现的道理完全一样。如图 9-1 所示，变革是一种独特的经济产出，即经济价值递进表中的第五种和最后一种产出。一言以蔽之，前面所说的大腹便便的健身者，受到负面情绪困扰的心理问题患者，希望继续学习的年轻经理人，医院里的病人以及急需管理咨询服务的企业，他们真正想要的正是变革。

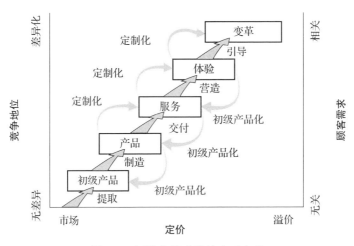

图 9-1　经济价值递进的全面实现

与只会营造单一活动的企业相比，可营造多重体验的公司在竞争中的地位更加有利，更有可能对消费者产生长期吸引力。通过对多个主题反复呈现，为宾客营造独特但又统一的活动体验，只有这种方式才能实现变革。随着越来越多的营造商为吸引宾客展开体验竞争，能够组织这些活动的企业开始意识到，任何体验都能成为诱导"变革"这种新产出的基础。

让我们回到前面讲过的生日体验案例来深入分析一下。随着越来越多的生日体验营造商展开竞争，如 Chuck E. Cheese's、Gameworks 和 Dave & Buster's（像新池塘农场之类地区型服务商就更多了），此类体验会不可避免地出现初级产品化趋势，导致每次生日活动的价格下跌。最终，个别体验营造商会发现，把业务转型为生日变革能有效地避开这种趋势，为顾客提升消费价值。那这些企业，或者更准确地说，这些变革诱导商到底该怎么做呢？答案是，它们不再注重某一年的生日聚会体验，而是伴随孩子的成长引导父母准备未来很多次生日聚会。它们关注的不仅是生日聚会活动的组织，同时也关注礼品的选择、宾客的邀请和后续活动的安排。例如，礼品的选择可以针对孩子的成长需要选择；针对孩子感兴趣的圈子或是父母希望孩子得到成长机会的生活体验，宾客可以邀请那些在这些方面具有影响力的行为榜样。为帮助过生日的孩子变得更懂事和更会感恩，变革型生日活动可以预备好模板和贴好邮票的信封，为孩子设计写感谢信的环节。[4]最重要的是，变革诱导商应当把每一年的生日聚会活动变成对儿童成长进行全面管理的累积式活动。像这样的引导式经营是否会在生日体验营造行业出现，虽然这一点我们尚未可知，但可以肯定的是这种经营思路完全可以出现在玩具制造企业（可以利用其儿童开发专长）、育婴杂志（讨论子女抚养话题）、运动管理公司（拥有各种行为榜样）和私人辅导服务（针对孩子需要设计相应课程）。

我们觉得，武术教师或许是最早意识到其经营产出具有变革影响力的体验营造商。如今，很多家长都允许、鼓励甚至是要求子女参加空手道、中国功夫或跆拳道等课程，这样做是因为这些父母缺少这方面的技能，希望能给子女灌输一些尊重意识和自我控制意识，或是想通过这种方式锻炼孩子的纪律性。武术教练不但承诺教授孩子们古代搏击技艺，更重要的是为他们提供了一套必须遵守的严格规定。正如某武术培训机构的负责人所说的那样，很多家长来报名时几乎说的都是同一句话："请改变我的孩子"，由此可见武术训练对个人的影响非同一般。[5] 不过，很多家长似乎对这种训练对孩子影响的程度有所保留。据《福布斯》杂志一篇专题文章的报道，有些家长把武术学习范围仅限于技能训练，不愿选择那些"东方的武术学校"。[6]

换个更好理解的案例，我们来看看餐饮行业和饮食体验如何转型为变革经济产出。我们认为，营养管理将成为下一轮发展趋势，菜店和餐厅（也有可能是其他类型的新兴企业）会把健康饮食变得更有趣味和更让人有胃口，通过此方式与 Jenny Craig、Weight Watchers⊖等企业展开竞争。通过改善宾客营养摄入的同时强调四种体验范围的营造，餐饮企业可以收到很好的效果——娱乐性可以让饮食选择充满乐趣，教育性可以增进对饮食的个人影响，审美性可以调整饮食的速度和食量，逃避性可以营造一种氛围让消费者全然忘记平日的饮食方式。所有的营养成分、食

⊖ Jenny Craig 和 Weight Watchers 是全球最大的两家健康餐饮和体重控制公司。——译者注

物、食品服务和餐饮体验都可以由同一个变革诱导商来管理，他们的收费目标可不是简单的食品、围绕食品的服务或是同时包含两者在内的体验，而是对胆固醇水平、脂肪含量、体重和其他健康指标进行的可衡量式的改善结果。其他餐厅也可以另辟蹊径，通过提升消费者品位或是增进情侣感情等方式来引导变革的产生。对于那些正在为利润微薄的食品生产业务或食品服务业务感到头痛的企业来说，这些都是可行的战略改变选择。

与此类似，当所有的书店都配备了咖啡吧甚至是阅览室时，人们付钱享受的是最大程度的阅读体验，这时必然会有一些企业开始提供阅读变革业务了。例如，人们会付钱让这些书店在智力追求方面引导自己，具体做法是主动为顾客选择合适的图书或其他值得阅读的材料，然后对阅读结果进行观察，甚至可以推出考试；当然，这不是传统意义上的学校考试，而是一种为确保读者获得所需思想和观点推出的新式学习选择。如今，众多书商和出版商都在绞尽脑汁地和亚马逊等网络书商竞争（还有日益初级产品化的电子图书产品），其实它们完全可以换一个思路经营。比如，为提升某企业的整体学习能力，图书出版商可以在质优价高原则的基础上为员工推荐阅读作品（通过规模化定制建议方式），从而实现经济产出的变革性。

另一个有潜力在经营中引导变革产出的行业是高等教育行业。以哈佛商学院为例，它有规模巨大的智力资源，包括教授、本科及研究生学位课程、行政教育活动、《哈佛商业评论》和哈佛商业评论出版社，以及种类繁多的新闻通讯、视频、博客、网站和其他教学资源，使其成为理想的企业，可以把毫无商业经验的学习者转变成能娴熟应对各种战略挑战的企业执行官。但是，要真正做到这一点，它必须摆脱传统的销售图书杂志产品、提供信息服务和营造教育性体验的角色，将其业务方向定位为改变顾客。同样，对于那些挤破头想要荣登各排行榜的学院和大学来说，这也是一条值得尝试的途径。实际上，在高等教育领域已经有一些院校开始朝这个方向努力了，伦敦商学院就是其中之一，其前任院长约翰·奎尔奇（John Quelch）在接受杂志采访时是这样说的：

> 我们从事的不是教育业务，而是变革业务。我们希望每个参与伦敦商学院项目的人，无论是为期三天的短训还是长达两年的系统学习，都能在这种学习体验的基础上改变自己的人生。我们希望，当人们回想起在这里的学习经历时，能感觉到其职业甚至是整个人生都受到了重大影响。我们之所以自豪地宣布伦敦商学院从事的是变革业务，是因为这里的每个人，从管理员到院长，都得到了前所未有的激励。这里的每一个工作人员都在迫切期待，期待能为来到这里的学生改变未来。[7]

实际上，这种思维方式以后将会出现在每一个服务型企业中。例如，保健企业会从过去的交钱买服务的经营方式转变为健康才付钱的经营方式。至于建筑设计师，按照安娜·克林奇南（Anna Klinginann）在其作品《品牌地标》（*Brandscapes*）中对体验转型的描述，他们不但要实现从"如何设计"到"如何感知"的变化，而且要接受"对建筑的全新认识，即考察的主题不再是人造物，而是建造者本身。"[8]同样，航空公司和酒店业也可以在变革业务中做出努力，把旅行者变成尽享舒适旅程的勇士，养精蓄锐随时准备迎接新的挑战。旅游公司也可以投入到个人和家庭的变革业务中去，按照心理学家杰弗里·科特勒（Jeffrey A. Kottler）所说的那样："比任何其他努力都能更好地为消费者提供更多改变生活的机会。"[9] 此外，计算机服务公司和系统集成商也可以改变顾客，利用功能强大的设备助其成立企业。

是啊，企业有什么理由不这样做呢？毕竟，它们的竞争对手，那些管理咨询公司和外包公司，已经开始提供变革了。很多企业都理解，顾客现在需要的不是有形的报告、无形的分析或令人难忘的研讨会，它们都能建议你该怎么做，但是，光有这些还不够，因为它们只是一个开始，这些产品、服务或体验本身并不能把你的公司变成一个更好的企业。用一位分析员的话来形容，聘请知名咨询公司"就像是给你做按摩服务，哪怕你按摩了 180 多次之后问题还在那里，你还是要回来接着按摩"。[10] 其实，对咨询行业的客户来说，它们想要实现的是更好的业务，因此希望聘请的是能为它们带来持续成果的咨询公司。对此，《信息周刊》（Information Week）上的一篇社论称："各企业的首席信息官表示非常愿意和供应商形成更加深刻的基于成果的合作关系，与它们共享、共担主要 IT 项目的实施和升级业务中的回报及风险。"[11]

飞利浦生命线医疗报警系统也是一个例子，成功集合了产品、服务、体验和变革四个方面。该系统是个人响应服务领域的佼佼者，其核心部分由各种设备组成（包括显示器、计时仪和控制台）；当用户按下按钮时，设备会通过电话线向 24 小时监控中心发送信号。在监控中心，训练有素的监控员会打电话询问用户遭遇事件的严重程度，如果必要，它们会派人前去解决问题，如用户的亲戚朋友或处理紧急事务的相关人员等。实际上，推出这项服务的理由十分牵强，因为打电话寻求紧急援助的比例还不到 5%；与此相反，很多人打来电话只是因为感到寂寞，和监控中心的人聊聊会让他们感觉好一些。飞利浦公司在用户分析中发现，大部分购买该系统的顾客都是设备使用者的亲人，可以说，他们购买的是一种内心的宁静。

对于在医院求医的病人来说，他们真正想要的是被治愈。在俄勒冈州的达尔斯市，中哥伦比亚医疗中心（MCMC）就很擅长改变病人，这家医院的希利罗癌症治疗中心吸引了全美 20 多个州的病人慕名前来就医，原因在于该中心为病人提供了包括五种治疗方式在内的全面变革，即生理治疗、社交治疗、智力治疗、环境治疗和精神治疗。在生理治疗方面，中心可提供最先进的治疗手段，是全美第二家可实施强度调控放射疗法的医院。在社交治疗方面，中心建有治疗花园，病人可以在这里和家人共享欢乐时光，或是参加各种社交活动。在智力治疗方面，中心设有医疗图书馆，可以帮助患者及其家属了解有关病情的详细信息，其中也包括有关替代疗法的信息。在环境治疗方面，中心建有带雕塑作品的花园，花园内有瀑布假山，可以调节病人的情绪。在精神治疗方面，中心内部设有一个沉思室，外部建有迷宫，以供患者冥想或祈祷之用。这家医院之所以会把 1/3 的空间用来修建"非功能性"场所，原因在于这些场所能帮助病人从高压状态转变至轻松状态。有研究表明，很多健康问题都是由于压力过大导致的，因此修建这些无压力环境很有可能有利于患者的治疗，其中包括在大厅里播放舒缓的竖琴曲，提供放松课程、按摩和蒸汽浴等多种方式。毫无疑问，这种做法简直颠覆了传统医院的形象，只因为中哥伦比亚医疗中心经营的是超越了产品、服务和体验的变革业务。[12]

监狱管理活动也是这样，例如，位于纳什维尔的美国罪犯改造公司（CCA）可以为地区、州和联邦政府提供私有化的罪犯禁闭和改造服务。对普通的典狱官来说，这项服务不过是让犯人在服刑期间远离社会而已，但在接受《首席执行官》（*Chief Executive*）杂志采访时，该公司前任执行官道科特·克兰茨在介绍其"产品"时是这样说的："美国罪犯改造公司提供的是'优质改造'服务，不但为他们提供一个容身之所，还为他们以后重新走向社会施加积极影响，这一点是很多其他改造所都无法做到的。对我们来说，优质改造意味着教犯人学会读书写字。我们发现有一半的犯人都没有高中文凭，于是我们为他们准备高中补习班和各种教育课程；对于已经拥有高中文凭的犯人，我们为其提供多种形式的培训课程。我们教他们掌握一项技能，比如说柴油机维修或汽车修理等。此外，我们提供的戒毒服务是全世界第一流的，甚至比贝蒂福德疗养院还要好，瘾君子只需 7 个月就能康复。"[13]

克兰茨承认，美国罪犯改造公司的服务无法改变约占犯人总数 20% 的精神病患者和反社会者，至少目前已知的手段还无法将他们改造成有益于社会的人。[14] 他进一步解释说，政府之所以愿意把犯人改造工作交给美国罪犯改造公司这样的私营企业，是因为这样做可以节省 10% 的成本，但是"我们并不这样思考问题，我们认为为每一个犯人提供希望才是最大的成本效益。我们让犯人每天学习和劳动，是为了在刑满释放之后让他们有机会适应监狱之外的生活"[15]。

尽管只是提供了一个机会，但改变一个桀骜不驯的罪犯或一时的失足者，让他们不再重返监狱，这无疑是一种完全不同的经济产出。显然，这种情况同样适用于所有需要第二次人生机会的人，其中包括普通学校无法让他们圆梦的人，如匹兹堡市比德维尔培训中心的烹饪班学员。对于这些学生，社会企业家比尔·斯特里克兰（Bill Strickland）的评价是："现在，他们是一群有能力积极投入生活的人了……这就是产出，这就是产品。"[16]

显著的价值差异

和体验经济刚出现时的遭遇一样，一些观察家肯定会把变革业务视为服务业中的一个分类而不是独立的经济模式。但实际上，它们两者之间的差异简直太大了，例如，在麦当劳吃快餐和在健身房锻炼能一样吗？提供信息报告和参与创造业务成果能一样吗？干洗服装和涤荡一个人的灵魂能一样吗？显然，这些对比中的后者如今已经成为一种独立的经济产出，已经无法再按过去的服务业观点来衡量了。如表 9-1 所示，我们可以看出变革的确是一种与众不同的经济产出，它和体验之间的差异就如同体验和服务之间的差异一样巨大。要想对这种新产出进行准确的描述，需要我们使用一些少见于企业及其经济产出领域的新名词。其实这并不稀奇，当服务经济概念刚刚诞生时，人们也是花了好几年的时间才熟悉那些拗口的表达，比如无形产品、客户、按需交付等，因此，体验经济和变革经济带来的新词汇也会慢慢进入人们的生活，成为人们的口头语。不过，要想全面认识这五种不同的经济产出之间的区别，我们需要从以下几个方面来考虑：

表 9-1　不同经济产出之间的区别

经济产出	初级产品	产品	服务	体验	变革
经济形态	农业经济	工业经济	服务经济	体验经济	变革经济
经济职能	提取	制造	交付	营造	引导
经济产出的性质	可互换	有形	无形	可回忆	可改变
主要属性	自然性	标准化	定制化	个体性	独立性
供应方式	散装储存	生产后库存	按需交付	周期性展示	长期性持续
卖方	交易商	制造商	提供商	营造商	诱导商
买方	市场	用户	客户	宾客	渴望者
需求要素	特征	特性	利益	感受	特质

- 在经济产出的性质方面，初级产品是可互换的，产品是有形的，服务是无形的，体验是可回忆的，而变革则是可改变的，这里指的改变是说能有效地从某个方面改变消费者。相比之下，其他几种经济产出都无法在消费发生之后对消费者形成持续的影响，即便是体验留下的回忆也会随着时间慢慢被遗忘。对变革这种产出的消费，其特点在于消费者希望企业能引导他们实现特定的目标或意图，因此变革必须诱导这种主观愿望成为现实。正因为如此，我们在这里把此类消费者称为渴望者，他们渴望成为另一种人或是变得和以前有所不同。如果没有态度、表现、特性或其他基本经济要素的改变，变革是肯定不会发生的，而且，这种改变不仅是量的变化更是质的突破，不仅是功能

上的变化更是结构上的更新。换句话说，变革影响的是消费者本身的存在状态。

- 在经济产出的供应方式方面，初级产品是散装储存的，产品是在生产之后库存的，服务是根据需求交付的，体验是在一定周期内展示的，而变革必须是持续的，只有这样才能真正改变渴望者本身。如果说某种变化，如顾客层面的减肥、终止坏习惯或是得到财务保障等，以及企业层面的降低固定成本、杜绝浪费行为或是免受汇率波动影响等，是临时性而非持续性变化，那它只能帮助消费者或企业在这些方面做出有限的提升，但无法形成真正的变革。同样，如果在此过程中出现任何倒退或故态复萌，即使已经实现的变革也会在表现或强度方面受到负面影响。

- 在经济产出的属性方面，初级产品具有自然性，产品是标准化的，服务是定制化的，体验是个体性的，而变革则是独立性的。可以说，变革这种经济产出离开了每个渴望者期望实现的特质就无法存在，这种产出就是变化本身。体验是可令个体产生反应并形成回忆的事件，而变革则更进一步，它直接改变了买方本身，无论对方是消费者还是企业。由于体验具备个体性，因此对同一个事件每个人产生的体验都是不同的，这种影响取决于体验者过去的人生经历和当时的心智状态。变革同样具备这种特性，所有人经历的变革也是各不相同的，当变革第二次发生时，经历它的人已经不再是当初那个人了。人们对变革的重视程度之所以超过其他几种经济产出，原因在于它能满足其他产出无法实现的终极需要，能够回答这样一个基本问题——买方为什么期望获得他们想购买的初级产品、产品、服务或体验。

由此可见，变革这种经济产出指的是企业行为在消费者个体或公司中引发的变化，换句话说，在变革经济中，顾客即产品，购买"变革"这种产出的个体内心呐喊的是"请改变我！"，在变革经济中，企业的经济产出既不是它使用的材料，也不是它制造的实际产品；既不是它执行的加工过程，也不是它营造的特定感受。当企业引导的目标是变革时，其产出是消费者自身。

这就意味着，企业在引导变革时，任何特定变革型产出的形式和内容都必须经过认真考虑。变革诱导商必须先了解顾客的渴望才能针对特定的特质进行改造——无论这种特质是生理、情绪、智力还是精神方面的。渴望当然和顾客期望有关，但它们又不尽相同，它是一种强调顾客自身，强调实现其梦想状态的一种期望，而非关注外部功能或外部利益的期望。[17]

当体验经济发展几十年之后，变革经济便会取而代之。那时，评判企业能否取得成功的基础会再次发生变化，转变为能否了解个体消费者和企业的渴望，能否引导他们全面实现这些渴望。

在这个方面，保险行业是个很好的案例，我们可以在此分析一下。如前所述，通过耐心陪伴顾客，利用各种办法安慰顾客情绪，前进保险公司把理赔业务转型到体验经济时代。公司推出的事故地点调查服务有效地缓解了顾客的忧虑，让他们能够从容面对各种情况。相比之下，传统保险公司只能为顾客提供财务保障，如图9-2所示，即顾客只能在受到损失时才能得到赔偿。也

就是说，只有坏事发生时他们才能拿到钱，仅此而已。但是，前
进保险公司营造的体验并不是这样，它是在为顾客提供信心和安
慰，也就是说，宾客可以从这种体验中感受到信心、鼓励、信任
和满足感。当事故发生时，前进保险公司为顾客提供的不只是保
费，更重要的是能让顾客在整个不幸的过程中感到雪中送炭般的
温暖呵护。

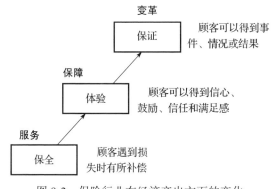

图 9-2 保险行业在经济产出方面的变化

　　可是在变革经济中，光提供信心和安慰也不够，在此基础
上保险商还必须为顾客提供具有可靠结果的保障，即保证渴望
者获得会实际发生的事件、情况或结果。例如，2007 年西雅图
Safeco 保险公司推出了一项名为"Teensurance"（意为青少年保
险）的业务，其宣传口号是"鼓励责任，交付信念"，实际上这
家公司也正是这么做的。对青少年来说，该保险结合了网上驾驶
评估系统和 24 小时道路事故协助服务，以此提高他们的驾驶技
能，而且，这种服务并不只针对道路事故，也包括车辆故障服
务。对父母来说，Safeco 公司在车内安装了 GPS 监控设备，不

但能定位车辆，还能了解车速、出行距离和驾驶时间等细节。当孩子在开车时超过预定速度范围、安全驾驶区域或宵禁规定，以及出现频繁驾驶时，这款名为"安全信标即时保护系统"的产品能立即向父母发出警报。此外，该系统还内嵌了网上工具，能在实际数据的基础上让父母和子女就有关驾驶习惯和驾驶行为等方面的问题进行讨论，帮助青少年成为更好的驾驶人，赢得父母的信任。

来自荷兰的 Achmea 也是一家保险公司，不过其业务范围侧重的不是车险而是寿险。由于认识到此类保险是低利率产品，2006 年该公司转型成一家保健企业。这家公司专门成立了保健中心，不但帮助其保险顾客健身，而且积极推动他们的营养摄取、心理态度和事故预防等工作。公司还推出了一个会员式网站，该网站就像一个医学百科全书，能提供诊断帮助、生活方式指导和心理咨询等服务。除了这些方式，这家公司还推出各种相关的产品和活动，如保健杂志和通讯、健康指导课程、教学、旅游、内部体检等，使其业务从简单的保险服务跃升到为消费者引导变革。

如果你是一家服务提供商，现在你可以这样考虑你的业务：在你所从事的行业中，有哪些方面等同于上例中的三级跳模式，即从"保全"到"保障"再到"保证"？显然，要想清晰地描述从服务到体验再到变革之间的发展过程，仅靠一两个词是很难做到的（很有可能你得自创几个词），不过，你可以在现有产品的基础上对这种新的经济产出进行创造性思考，这样肯定会有很大的收获，因为我们的经济必将从体验时代最终跨越到变革时代。

那么制造商该怎么做呢？在当今的体验经济时代，我们看到制造商可以对产品进行"体验化"，即注重营造顾客使用产品时的感受。同样，在变革经济时代，制造商也可以对其产品进行"变革化"，即设计和销售旨在帮助顾客自身实现某种变化的产品。不难看出，这两者之间的区别是从使用过程转移到使用者本身，即每个消费者个体在使用产品时会出现怎样的变化。虽然像自助书店、"娱学"软件、健身视频和设备等产出已经开始关注这个问题，但它们还算不上真正意义上的变革化产出。[18] 举例来说，如果健身器材是真正意义上的变革化产出，那制造商应当考虑的不是实际产品的销售问题，而是如何开发健康的体魄，最好还要对用户的"变革"表现进行评定。

在这个方面，已经有一些企业走到了前面。例如，在贺卡生产行业，Hallmark 公司的 BusinessConnections 部门开发出了旨在提升员工士气和忠诚度的贺卡（当然也有提升顾客忠诚度的贺卡）。Hallmark 的设计师团队可以帮助企业进行需求评估，确定公司应当向每个特定部门和员工个人传达怎样有效交流的信息，然后针对各种不同场合开发定制化贺卡。由于该项目的目标是改变员工的态度，Hallmark 公司不必再把贺卡当作普通产品销售，而是把它当作企业管理者和人力资源部门改善员工保有率与企业文化的一种工具，因此其经济产出的性质发生了显著变化。

汽车行业也是如此，如今，在汽车设计中人们越来越重视像车门关闭声音是否过响等细微之处（30 年前设计师根本不考虑这种问题）。这是因为，在变革经济时代，如果一辆车无法让驾驶者（包括青少年）养成更好的驾驶习惯，人们是不会购买这样的产品的。因此，在过去 20 年中，汽车制造商在产品设计中添加了大量新特性，其中包括防碰撞雷达、自适应顶灯和侧镜、倒车感应器和摄像头，以及车道偏离预警系统等。尽管这些新特性大部分都是包含在车辆销售价格之内的，但通用汽车公司却推出了一项独立收费的、独特的变革性产出 OnStar 系统。该系统是一种集安全、保障和诊断服务于一身的产品，能够保证车辆的稳定行驶以及驾驶者的健康和安全。[19]

制药行业也可以实现变革化。长期以来，葛兰素史克公司（GSK）一直都在生产戒烟产品，如戒烟口香糖、戒烟贴、戒烟糖等，但是，公司发现这些产品无法有效地帮助人们实现戒烟的渴望，成功戒烟的用户比例只有大约 24%。[20] 于是，葛兰素史克公司设计了一个完全个人化的名为"戒烟承诺者"的戒烟项目。该项目设有热线电话，通过谈话公司代表可以了解每个吸烟者的吸烟习惯，每天吸多少根烟，什么时候最想吸烟，戒烟面对的最大障碍是什么等各种问题。然后，公司会向这些吸烟者定期邮寄各种印刷品，有信件、手册、内情通报等信息，随后利用电话、邮件和网站互动等形式对他们的戒烟情况进行跟踪。经过为期数周的项目之后，葛兰素史克公司发现参与该项目的戒烟者戒烟成功的比例要比传统销售产品的方式高出 50%，与此同时公司也销售出了更多的产品。[21]

另一个通过销售产品来帮助人们实现变革的重要制造行业是健身行业。像这样的产品有很多，例如 Nike+，这是一款内置 GPS 应用程序的产品，能够把你的鞋和 iPod 连接起来以计算跑步里程；阿迪达斯的 miCoach 是一款可以通过网络定制个人培训系统的产品。Fitbit 也是一款变革产品，该产品由总部位于旧金山市的同名公司开发，内置芯片传感器，可计算用户每天行走的步数、总里程、消耗的卡路里，甚至能衡量用户的睡眠质量。DirectLife 是飞利浦公司生产的一款产品，它能跟踪使用者的所有活动（除了睡觉），然后在其网站上为用户提出最合适的个人健身方案和营养摄入计划。Under Armour 运动装备公司开发了一款运动装，当用户运动时该服装可以紧裹其肌肉，有助于体内的血液循环。

此外，正如在体验经济中制造商可以通过销售纪念品的方式帮助宾客回忆体验一样，在新兴的变革经济中，产品生产商也可以销售象征物，让渴望者纪念他们经历过的改变。像戒指、十字架、旗帜、奖杯、锦旗、奖章、徽章、雕饰、袖章、证书、证明和其他象征物，都能以有形的方式让佩戴者回忆起曾经经历过的某种变化，如从未婚到已婚、从参赛者到冠军、从市民到士兵、从士兵到英雄等。所有这些象征物都能让人们发现那些具有同样变革经历的人，因此很容易和他们展开对话和形成共同的圈子。

引导变革

研究悲痛心理的专家表示，面对巨大个人损失的人首先必须经历一系列体验，如震惊、压抑、困惑、内疚、愤怒等，然后才能逐渐恢复正常。毫无疑问，如果有牧师、心理医生或好友的引导而不是独自去面对，我们肯定能更好地面对这些人生阶段，更快地从悲痛状态转变到正常生活状态。同样，每一个变革诱导商也必须通过一系列体验来引导渴望者实现变革。

如图 9-3 所示，经济价值的递进规律可以形成一个经济金字塔，每一种经济产出都是其上一级经济产出的基础。为引导渴望者实现心中的目标（以产品作为象征物），变革诱导商必须精确地确定他们所需的改变人生的各种体验；为成功吸引宾客参与令人难忘的活动（以产品作为纪念物），体验营造商必须详细地描绘他们所需的服务；为提供顾客所需的无形活动，服务提供商必须对产品进行合理的配置以满足支持服务的需要（如快餐店内桌椅和调味品数量的搭配、干洗店内衣架、塑料袋和清洗设备的组合等）；为生产用户所需的有形产品，制造商必须对初级产品的来源进行开发，从中寻找生产所需的原材料；同样，为提供市场所需的原材料，初级产品交易商必须寻找新的矿产储藏地，以便开采更多的初级产品。

图 9-3　经济模式金字塔

由此可见，变革是无法被开采、生产、交付或营造的，它只能被引导。有句老话说得好：强扭的瓜不甜，没人喜欢被迫接受改变。正因为所有的变革都必须在顾客身上发生，因此做出这种改变决定的只能是顾客自己而不是企业。对此，中哥伦比亚医疗中心的前任首席执行官马克·斯科特（Mark Scott）是这样对我们说的："我们发现有些病人在癌症治疗过程中很不配合，他们已经习惯了自暴自弃，这种情况其实并不难理解。遇到这种情况，我们会让患者的家属积极参与治疗，让他们引导患者走出心理阴影。这种方式一旦应用，往往会产生非常好的治疗效果。"

最好的方式是，变革诱导商可以创建正确的情境，在这种情境下引导特定变化的产生，也就是说营造包含正确服务的体验，这些体验应当涵盖正确的产品……依此类推，保证每一级经济产出都符合顾客的真实需求。但是光靠这些还不够，要想引导变革还要做很多工作。如图 9-4 所示，引导变革这种经济产出需要三个不同的阶段：确定顾客渴望、营造变革体验和后续实施过程。

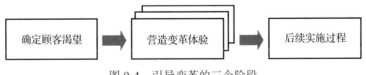

图 9-4　引导变革的三个阶段

确定顾客渴望

顾客渴望的变化到底是什么？他们离心中的渴望目标有多大差距？这种变革应当从哪些角度来体现？显然，没有合理的"诊断"，顾客肯定无法实现心中的渴望。正如在产品和服务的规模化定制过程中顾客不知道或说不清自己的真实需求一样，在变革经济中渴望者也不知道或说不清自己的期望和梦想是什么。[22] 更糟的是，有时候他们还会形成错误的渴望，即制定对自己当前状态有害的目标或期望。正如金融服务机构有责任避免顾客做出错误的投资决定，以及主题公园管理者有责任避免宾客做出危险举动一样，所有的变革诱导商也必须具备道德责任，避免渴望者去实现不合理或不道德的特质。当然，至于此类特质如何定义，这要取决于每个诱导商的道德意识和世界观如何了。

因此，对于每一种变革，其实质问题是要了解顾客到底想要变成哪种状态，以及他们离实现这种状态还有多大的差距，哪怕他们自己并不清楚这一点，抑或对这种变化所需的方向或重要性充满疑惑。企业应当考虑的是，顾客真的有能力实现渴望吗？如果答案是肯定的，那他们在实现变革的过程中希望得到怎样的引导？有些情况下（这一点充分说明了企业为何要在确定顾客期望之前先对其进行分类选择），消费者个体或公司其实根本没有能力实现其渴望的目标。此时，我们认为企业不应急于踏上引导变革之路，因为这样做根本毫无意义，它们应当做的是提供一些预先活动，帮助渴望者形成实现目标的能力，这才是第一要务。

在确定渴望阶段，以健身中心为例，企业必须了解每个顾客期望达到的体重、肌肉力量或体质（或三者兼而有之），评估他们在这些方面的当前状态，然后才能有针对性地设计旨在实现这些目标的锻炼方案。与此同时，企业必须了解渴望者的医疗状况以确保这些方案不会对其造成伤害；此外，企业还必须了解顾客的精神和情绪倾向，以便确定锻炼过程中可能出现的障碍。在保

健行业中，医生（包括精神病医师）会假定每一位患者都希望在
生理上（或精神上）得到治愈，但是特定的渴望目标可能会出现
显著差距，有人希望自己能"焕然一新"地投入工作，有人希望
自己"各种功能不出毛病即可"，有人希望赶紧出院回家，有人
希望早点摆脱痛苦平静面对死亡。和其他变革诱导商一样，医生
可能认为有些患者的目标设定得过低，有些患者则对病情过于乐
观，但是不管是哪种情况，他们在设计治疗方案时都必须注重患
者的最佳利益（同时也要留出空间以实现奇迹目标）。与此类似，
管理咨询顾问必须了解企业的战略需求和当前的业务能力，在制
订可行的行动方案之前，必须清楚地认识到这样一个事实，即企
业和咨询顾问都是存在偏见的观察者，都会不可避免地"盲人
摸象"。

　　要想成功地为顾客提供变革，你可以用"从……到……"结
构来确定顾客的渴望目标。我们曾多次使用这种方式，例如，从
大腹便便到健康匀称，从奄奄一息到神采奕奕，从抑郁烦躁到轻
松活泼，从吸烟者到戒烟者，从未婚到已婚，从参赛者到冠军，
从悲伤到正常生活，从只想出院回家到希望安然离世，等等。显
然，这些表述都是一般性的、广泛的变革性方向，企业必须更进
一步，利用这种描述法针对每个渴望者确定其具体的变革目标。

营造变革体验

　　接下来，对于利用描述法得出的变革目标，企业该利用哪些
体验来帮助顾客实现呢？顾客应当怎样才能从当前状态转变到其
渴望状态呢？毫无疑问，变革是以体验为基础的，更准确地说，

是以那些能够让顾客意识到其渴望目标（无论他们能否准确说出自己的渴望目标）的可改变人生的体验为基础的。

例如，心理医生在面对病人时有一整套咨询方案，虽然每一种方案都有不同的动机，但这些方案的总体目标是要随着时间发展慢慢把病人从精神相对异常的状态转变到正常的健康状态（尽管很多人都说心理医生眼中没有一个正常人，称他们根本无法完全治愈这种疾病）。在教育机构中，很多学校（包括商学院）都提供体验中的体验，有些课程必修，有些课程选修，但所有课程的目的都是要把学习者教育、磨炼和塑造成具有特定知识储备和技能水平的毕业者。同样，高尔夫大师和其他体育教练在帮助顾客提升运动水平时，会在体育活动中添加必要的智力训练和情绪鼓励。与很多变革活动一样，高尔夫教练改善的不只是学习者对击球这个小动作的体验，其目标是要把菜鸟变成老练的选手。因此，他们提供的引导是全方位的，包括精神准备、瞄准和挥杆；包括树林、球杆、切球、沙坑和推杆；也包括规则、球场管理和计分方式等。

在为变革设计体验时，诱导商应充分利用体验的四种范围。娱乐性体验可以改变我们对世界的看法，教育性体验可以让我们重新思考如何更好地适应这个世界，[23] 逃避性体验可以让我们的个人能力和特征提升到一个新的水平，审美性体验可以为我们灌输对奇迹、美景和优雅事物的鉴赏能力。我们想再次强调，最吸引人的，能够改变人生的体验应当是那些集合了所有体验范围的"蜜罐"区体验，无论渴望者希望实现的变革目标是什么，这种感受最为丰富的体验都能最大限度地吸引我们，让我们把注意力集中到其变革性的本质上来。

后续实施过程

　　体验为变革的实现搭建了舞台，但是变革一旦开始又该如何持续呢？怎样做才能保证这种变化不会退步呢？我们已经说过，如果一种变革无法持之以恒，新鲜一阵之后就难以为继，那只是"伪变革"，不是真正意义上的变革。要想打出完美的球，高尔夫运动员不光需要漂亮的挥杆，后续的工作也至关重要。高尔夫指导也是这样，谁也无法在一次课程之后球技突飞猛进或是不加练习就能保持进步状态。嗜酒者互戒会（Alcoholics Anonymous）和其他一些自助型组织在变革的后续过程中表现得就非常出色，其中的原因就在于，人们都知道想要一次不喝酒容易，但要彻底戒除酒瘾却很困难，因此后续努力才如此重要，它需要戒酒者的互相监督和鼓励来达到最终目标。同样，婚姻咨询顾问可以让夫妻坦诚地探讨婚外情问题，甚至能让双方做到宽恕彼此，但是要想重建已经破碎的信任感则需要双方长期的努力经营。

　　变革诱导商会发现，后续实施过程是最困难的阶段，也是很多企业做得不足的地方。例如，如果管理咨询顾问只提供战略分析而不管后期工作的具体实施，这种工作只不过是服务业务，并非变革业务；如果教育者只顾传授知识而不管学生能否将这些知识学以致用，这种努力充其量只能算是体验业务（如果算得上的话）；如果医生只治疗生理上的疾病而不管患者的情绪需求，这种工作其实只不过完成了一半——幸运的是，这种问题如今已经在保健行业中得到人们的重视。

开始行动

1994 年 9 月，英国著名医学刊物《柳叶刀》（*Lancet*）发表了一篇文章称应在医生工作中引入"工作即表演"的理念，结果在医学界引起轩然大波。在这篇名为"医疗工作中的表演活动"的文章中，来自西安大略大学的作者希勒尔·芬斯顿（Hillel Finestone）和大卫·康特（David Conter）表示，医生必须像演员一样接受表演训练，按照前面所说的三步法为每个病人带来真正的改变。在这篇文章中，两人是这样介绍医生该如何实施这三个步骤的（同样适用于所有变革诱导商）。

如果医生不具备评估患者情绪需求（确定病人需求）的必要能力，无法对此类需求做出明确而有效的响应（营造变革体验），那他的工作就没有做好。因此，我们认为医学培训内容中应包括表演课程，注重如何对患者的情绪需求做出适当的、有利的响应。

在工作中，我经常要面对患有慢性病的患者，我发现对这些患者传达鼓励的、充满希望的甚至是哄骗性质的内容（后续实施过程），是一种非常重要的沟通手段。更重要的是，它能满足让病人自我改善的需求。[24]

对此我们想补充一点，正因为工作即演出，医生应当在工作中始终采用合适的表演方式，以传达其对病人的正确响应和关注，不能因为感觉"不自然"而逃避"演出"。

然而可惜的是，当时很多医生都反对或嘲笑这种理念。有一位医生甚至用诙谐的语调这样写道："看来我们的医学院又要添加一门新的课程了。以后我们将会看到这样的描述——症状：肥胖症；传统疗法：节食；新疗法：面对落日余晖，音乐缓缓响起，医生和病人心潮澎湃，泪如雨下般地庄严承诺，'以上帝为证，我以后一定要坚持饿下去……'"[25] 显然，这种描述过于夸大其词，我们认为适当的表演的确能帮助患者在第一阶段更清楚地说明自己的问题，在第二阶段更好地理解治疗选择以及确定合适的体验方式，在第三阶段更轻松地接受治疗和其他后续安排，以便实现持续性的变革。此外，医学研究也有力地支持了医生必须成为演员这样的观点。很多研究表明，那些以更关心、更投入的方式来对待患者的医生，即对病人无微不至的医生，他们不但接到的投诉最少，而且在患者治疗效果方面的成绩也最突出。[26] 因此，善于因病施治的、富有爱心的医生绝不是不合时宜的；相反，这是每一个医生都必须扮演的角色，甚至可以说是每一个变革诱导商都必须做到的基本要求。

引导变革的三个阶段（确定顾客渴望、营造变革体验、后续实施过程）不仅使这种经济产出迥异于比它低一级的体验，而且综合起来可以比体验营造商体现出对满足个体消费者幸福更深刻的责任承诺。变革诱导商必须高度关注顾客需求的确定，正确引导变革体验的营造，持之以恒地坚持后续过程的实施。关于这一点，或许著名哲学家米尔顿·梅耶罗夫（Milton Mayeroff）在其作品《论关爱》（*On Caring*）中给出的解释最为准确。我们认为，对于希望从事变革业务的企业来说，这本书是它们的必读之作。在这本书中，梅耶罗夫写道："关爱可帮助他人成长和实现自我目标，它是一个过程，是一种以发展的形式和他人建立联系的方式，这种方式正如友谊是随着时间在共同信任的基础上建立起来一样，是一种人际关系不断深化的质变。"27 梅耶罗夫所说的"过程"指的是一系列体验，这些体验不但能说明关爱行为，而且能随着时间的推移形成关爱能力。（想想看，你的好友不也是在印象最深刻、感受最强烈的体验的基础上结识的吗？）

此外，为实现持续变革，企业必须和个体渴望者形成不断发展的关系，而要实现这种能力，管理者必须杜绝"口惠而实不至"的做法，坚持长期甚至是永久性地遵守自己的操行原则。梅耶罗夫在其书中描述关爱一词时使用了很多词汇，如了解、耐心、诚实、信任、谦卑、希望、节奏和鼓励等，我们为什么不能在企业的使命描述中加入这样的描述内容呢？毕竟，变革诱导商也必须注重持续的关爱顾客的能力。这是因为，如果没有关爱的投入，一次性体验很少能够引发变革。要保证渴望者实现其心中梦想，企业通常需要提供一系列体验，每一种体验都要用统一的原则来加以引导。

对经营变革业务的企业来说，其员工的首要需求是具备真正关爱的能力。因此，在员工改变顾客之前，变革诱导商必须首先将员工改造为能够在工作中充满关爱的人。关于这一点，ServiceMaster 公司前董事长威廉·波拉德（C. William Pollard）是这样加以评论的："人们的精神和灵魂可以在他们服务和工作的过程中通过其行为得到充实，在此过程中他们会得到成长，更加清楚自己想要成为什么样的人。"28 在其作品《企业的灵魂》（*The Soul of the Firm*）中，波拉德介绍了 ServiceMaster 公司是如何培训和激励员工全心全意地满足顾客，而不是简单地提供服务的。要做到这一点，企业管理者应主动牺牲自己的需求以满足员工的需求；同样，企业员工应主动牺牲自己的需求以消除顾客的损失。波拉德在书中称苏格拉底说过要"认识自我"，亚里士多德说过要"控制自我"，另一位改变了人类历史和心灵的思想家说过要"奉献自我"——没错，这句话正是耶稣说的。[29]

现在，企业应当认真思考一下耶稣基督的这句话了，你对这句话有何感受？在即将到来的变革经济中，渴望者只会把自己的未来委托给那些可以和他们同呼吸共命运、具有相同世界观的企业。变革诱导商必须迅速适应这种改变，因为他们正是企业寻求突破的价值所在，能够最终把公司打造成践行细分世界观的企业。届时，面对道德是非问题企业将无法继续装糊涂，摆出一副模棱两可的态度，躲在产品和服务的掩饰下逃避对敏感问题的回答。不管有意（如 ServiceMaster 公司的做法）还是无意，所有的企业都要推行某种世界观，变革将会成为不可避免的问题。开采初级产品会把地球变成屈服于人类意志的星球，其影响范围涉及每一个生命；产品会把用户变成产品的使用者，无论其目的是好还是坏；服务会把顾客变成服务的接受者，无论其作用是崇高或卑劣；体验会把宾客变成经历的参与者，无论其长期影响是有害还是有益；而变革会把渴望者变成一个"全新的你"，无论这种表达方式在伦理、哲学和宗教意义上的意义是正面还是负面。可以说，所有商业行为都涉及道德方面的选择。

第 10 章

找到你的角色

The
Experience
Economy

　　在《工作的终结》(*The End of Work*)这本书中，身为悲观主义学者的作者杰里米·里夫金谴责了技术革新为农业、制造业和服务业工作机会带来的巨大损失，他一针见血地指出："我们正在进入世界历史的一个全新阶段，一个工作者越来越少却能为全球人口提供足够产品和服务的阶段。"[1]里夫金认为"第四种"经济形式已然形成，即他所说的知识经济，不过他并不认为这种经济会"在未来几十年内吞噬几亿人的工作岗位"。[2]尽管如此，他仍然坦承："我们有理由保持希望，在意识变革和对人类社会新承诺的基础上形成的全新商业视角将会大行其道。"[3]

　　的确，我们是有理由保持希望，因为经济模式从产品和服务主导型发展到以体验和变革为新的成长动力，这是一个自然的演变过程。如图 10-1 所示，1959 ～ 2009 年的 50 年中，农业和制造业部门实际上已经无法再提供新的工作机会。从就业人数和名义 GDP 增长率两方面来看，其他级别较高的经济产出的发展势头远远超过这两种经济模式，其中尤以变革经济的增速最为迅猛，甚至超过了体验经济的发展。[4]

　　图 10-2 的美国消费者价格指数增长表是对图 1-2 的更新，图中使用医疗服务作为变革经济案例，清晰地体现了和服务业统计数据的差别(尽管被美国联邦政府作为服务业进行统计)。如同政府统计中的错误表述所反映的那样，保健行业的"暴涨"不仅超过了服务业的增速，甚至(我们认为是意料之中的)比体验行业的增速还要势头迅猛。[5]不光是保健行业，管理咨询费用在过去 20 年中也出现了激增。如今，在知名咨询事务所工作的初级顾问，对大型项目每天收取的服务费用超过 5 000 美元毫不稀

奇，这个数目要比 20 世纪 80 年代的日咨询费用高出 5 ～ 8 倍。
此外，从 20 世纪 70 年代末到今天，大学学费和食宿费等项目的
名义成本增长了 5 倍，远远超过了物价上涨的速度。[6]

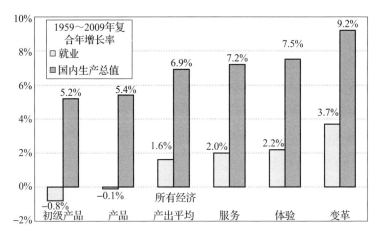

图 10-1　不同经济产出在就业增长率和名义 GDP 增长率方面的差别

资料来源：U.S. Bureau of Economic Analysis; Strategic Horizons LLP; and Lee S. Kaplan, Lee3Consultants.com analysis.

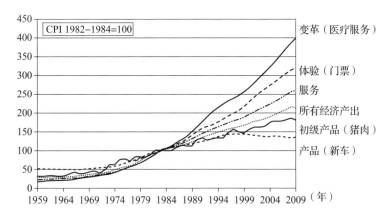

图 10-2　不同经济产出的消费者价格指数增长情况

资料来源：U.S. Bureau of Labor Statistics; Lee S. Kaplan, Lee3Consultants.com.

简而言之，正如体验营造商面对前面几种经济形式时所具备的优势一样，如今变革诱导商在整个经济发展中所占的份额也在迅速扩大。可以说，现在唯一能比营造体验更具优势的业务就是引导变革了。体验经济和变革经济不但都是有效的经济形式，而且都是强劲的经济发动机，能够提供足够的工作机会和产值以弥补较低经济形式萎靡不振带来的损失。显然，这是一个无可辩驳的事实，只不过需要人们花一些时间来适应。正如《理性》（*Reason*）杂志前任编辑维吉尼亚·波斯特莱尔（Virginia Postrel）所说的那样："实际上，我们正置身于无形经济世界，其中最重要的财富来源都是非物质的。对于以高度强调美感、娱乐、注意力、学习、乐趣和精神满足为特征的这种新经济，要把它看成和钢铁或半导体等有形经济产出一样真实，显然我们对这种变化还不够适应。"[7] 我们认为这句话完全正确，因为在这些新的经济形式中，财富的来源并不是实际产品而是智力投入。

在工作中融入智慧

变革顾客（或企业）需要我们思考和应用当今商业世界很少使用的一个词——智慧。按照《牛津英语大词典》的解释，智慧是指："聪明的特性，尤指有关行为以及方式和结果选择方面的聪明特性；指利用经验和知识的结合形成明智应用的能力；指可靠的判断、精明谨慎和实用感。"[8] 诱导商在引导变革的三个阶段中都需要智慧，在确定需求阶段，他们需要智慧来识别哪些是顾客的真实渴望，哪些是虚假期望、过高目标和自我欺骗；他们尤其需要利用智慧来判断消费者个体或公司是否有能力实现期望的变革。

在营造体验阶段，变革诱导商需要智慧审慎地确定合理的"方式选择"以实现在第一阶段确定的"结果选择"。在后续实施阶段，诱导商也需要利用智慧做出正确的判断、行动选择，以及在变革开始前对经验和知识的应用。可以说，没有智慧的帮助，人们很难实现其渴望的梦想。

再读一下《牛津英语大词典》中对"智慧"所下的定义，我们不难看出经验和知识之间的对应关系。如图 10-3 所示，在经济价值递进表中，每一层都对应一种特定的智力形式，对此我们不妨称之为智力形式的递进。[9] 在其底部，我们看到初级产品对应的是噪声，它指的是大量杂乱无章毫无意义的观察结果，初级产品开发商必须在这些毫无头绪的结果中努力寻找有用的信息。例如，大海捞针般地寻找天然金块或石油储藏地。如果对这些结果进行整理，使其成为系统化的符号，那它们就会变得有意义，成为有价值的数据。实际上，对自然数据和金融数据的收集整理正是工业革命诞生的前提，工业革命就是在制造商的劳动分工、标准化规格、效率衡量等内容的基础上逐渐形成的。不过，标志着这场革命达到顶点的事件却是计算机的出现，它为我们带来了数据处理行业。自此，数据开始变得极大丰富，远远超过了人类的处理能力。[10]

如今，数据处理行业已经成为过时的称呼，人们听到它的第一感觉是回到了 20 世纪六七十年代，现在取而代之的是信息技术行业。这种变化清晰地反映了从工业经济向服务经济的转型，因为信息在共同背景或参照系的基础上，用于和他人交流或向他

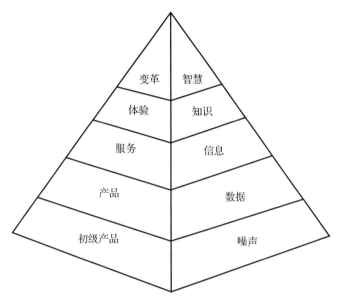

图 10-3　经济价值和智力表现形式的递进关系

人交付（因此是一种服务）的数据。产品是孤立制造和分配库存的，它们实际上就是系统化规格的实例体现。服务则不同，它无法孤立地提供，而是需要特定的共同背景，即由提供者和消费者共同确定顾客希望实现的特定活动。对于以规模化定制产品为特色的服务来说，它库存的不再是数据，而是信息。

　　如今，随着我们步入体验经济时代，信息技术这个表达也开始落伍，人们现在经常挂在嘴边的是"知识库""知识管理""知识架构"等说法。[11] 知识即体验式信息，是一种从体验中获得又能够应用到体验中去的智力形式。[12] 其实，这些表达和计算机系统中内嵌的智能毫无关系，它们指的是把人们和正确的知识联系起来，以便这些知识能得到即刻应用。[13] 当然，营造体验也需要具备深刻的知识，这种知识主要侧重于了解人们如何对其接收到的信号做出正确反应。

尽管还没有听人提过"智慧技术"这个说法，但我们可以肯定它离人们的日常表达已经不远了。实际上，现在已经出现了一本讨论如何超越企业现有知识的作品，即约翰·科斯塔（John Dalla Costa）的《工作智慧》（*Working Wisdom*）。在这本书中，科斯塔提出这样一个观点，即智慧既是体验的结果（通常是痛苦体验，如人们在健身中心、心理诊所或经历悲痛时的体验），也是变革的基础。

正如人们会形成性格缺点，企业行为也会不可避免地包括痛苦体验。可是，虽然很多政治、宗教和艺术机构都把痛苦体验视为一种必经的历程，认为它是实现个人变革和通往崭新人生体验必须付出的代价，但各种企业仍无法认识到这一点，它们认为痛苦体验是必须加以杜绝和禁止的。

之所以会出现这种制度上的不成熟现象，原因之一在于企业利润都是建立在满足顾客需求和消除痛苦、不适或不快的基础上。50年来，痛苦和哀愁等字眼早已被赶出消费者文化领域，无数的商品（即产品）和服务都承诺为顾客带来娱乐、便利、自我实现和快速满足。企业在很多方面都提供了痛苦的解决之道，因此自然不会重视这种会影响其赢利的因素。[14]

但是，我们认为，对于那些有智慧摆脱产品经济和服务经济束缚，大胆转型到体验营造业务的企业来说，它们会从中获得更大的利润，无论它们为改变顾客而营造的体验有多么痛苦。

　　要做到这一点，企业必须按照图 10-3 从两个方面共同递进。随着每一次递进，经济产出会变得越来越无形化；与此相反，每一次递进体现出的智力形式会变得越来越清晰和有形化。经济学家常说产品和服务之间存在一条"有形 / 无形界限"，按照这个观点，我们可以进一步提出在服务和体验之间存在一条"可回忆 / 不可回忆界限"，在体验和变革之间存在一条"可持续 / 不可持续界限"。不过，经济学家的这个说法仅仅指经济产出本身的状态，没有提及这些产出为顾客带来的价值。我们在第 1 章已经讲过，产品和服务是置身于消费者个体之外的经济产出，而体验则是发乎于消费者内心，可以以个人方式对其产生影响的经济产出，它能极大提升为顾客带来的价值。但是，无论一种体验有多么强烈，人们对它的记忆还是会随着时间慢慢褪色。与此相反，变革这种经济产出能够引导每个消费者个体实现心中渴望，然后随着时间发展持续这种变化，因此是最高形式的经济产出，为顾客带来的价值也最大。可以说，与帮助顾客实现渴望相比，没有任何一种价值比它更有形、更明显、更值得企业去投入。

　　与此类似，随着智力形式的逐层递进，企业可应用的智力手段会逐渐减少（背景噪声无处不在，而真正的智慧非常罕见），智力本身会变得越来越实质化。与改变顾客所需的智慧相比，其他任何智力形式都不及它重要、持久和富有财富创造力。同样，任何一级经济产出需要企业付出的代价也不如变革经济那样高。

　　在《知识价值革命》（*The Knowledge-Value Revolution*）这本书中，作者堺屋太一（Taichi Sakaiya）介绍了各阶层群体如何"对其所处环境形成投入式冲动，一方面说服自己远离供应不足的事物，另一方面又对丰富的资源穷奢极欲"15。例如，物资和能源在美国一直都很丰富，因此这个国家在使用煤炭、石油和其他自然产品时非常浪费。富人们喜欢在宽阔的土地上建造巨大的房屋，屋内始终亮着灯光，这样做只是为了炫耀其财富。而在日本，物质资源长期贫乏，人们在使用资源时总是精打细算。与此相反，这里的人力资源过度丰富，于是引发了炫耀人力消费的现象，富人们通常会请一大群人来照顾小小的屋舍、草坪和花园。随着20世纪下半叶的经济繁荣，美国和日本的技术劳工都成为稀缺资源，标志着这一现象达到顶点的是一次性产品的出现，它们一方面节约了规模化生产技术所需的劳动力，另一方面也浪费了大量物质资源。

根据他本人对相同社会转型和经济转型的看法，堺屋太一在书中写到，越来越多的企业和这些企业的员工正沿着智力形式递进表向上转型，以提供日语中所说的"chika"，简单翻译过来就是知识价值，即"同时涵盖'智慧代价'和'智慧价值'的双重含义"16。在这本书的最后，他预测智慧本身将会变得相对丰富。

因此我认为，在目前正在形成的新社会中，最值得尊敬的生活方式是所有者炫耀消费智慧（广义概念）的生活方式，最好卖的产品是那些能够彰显购买者是"熟悉内情者"的产品。这种产品比其他任何产品都能更好地体现所有者对特定知识、信息和累计智慧的熟练掌握，是具备我所说的"知识价值"的产品。我的观点是，我们正在进入一个全新的文明阶段，在这个阶段附着在知识上的价值才是社会的推动力。17

我们认为，最具备知识价值的此类"产品"，即在累计智慧的基础上形成的经济产出，正是那些能够改变顾客的产品。但是，这种产物并非智慧本身，智慧只是形成该产出的一种方式；相反，这种产出实际上是被改变的消费者个体，也就是说，顾客即产品。

你才是收费的目标：再谈关爱

尽管很多企业都声称自己的业务以改变顾客或公司为目标，但实际上没有几家真正从事的是变革业务。原因在于，很多企业仍把其产出视为简单的服务，因此根本无法诱导顾客所需的变革，即使能够诱导变革也无法全面获得由此带来的经济价值。更重要的是，没有几家企业会针对这种变革本身向顾客收费。我们认为，从事变革业务就意味着企业必须对渴望者实现的成果（即变革本身）收费，而不是对引导变革过程中出现的特定活动收费。

例如，如果某健身中心真的从事变革业务，它不应收取会员费或是根据会员使用器械的时间收费，而是针对帮助会员实现的健身目标收费。如果渴望者未能在一段时间内实现健身目标，该中心可以不收费，或是根据会员已实现的成果收取相应的费用。换句话说，它收费的目标不是顾客付出的辛苦而是得到的收获。

如果这家企业是真正的变革诱导商，我们可以想一想这样的业务会带来怎样的不同。首先，它会花大量时间对顾客进行前期了解，然后才决定是否接受其为会员，特别要了解的是每个顾客的真实期望以及当前是否具备实现变革的生理和心理条件。这是因为，很多人其实并不具备坚持锻炼身体的意志，无法朝着既定目标实现持续进步。之所以强调这一点，是因为实际上很多健身中心都是盲目地招收会员以增加收入，但很多会员很少在健身房努力付出。诚然，招收这样的顾客会在短期内让企业赚得盆满钵满，但长期来看却得不偿失，因为你必须为每个顾客不停更换到期的会员身份。同时，由于未能向渴望者获得全面价值额外收费，由于未能在第一时间改变无力参与后续实施过程的顾客的意志，健身中心反而会损失更大的利润。（这些确定顾客需求的活动本身就应当被视为体验并明确收费，对某些企业来说，其实早在顾客成为会员之前，变革业务就可以为其带来利润。）

当健身中心确认顾客在生理和心理上已经准备好实现特定变革时，只有在此时企业才能针对特定的目标设计收费，其中包括实现中期目标的费用。至于费用的具体数额，可以比当前使用器械的费用高出 2 ～ 3 倍，甚至可以高出 10 倍。试想一下，谁不愿意减少 30 磅的体重，增加 5 英寸的胸肌，仰卧举重 250 磅，或是（主观上）练出搓板状的肋骨和结实的臀部呢？为了实现这样经过承诺的目标而多付一些费用，顾客又何乐而不为呢？一旦做出这样的承诺，健身中心就必须设计完全符合渴望者期望目标的正确的体验组合，这样才能收取全额费用。在这一点上，个人健身教练之所以比健身中心收取的费用高得多，就是因为他们能保证顾客坚持按照合适的训练规定实现目标。

工作者也需要个人培训师，来自加拿大温哥华的 Priority 管理公司提供的就是这种业务。该公司的口号是"建立更好的工作方式"，其目标是改变人们的行为举止，此举通常至少能把企业和个人生产率提高 20%。其具体做法是确定顾客当前的生产率水平，营造培训活动，然后为每个顾客提供一位专业培训师，指导后续的实施过程。这家公司成功的秘诀是，它承诺如果顾客达不到期望的目标，可以不必支付费用。该公司在明尼苏达州伯恩斯维尔有一家特许经营分部，该分部前任经营者罗杰·万根（Roger Wangen）告诉我们："利用我们的培训方法，大多数顾客很快就能实现提高生产率的目标。但是如果有人可能达不到我们共同制定的目标，或是不愿采用我们推荐的管理日常工作的新方法，我就要加倍努力才能保证对方得到想要的结果。"因此，对于超过 95% 的顾客愿意继续和这家公司合作，我们丝毫不感到奇怪。尽管它没有把顾客称为渴望者，但其做法无疑是在真正践行变革业务。

B2B 领域的管理咨询服务也是一个很好的例子，这个行业长期以来都是根据工作者提供的服务活动收费，而不是根据为顾客带来的实际变革收费。如果咨询顾问真正视自己为变革业务的从业者，他们会像健身中心那样花大量时间做前期调查，确定顾客的战略需求和实现变革的能力。他们不用再写分析报告（当今由幻灯片软件催生的咨询行业中的有形产品），而是去营造令人难忘的体验，让顾客首先感受到这种战略实现之后会带来怎样的生活和工作体验，然后再去创建这种现实（当然，企业还可以为每一种体验提供相应的纪念品，取代当前咨询行业中毫无作用的活页文件夹）。最重要的是，他们应当注重后续实施活动，确保每一位顾客都能切实实现期望的战略目标，否则就会损失部分或全部咨询费用。[18] 要实现引导变革的全面成功，他们还可以利用合适的象征物作为庆祝方式，这样要比单纯提供服务能获得更大的收入。

如今，很多咨询业务都以股权或业务收入的一定比例作为全部或部分支付方式。例如，总部位于伦敦的 Celerant 咨询公司认为自己从事的就是变革业务，其网站主页上的宣传信息是："即使咨询顾问消失，咨询服务也不会消失。我们设计的方法旨在为您的企业提供可持续的积极变化。"[19] 因此，这家公司的口号是"永久改变企业"。为此，公司不得不把收费和绩效标准连接起来，经常有可能无法收回大量费用。关于这一点，公司执行副总裁加里·泰勒（Gary Traylor）称："顾客需要得到的是确定的变化，当聘请咨询顾问时，他们往往要冒很大的风险，我们要做的就是给他们承诺，消除他们的顾虑。"[20] 加里在科罗拉多州基斯顿成立了 Starizon 工作室（该工作室明确提出要把制造商和服务提供商转变为第一批体验营造商），与其他公司的做法不同，该工作室 25% 的咨询费用是基于"变革性担保"确定的。也就是说，顾客可以根据该工作室是否完全实现其承诺，帮助自己达到所需的目标，在此基础上自行决定是全额支付、部分支付或完全拒付这一部分费用。

简而言之，你就是收费的目标，我们可以把这一思想应用到每一层顾客价值中进行观察：

- 如果你对原料收费，你从事的是初级产品开采业务。
- 如果你对有形产物收费，你从事的是产品生产业务。

- 如果你对实施的活动收费，你从事的是服务提供业务。
- 如果你对花在顾客身上的时间收费，你从事的是体验营造业务。
- 如果你对顾客实现的结果收费，只有在此时你从事的才是变革引导业务。

要想真正从事以改变顾客为目标的业务并不容易。从地下开采初级产品或许是最需要付出体力劳动的业务，但引导顾客实现自身变革绝对是最需要付出智力投入的业务，而且有时候也需要付出大量体力劳动（如健身中心的变革业务）。

工作即演出：第一场第二幕

变革诱导商仍需要营造体验，通过组织主题、印象、信号以及纪念品等方式将体验加以延伸，使买方努力接近其渴望目标，而不能只注重体验本身的表现。因此，变革业务中的工作依旧是演出，只不过这种新产出为买方和卖方扮演的角色带来了重大转变。对体验业务来说，营造商公司的员工即演员，负责表演内容、塑造角色和开发特征，以充满娱乐性、教育性、逃避性和审美性的方式来吸引宾客。但是在变革业务中，所有这些体验范围都只是在搭建舞台，目的是帮助顾客学习如何表现。欧文·戈夫曼是最早宣称表演是工作模型的社会学家，他认为新兵训练营是一种有效的手段，可以把个人从愤世嫉俗者成功转变为真诚的表演者，因为"一个新兵开始会因为担心受到体罚而遵守部队规定，慢慢地他会转变为主动遵守这些规定，这样会给他所在的部门带来荣誉，为自己带来其他官兵的尊重" 21。

我们可以再来看一下生日活动的变革产出。礼品的选择、宾客的邀请、晚会结束后的感谢信，以及其他各个方面都应当致力于同一个目的——帮助儿童学习如何表现。例如，他们一开始可以对众人"故作"感谢，以后每当遇到合适的机会需要表示感谢时，他们便会出现同样的情绪，进而自然地表达出发自肺腑的感谢之言。可以说，这种产出对父母最基本的角色进行了补充，即帮助孩子成长为具有独立行为能力的成人。对变革诱导商的全体工作人员来说，他们都必须扮演同一个角色，即指导表演者演好新的角色。（别忘了其中涉及的基本原理：导演也是工作，而工作即演出。）

著名导演哈罗德·科勒曼（Harold Clurman）曾说过，演出技巧的"终极评判结果是看对人类需求、渴望、道德关注以及思想有无贡献，这些问题使得剧院内的观众也扮演了某种角色……观众是戏剧表演的源泉，是其主要演员，这绝非比喻的说法，而是一个历史事实" 22。观众的作用是成为戏剧演出本身的一部分，因此每个观众在欣赏完表演之后都会成为和表演开始前不同的个体。也就是说，除非顾客（即观众）主动做出不同的表现，否则变革根本就无从谈起。变革诱导商无法改变顾客，他们只能引导顾客实现变革。同时，顾客必须心甘情愿地把自己交给这样的企业来引导。那么，企业应该怎样做才能获得顾客如此深刻的信任呢？

首先，对刚从事变革业务的企业来说，它们需要具备定制化能力。如果一个企业尚未和顾客建立一对一的合作关系，任何顾客都不会把自己委托给这样的企业。规模化生产、规模化销售和规模化分配的经济产出只能向潜在的消费者传递这样一个明确的信息——我们根本不想了解你的个人需求！对此，消费者只能有一种反馈，既然企业不愿了解我的需求，那又怎么能帮助我实现变化？因此，企业的当务之急是采用规模化定制手段对产出进行改造，以便和顾客建立联系，证明你关心对方的需求。

其次，企业必须营造真正富有吸引力的体验。你必须将其视为所有客户关系的目标，在和顾客合作时，你应当听到顾客这样向你表述："你们让我意识到了以前从未了解过的自己，意识到了一个全新的我。"接下来你可以更进一步，当顾客表示只有和你互动才能获得对自我最深刻的认识时，你就可以把顾客的渴望作为自己的业务目标了。你必须保证顾客最难忘的体验是和你在一起时体会到的，这样就能搭建一个舞台，在这个舞台上建立企业和顾客之间的纽带——一条能够促进他们向你透露最终渴望的纽带。

再次，为表演者提供一个场所排练新的表现。企业应当利用对每个顾客需求的深刻了解，组织适当的体验组合以引导顾客期望实现的变革。你可以把具有相似渴望目标的顾客汇聚成一个小圈子，因为他们迫切想要了解的不只是你的企业和全面体验，也想了解每个"同好"彼此的经历。把志趣相投的顾客聚合起来，企业不能视其为毫不相关的、全无特色的市场细分，而是应当将其视为一群密切联系的角色，这些角色能强化和巩固每个顾客渴望实现的目标的正确性。

宾夕法尼亚大学英文系荣誉教授罗伯特·鲁西德（Robert

Lucid）就是一个很好的例子。早在担任宾夕法尼亚大学山顶区宿舍教工主任时，他就意识到入学者渴望的目标。鲁西德说："人们之所以来上大学，他们对大学感兴趣几乎完全是出于某种实用原因，他们想借此机会找到工作或是为了别的目的。不过，我认为其中还有另外一个原因，即他们把大学生活视为一出戏剧，每个人都要在这出戏剧中扮演一个特定的角色。对此他们已经考虑了很久，只要其他演员全部就位他们马上就能上演自己的角色。可以说，他们一直都在拼命寻找其他表演者，他们的脑中已经有了清晰的剧本，他们只是想确认自己能在正确的场合出现。" [23]

正所谓宝剑锋从磨砺出，大多数表演也是这样（特别是变革性表演），需要表演者和其他人共享舞台，这样才能让每个角色在和同台演员的互动中得到更好的发挥。可以说，表演者之间的互补互励往往是推动变革成果实现的重要因素。

最后，企业还必须引导表演者。如果渴望者凡事都要靠一己之力为之，那他们就没必要购买企业提供的变革性产出了，也没有必要把自己的渴望目标委托给其他人来处理了。他们肯定是需要有人来引导这种变革实现的，但又不想在别人的命令下行事。因此，如何处理好协助和干预这两者之间的微妙关系是很重要的问题，也是导演者的责任。记住，引导即导演！需要再次强调的是，一个技艺高超的导演应具备两种看似矛盾的角色，即合作者和命令者。显然，导演工作是需要合作的，这样做一方面可以实现对产出的共同控制，另一方面也可以通过对话帮助表演者认识如何使其角色得到最好发挥。当然，有时在变革业务的实施过程中，导演也必须把自己的决定强加给表演者或是命令他们采取特

定的行动方案，以便表演者更好地认识其渴望目标。表演者应当
意识到，导演负责引导的是包括主题、印象和信号等组织协调在
内的每时每刻的所有细节工作。

除此之外，所有其他事物都是支持这种指导活动的道具。任
何产品（及其包含的初级产品）都必须用于帮助顾客学习如何表
演，就好像表演课程教师使用面具和其他道具帮助学生理解如何
掌握新的表演技巧一样。任何服务都必须用于加速这种学习过程。
同样，任何体验都必须以推动表演者个人价值的提升为目的。

在即将到来的变革经济时代，能保持最大价值的经济产出将
是那些充满目的感的产出，是那些存在目的在于帮助每个顾客实
现心中所想的产出。因此，企业的经济产出会对购买者产生怎样
的影响将会成为所有购买决定中无法避免的本质问题。在当今世
界，企业要想在体验经济中取得成功就必须直面这样一个现实，
即它们的每一个举动都会影响消费者的行为特征。实际上，这种
现实始终都存在，只不过在体验经济出现之前一直被以初级产
品、产品和服务为主的经济形式所掩盖。因此，每个企业都必须
严格地审视自己的工作目的，这种评估结果直接决定着哪些企业
会持续繁荣，哪些企业会被逐渐淘汰。

丰富的收益

要想以更伟大的目的来丰富企业，你必须注重以下四种通用
的工作元素，这些元素结合起来决定了企业如何最终为顾客创造
价值。

- 发明：利用全新事物创造价值的工作。
- 实施：利用已有事物创造价值的工作。
- 改正：利用改善事物创造价值的工作。
- 应用：利用已用事物创造价值的工作。[24]

最终，任何针对商业目的提供的产出都应当是有源之物。例如，初级产品预先存在于商业企业出现之前，可以从动物、矿石或植物中开采或提取出来。自从人类出现经济活动之时起，这些物质就一直是各种新产品和服务的源泉，当然也是现在出现的新体验和变革的源泉。

但是，任何形式的经济产出都需要供应商施加某些特定的活动，只有这样才能最终形成这些产出。而任何活动，无论完成得多么出色，都必然存在可能出错的问题（毕竟我们是人类而非神灵）。因此，企业必须改正这些活动中所有可能影响最终产出的瑕疵或失误。正如亨利·佩特罗斯基（Henry Petroski）所指出的那样："实际上并不是功能决定形式，而是一种事物的形式源自于另一事物的功能无法按我们的期望正常发挥的事实（因此才会出现改正之后具有新形式的事物）。"[25] 通过添加、删减或修改，经济产出最终得以改善，直到能够适用于特定的个人或企业。从这个意义上说，这种产出交换的是货币支付，而把产出投入使用的行为则将其和满足个体需求和愿望的初始要求紧密联系起来。

每一个企业都需要建立一套管理上述四种价值创造元素的战略（这些元素反映了图 7-1 所示的四种表演形式，后者又映射出第 7 章注释部分图 A-1 所示的四种业务模式）。如图 10-4 所示，企业必须根据展开工作的方式（发明、实施、改正和应用），针对

	初级产品 产出为物资原料	产品 产出为产品	服务 产出为操作过程	体验 产出为事件	变革 产出为顾客个体
发明	发现新物质	开发出新发明	设计新程序	描述新剧本	确定新目标
实施	开采是交易商的核心活动	生产是制造商的核心活动	交付是提供商的核心活动	营造是营造商的核心活动	引导是诱导商的核心活动
改正	贫矿发寻找新的矿藏	问题触发改正现有错误	反应触发响应过程	遗忘触发保存记忆	复发触发更坚的决心
应用	连接不同市场的贸易	连接不同用户的交易	连接不同顾客的互动	连接不同客的经历	维持和渴望者之间的联系

图 10-4　新的企业竞争前景

特定的买方类型（市场、用户、顾客、宾客或渴望者）定义其经济产出类型（初级产品、产品、服务、体验或变革）。通过系统地分析新的竞争前景和确定独特的企业目的，每个企业都必须定义完全属于自己的产出、核心活动、改正机制和买方关系，以便做到发现优势和持续利用优势。

像阿彻丹尼尔米兰德公司和嘉吉公司（两家都是从事农产品贸易的初级产品交易商）等优秀商品供应商的表现，有力地证明了企业即使在最低的经济产出层次上也能成功地开展竞争，证明了有时注重初级产品供应也是正确的企业经营战略。如果能把前述四种通用工作元素的分析结果加以应用，对于初级产品经营业务所需的主要价值创造工作，企业一定会表现得非常优异。具体来说，在初级产品经营业务中，这四种元素的分析结果如下。

- 发现新物质
- 高效开采原料
- 勘探新矿藏
- 进行市场间贸易

进行贸易	发现
高效开采	勘探

在以前的经济时代，只有很少一部分农业和矿业企业能够在激烈的竞争中幸存下来。多年来，大部分原料都是在高度固定的市场中交易的，但是当企业发现新物质时，开采、勘探和交易的整个流程便会形成新的市场。对企业来说，能否接近这些市场依旧是决定成功的重要因素，对原材料市场和目标市场的错误选择会为初级产品开采者带来灾难的影响。

但是现在，地点决定论及其做法对企业成功所发挥的影响已

经不再像产品经营业务那样显著了。企业仍可以努力优化工厂、仓库和分配地点，但这些做法无法提供可持续性的战略优势。与此相反，价值必须从以下几方面进行创造。

- 开发新发明
- 高效生产产品
- 改正错误
- 和用户进行交易

这些企业成功元素和初级产品企业的活动有着重大区别。企业必须注重研发活动，随着产品生命周期的不断下降持续推出新的方案来解决旧的问题。无论是对手工生产还是现代化生产，制造业的效率和质量都是保证成功的关键。和顾客进行的交易必须充分满足对方的需求。

利用高质量的流程创造这些产品正变得日益重要，因为它带来了可支持制造商的新事业并最终形成了全新的服务行业。这些服务提供商找到了可实施高价值活动的方法，而对制造商来说，这些活动正是他们遗留给顾客自己去完成的工作。这些工作包括：

- 设计新程序。
- 高效交付操作过程。
- 提供响应。
- 和顾客互动。

服务业的革新并不是在研发实验室内独立完成的，而是在和

每个顾客进行面对面的互动中完成的。这种双向式真诚对话对于
保证优异服务过程的长期交付是非常重要的。

　　同样，仅靠提供服务并不足以营造体验。企业需要协调其各
项工作，把每日和顾客之间的互动过程转变为令人难忘的表演。
要做到这一点，企业必须：

- 描述新剧本
- 高效营造体验活动
- 保持顾客回忆
- 和宾客共享精彩体验

共享	描述
高效营造	保持

　　任何业务，从修理厂到停车场，只要承认体验是其竞争内
容，能够充分利用其所在行业传统服务产出内在的顾客损失，并
在此基础上设计出足够丰富的收费式体验活动，那它一定可以从
提供服务升级到营造体验。

　　把体验视为一种独特的经济产出可以为未来的经济增长提
供方向。杰里米·里夫金认为未来需要更少的人工提供服务，这
一观点是非常正确的，就好像以前的技术革新大大削减了工厂对
生产产品的工人数量的需要，以及更早的时候农业技术进步减少
了农产品收获对农业劳动者数量的需求一样。但是如果像里夫
金、新勒德主义者[⊖]柯克帕特里克·萨尔（Kirkpatrick Sale）、政
治评论家帕特·布坎南（Pat Buchanan）、新闻节目主持人杜博思
（Lou Dobbs）和其他喜欢非议自动化和劳务外包形式的人那样，

　　⊖　Neo-Luddite，本指 1811 ～ 1816 年英国手工业工人中参加捣毁机器的
　　　　人，现在引申为反对机械化和自动化的人。——译者注

因此认为当前经济对劳动力的总需求会下降，这种观点显然是错误的。实际上，未来的经济增长浪潮将有大量机会提供更大的财富和更多新的工作机会。是的，对那些已经认识到并能够积极创建体验这种独特经济产出的企业来说，未来它们将会提供大量工作机会。

即使是收入较高的工作，未来也会伴随那些能够充分理解、阐述和保证变革的体验一起出现（或许由那些擅长将企业改变成体验营造商的专家开始）。转变渴望者所需的过程显然要比其他经济产出购买者所需的过程更为激动人心和难以描述，它包括以下几方面。

- 确定新目标
- 高效引导每个顾客
- 强化决心
- 维持和渴望者之间的联系

维持	确定
高效引导	强化

企业会发现，在上述业务中变革是最难提供的产出，因为诱导商必须一方面有意识地维护自己的业务流程，另一方面又必须帮助顾客学会有目的地去表现。但是对顾客来说，他们最看重的也是这种产出，因为它解决了所有需求的终极之源——揭示了顾客想要得到真实需求被满足的真理。

你想怎么做

企业改变一个顾客所需的能力和改变整个行业所需的能力并

无二致：你必须首先渴望实现某个期望的变化。换句话说，你不能为了改变而改变，这种做法只会导致毫无目标的漫游和对前进方向的不断怀疑，你必须把目标原则应用到企业的发展战略中。

著名的战略专家加里·哈默尔和普拉哈拉德成功普及了战略意图的概念，他们称："太多企业的使命宣言都无法传达任何使命意识，出于这个原因我们更希望为企业设计目标，这些目标侧重的是如何为顾客的生活带来货真价实的变化。"此言非虚。哈默尔和普拉哈拉德鼓励企业展现激情和同情，他们指出战略意图"为员工创造的意义和为企业确定发展方向的意义一样重大"。两人甚至引用了耶稣基督的诫命"你们往普天下去，传福音给万民听"，称这句话"大概是有史以来最充满渴望的、最能调动人们情绪、表达最清晰的战略意图之一"[26]。

我们认为哈默尔和普拉哈拉德揭示了一个非常深刻的道理：战略意图是任何企业获得能量和宏伟目标的基础，它可以为平凡单调的每日活动提供目的感和意义感。但是，只认识到战略意图的重要性还不够，不足以为企业设定前进方向或树立崇高意义。企业还必须面对的问题是："目的"这个词究竟表示什么意思？

任何企业的使命宣言、战略计划和行动步骤的目的，都必须在企业独特性的基础之上建立，不能执迷于竞争对手的经营活动。这样说并不是指企业要努力实现差异化，而是指企业必须努力发现其内在尚未被发现的潜力，竞争性差异只是在此基础上自然形成的一个副产品。这种企业自我发现过程，可以为持续性发展提供重要的动力源泉（正如哈默尔和普拉哈拉德所指出的那样，寻找顾客的独特性可以打开探索其未明需求的源泉）。只有当战略实施者能够完美地、深刻地理解公司计划如何通过其所在行业改变整个世界的结构时，企业战略才会体现出意义。因此，企业每一个活动的实施，其目的必须是为了推动外部变革。然后，企业才能通过积极实现未来目标而不是和对手拼命竞争的方式来满足其特定的战略意图。[27] 要做到这一点，企业必须认真思考自己当前从事的是哪种业务。

在此，我们并不希望企业管理者利用上面的框架，对公司到底是在提供服务、营造体验或是引导变革等问题纠缠不休，这绝非我们的意图。这种讨论只是一种手段——一种可以帮助企业发现新的价值创造方式的手段。经济价值的递进规律已经清晰地阐明了一种新的竞争现实，这个现实是当今所有企业都可以面对的战略选择。毫无疑问，它带来的机会必将是广阔无垠的，但同时它也为企业带来了很多挑战。随着体验经济的逐渐深入，制造商和服务提供商会慢慢发现越来越多的企业正在旗帜鲜明地针对自己营造的难忘体验收费，而他们提供的产出已变得高度初级产品化。当体验经济自然过渡到变革经济时，就连体验营造商也会吃惊地发现他们的产出也会变得初级产品化，因为届时会有越来越多的企业旗帜鲜明地针对自己诱导的顾客变革收费。

因此，你必须在这个快速变化的世界中选定自己的角色。你从事的是什么业务？五种经济产出（初级产品、产品、服务、体验和变革）会产生五种非常不同的可能性，会给你的企业、员工和顾客带来高度复杂的结果。

谢幕

舞台退场

The
Experience
Economy

很多顾客和同事经常这样问我们："变革之后会怎样？"特别是当人们想知道变革是否会像前面几种经济产出一样出现初级产品化趋势时，对这个问题尤其感兴趣。不管怎么说，保健行业正如过去 20 多年的发展一样，仍旧会遭受统一保险带来的巨大的成本削减压力，从而实现更少的程序和日常处理业务。同样，随着互联网教学的迅速普及和大学教育成本的严重削减，这种压力也会在学费成本方面体现出来。此外，管理咨询公司会发现自己正在和"出租"企业管理硕士的商学院进行竞争，但后者收取的费用显然要低得多。[1]与此同时，这些公司也要面对来自印度咨询企业的新竞争，以及日益网络化的、为中小企业提供的新式咨询服务的竞争，而且后者的收费经常只是传统咨询成本的一个零头。这些现象是否说明，变革也会出现初级产品化趋势呢——也许吧！

但是，我们应当牢记的是，在新兴的变革经济中，顾客即产品，变革是协助每个消费者改变自身特质的方式。因此，可以实现这种变化的变革行为能自动避开初级产品化的不利影响。原因在于，每一个人都是独特的，没有任何差异化因素会比改变一个人或一个企业更为显著、更为深刻。当然，你的竞争对手完全可以复制整个变革流程，包括确定需求、营造体验和后续实施过程，但它们永远不可能把变革业务中最关键的因素初级产品化，这个因素就是引导者（即变革诱导商）和被引导者（即渴望者）之间建立起来的特殊关系，正是这种关系保证了经营变革业务的企业能永远立于不败之地。

较高层次的经济产出可以取代较低层次的互动关系，但是能够替代一种变革的产出只能是另一种变革，它可以是对顾客现有状态另一个层面的突破，或者是在同一个层面进行另一种世界观的引导。在这里，我们所说的世界观指的是阐述人类存在的特定方式，通常是宗教或哲学意义上的观点。我们已经看到一些企业及其顾客坦言具有完全相反的世界观（当然你可以称之为意识形态），这种世界观决定了企业的经营范围以及竞争产出的差异化因素。因此，"接下来会怎样"这个问题实际上就变成了一个高度个人化的问题、一个见仁见智的问题。如果要我们老实回答这个问题，那就只能和各位分享我们各自的世界观了。在此，我们不妨思考一下每一种经济产出的独特本质。

- 初级产品只是产品生产时所需的原材料。
- 产品只是提供服务时所需的有形体现。
- 服务只是营造体验时所需的无形操作。
- 体验只是引导变革时所需的可回忆的事件。[2]

如果加入我们个人的信仰就是：

- 变革只是个人信仰颂扬的永恒性的临时状态。

所有的经济产出除了体现当前的价值交换之外还有更多作用，例如，它们会明示或暗示地推动某种特定的世界观。在变革经济全面发展的时代，我们认为买方会根据卖方试图表现的一套内在原则来选择购买变革，当买卖双方的世界观达成一致时，这种变革的影响力必将是持久的。[3]

和其他经济产出一样，变革也会被人们细察、崇拜或批评，但肯定不会被初级产品化。同样，为保持差异性，变革也必须针对顾客进行定制。我们可以想象一下，定制化程度最高的变革会是怎样的情况，什么样的变革会如此正确和成功，以至于顾客会被改变成为一个全新的、从此不再需要任何变化的人呢？终极的顾客即产品情形会是怎样的呢？我们知道改变的极限是完美，即创造出完美的个人。按照我们的世界观，把人变得完美已经不是人力所能及的目标，而是神力才能完成的任务，因此我们可以确定并不存在更高级的第六种经济产出。我们认为没有任何企业可以提供超越这种经济产出的业务，那应当是一种免费赠予。这种需求远非人类提供的经济产出可以满足，只能由"上帝"来弥补。因此，我们的观点是，变革即第五种，也是最后一种人类创造的经济产出。

当变革最终在经济交往活动中占据优势地位时，很多企业和个人会声称可提供最终产出，并为揭示其中的机密收取费用。这样做可以让他们美化任何其认为具有终极意义的事物。由于任何商业活动都是一种道德选择，每一家企业都可以成为颂扬某种事物的舞台。那么你的企业准备赞美什么呢？虽然这个问题的答案并不能说明本节开头提出的"接下来会怎样"的问题，但它绝对能指导你今天该怎么做。

致　　谢

　　每个企业都是一个舞台，我们的思想和文字只不过揭示了这个事实。在我们的工作生活中有很多人出现过，他们每个人都对我们特别是对本书的写作做出过贡献。就像奥斯卡之夜的获奖感言一样，虽然下面的感谢内容不可能把每个帮助者都罗列出来，但是对于那些为本书贡献过思想、热情和援助的朋友，我们必须要表达感激之情。

　　首先，本书的理论雏形的诞生时间大约是约瑟夫离开 IBM 一年之后，当时我还在 CSC 咨询系统整合公司（CSC Consulting & Systems Integration）工作。有一次在为 IBM 高级商学院讲述规模化定制课题时，约瑟夫提到了经常说起的观点，即对产品进行规模化定制可以使其自动变成服务。这时，有位学员举手问道："你说企业也可以对服务进行规模化定制，那这种定制会把服务变成什么呢？"约瑟夫几乎不假思索地脱口而出："对服务进行规模化定制可以使其自动变成体验。"很快，他意识到这个回答是一个重大的思想收获，那天晚上他给我打电话："你猜今天我说了什么……我们可以一起研究一下这句话的深刻意义。"后来，经过数月的思考、阅读和讨论，我们一致认为体验的确是一种独特的与产品和服务一样的经济产出。因此，我们首先要感谢的是那位不知名的 IBM 学员，没有他的这个问题就不会有这个精彩的回答，也不会有这本书的问世。

我们要感谢 CSC 咨询公司和 IBM 高级商学院，特别是 CSC 公司的戴夫·德鲁雷、盖瑞·克洛斯和罗杰·凯洛克，以及 IBM 的艾尔·巴恩斯，感谢他们支持我们（智力和财务支持）对规模化定制和体验经济的研究。在和普华永道戴梦得咨询服务项目（我们曾是戴梦得会员）合作的过程中，很多同事曾提供过无私的帮助，特别是梅尔·伯格斯泰因、吉姆·斯皮拉、巴里·阿普霍夫、查普·基斯德和梅振家。戴梦得项目的瑞秋·帕克热心搜索各种政府统计，帮我们分析如何从数字中解读各种经济模式的演变。在这本珍藏版的《体验经济》中，李·卡普兰咨询事务所积极地承担了这一重任，李大量挖掘各种最新的政府统计数据，向我们展示了这些数据背后隐藏的经济发展事实。为此，我们要感谢你们，感谢你们不辞辛劳地研究各种枯燥的数据，这些工作我们想起来都头疼！

当我们构思体验经济的理念时，很多企业人士表现出了巨大兴趣，邀请我们与其公司合作，应用这种新理念和公司的顾客建立互动关系。尽管在他们当中有很多人已经离开了这些倡导体验经济的企业，但我们仍想对一些热心人士表示感谢，其中包括爱玛客公司（特别是琳恩·麦克基）、Scudder Kemper 投资公司（特别是马克·卡萨迪和琳恩·考格林）、希伦布兰德实业公司（特别是弗雷德·洛克伍德、克里斯·鲁伯格、布拉德·里德斯托姆、布莱恩·莱顿和罗伯·沃什伯恩）、Enable 公司（莫特·阿伦森）、路创电子公司（乔尔·斯皮拉和麦克·派西纳）、CompuCom 公司（艾德·安德森）、ChemStation 公司（乔治·霍曼和鲁斯·吉尔摩）、加州洛杉矶分校行政教育学院（吉姆·阿格恩、格雷斯·肖和艾尔·巴恩斯）、宾夕法尼亚州立大学行政教育学院（艾尔·维瑟瑞、基尼·塔克、玛利亚·泰勒和鲍勃·普莱斯科特）以及美国商务部组织管理学院（麦基·埃尔金和南希·特恩布尔）。在完成本书第 1 版之后，有些公司或机构帮助我们更深入地理解了体验营造过程，其中包括乐高集团（马克·汉森）、沃尔特·迪士尼公司（斯科特·哈金斯）、Risto Nieminen 公司（维考斯·奥伊）、卡尔森公司（玛丽莲恩·卡尔森·纳尔逊和柯蒂斯·纳尔逊）、米高梅国际度假集团（菲利克斯·哈帕波特）、微软公司（纳丁娜·卡努）、Chick-fil-A 连锁餐厅（丹·凯西和琼·布里奇斯）、杜克企业教育公司（谢莉尔·斯托克斯）、《参展商》杂志集团及《参展商》学习活动中心（要分别感谢李·奈特和迪·西尔斐斯）、盖勒瑞家具公司（吉姆·麦金威尔）、赫尔姆斯布里斯科公司（大卫·贝肯鲍尔）、万豪酒店集团（麦克·贾尼尼和史蒂夫·威茨）以及惠而浦公司（乔什·纪特林）。尤其值得一提的是洛翰·查姆，是他努力推动前任雇主美国电话电报公司把已经初级产品化的服务业务转型为体验业务，是他首次以价值递进的形式表达了体验和变革之间的关系。

在我们的研究过程中，有一些个人对我们的观点表示支持并进一步延伸了我们的思想，其中包括麻省理工学院斯隆管理学院的吉姆·阿特拜克、麻省理工学院和理工大学的什洛莫·马伊塔尔、芝加哥大学的马尔文·佐尼斯、SAP 研究院的大卫·里德、Land as Art 公司的马克·德内、高级管理集团的吉姆·罗杰斯、Experience Engineering 公司的卢·卡伯恩、适应性商业设计中心的史蒂芬·哈克尔、怀特哈金森娱乐学习集团的兰迪·怀特、德布林集团的拉里·基利、麦克斯威尔技术公司的戴夫·怀特、GATX 公司前任员工大卫·安德森和史蒂芬·弗雷泽、哈特福德公司前任员工休·马丁、微时代公司创始人之一阿兰·海德、普华永道戴梦得咨询服务项目组的约翰·斯维奥克拉、哈佛商学院前任员工杰弗瑞·雷波特、《内心游戏》（*Inner Game*）系列图书的作者提姆·盖尔威以及 TechShop 公司的马克·哈奇。在完成初版作品后，帮助我们延伸思想的个人有奇客小分队的罗伯特·史蒂芬斯、快乐生活酒店的奇普·康利、喜瑞都公共图书馆的维恩·皮尔森（已退休）、TST 公司的唐恩·塔兰多、斯派罗体验公司的艾德·古德曼、小熊工作室的马克西恩·克拉克、斯塔瑞森工作室的盖瑞·阿丹姆森、莎普保健公司的索尼娅·罗德斯、TargetX 公司的杰夫·卡雷、服务方案咨询公司的史蒂夫·德拉古、GGP 地产公司的道格·约翰逊、得克萨斯美国国民银行的艾米·桑德斯、Steelcase 公司的马克·格瑞纳、欧洲体验经济中心的阿尔伯特·波斯维克、Esgate & Associates 公司的帕特·埃斯盖特、斯通曼特尔公司的戴夫·诺顿、奥本海默公司的里克·沃尔纳、希拉茨公司的康尼·多瑞斯金、拉普兰体验组织的桑纳·塔山农、艾奥瓦州立大学的安·玛丽·菲奥蕾、阿姆斯特丹大学的通恩·埃伯库沃和里克·马埃斯、捷得国际建筑师事务所的琼·捷得、BRC 想象艺术创作公司的鲍勃·罗杰斯、希伦布兰德实业公司的道格·威尔逊、伦敦商学院的克里斯·沃思、诺丹圣母大学的约翰·雪莉、梦想公司的罗尔夫·詹森以及弗吉尼亚达顿商学院的歌西亚·格林斯卡、詹尼·里德克、玛丽安·摩尔、菲尔·费佛尔和埃利奥特·威斯。我们两位作者的父亲海顿·吉尔摩和巴德·派恩，审阅了本书的初稿并提供了积极的鼓励和反馈。朱莉·派恩协助我们对概念进行系统化描述，是她帮助我们清晰阐述了各种经济产出之间的细微区别。

我们还要感谢一些思想家和作者，是他们对我们探索的这个课题做出了预见性的说明，其中有些人的作品早在我们进行体验经济研究之前就已经出现了。1970 年，未来主义学者阿尔文·托夫勒在其作品《未来的冲击》（*Future Shock*）中写下了名为"体验制造者"的一章。再往前，1959 年社会学家欧文·戈夫曼在其作品《日常生活中的自我呈现》中，建议在工作和社交场合中应用表演原则。20 世纪 70 年代，西北大学市场营销学教授菲利普·科特勒预见到教育和旅游行业将会变得越来越具有体验性。1995 年，杰拉德·舒尔茨在《体验驱动型社会：当代文化社会学》（*Die Erlebnisge-sellschaft: Kultursoziologie der Gegenwart*）中写到了"体验社会"。从近期来看，亚利桑那州立大学的玛丽·乔·比特纳教授、得克萨斯州立大学圣马可斯校区的雷蒙德·费斯科和克莱姆森大学的史蒂芬·格鲁夫，完成了学术界对体验环境概念（比特纳称之为"服务场景"）的研究和推广，并利用戏剧表演的观点对服务产物进行了分析。另外，很多讨论服务经济的著名作家也从很多方面指出了向体验经济的转型，其中包括克里斯·哈特、克里斯托弗·拉夫洛克、伦纳德·贝利、厄尔·塞瑟、詹姆斯·赫斯科特和伦纳德·施莱辛格。加州艺术学院的布兰达·劳瑞尔在其作品《计算机式舞台》中，把戏剧表演应用到了计算机互动过程。全球商务网络公司共同创办人杰伊·奥杰尔维写了一本名为《体验行业》的作品，这本书是针对SRI 国际研究机构 1985 年的工作报告，书中证明对"生动体验"的需求已经推动了美国经济的利润增长水平。在这个领域，我们需要感谢的思想家和作者还有很多，正是他们预测和描述了体验经济的兴起，我们希望他们能为此得到应有的荣誉。

我们还要感谢一些人，虽然他们没有写作过或是和我们讨论过和本书内容直接相关的观点，但仍然对我们的思想产生了重要的影响。这些充满智慧的人包括斯坦·戴维斯、爱德华·德波诺、乔尔·巴克尔、唐·佩珀斯、玛莎·罗杰斯、迈克尔·施拉格以及后来的彼得·德鲁克、乔治·吉拉德、詹姆斯·布莱恩·奎恩、堺屋太一、维吉尼亚·波斯特莱尔、拉里·道恩斯、梅振家（再次感谢）、唐纳德·诺曼、大卫·加伦特、乔尔·科特金、格兰特·麦克克拉肯、R. C.斯普罗、亨利·莫里斯和詹姆斯·博伊斯。此外，关于表演艺术理论以及如何将其应用到工作中去，一些作家的相关作品让我们受益匪浅，其中包括大卫·马梅、彼得·德鲁克、理查德·谢克纳、理查德·霍恩比、迈克尔·卡恩斯、迈克尔·舍特列夫、埃里克·莫里斯、托马斯·巴布森、安东尼·罗雷、查尔斯·马科维茨、大卫·卡恩、唐娜·布里德、哈罗德·科勒曼、理查德·奥利维尔和萨莉·哈里森－佩珀尔。我们要特别感谢佩珀尔的帮助，她的作品让我们对街头表演艺术有了更深入的理解。吉尔摩年轻时曾在旧金山街头看到一位名叫罗伯特·阿姆斯特朗的演员扮演小丑傻老头，从那之后便开始对这种表演方式备感钦佩。

　　此外，如果没有下列人士的鼎力相助，这本书中的观点恐怕早就被人们遗忘。在此我们要感谢代理商雷夫·萨加利恩，他不但帮助我们寻找合适的出版社，而且对本书的很多重要部分提出宝贵的指导意见。哈佛商学院出版社的很多同仁，从一开始就热情支持我们的工作，其中尼克·菲利普森是最早参与支持该项目的人。我们的编辑克里斯滕·桑博格在本书的手稿中指出了很多不足之处，正是他的努力帮助我们三易其稿，最终完成一部满意的作品。同样，萨拉·梅里根和摩根·莫斯的编辑工作也非常重要，她们完整细致地修改了本书的最终稿。还有卡罗尔·弗兰克，自从多年前参与出版《规模化定制》一书之后，她一直矢志不渝地支持我们的观点。我们的大部分观点最早曾在《哈佛商业评论》上刊登，为此我们要感谢长期以来一直支持我们的编辑史蒂夫·普罗克施、汤姆·里奇曼、凯西·奥罗夫森、雷吉纳·法齐奥·马鲁卡和南恩·斯通。本书手稿的个人编辑工作和行业分析工作分别由自由职业者罗宾·斯科恩和克里斯·罗伊提供。克利夫兰的 Word Plus Project Support 公司为本书图表部分设计了很多原创图解，为此我们要感谢佩特拉·豪特、提姆·麦克劳斯基和鲁森娜·法伊特。我们由衷感谢科特妮·施因克·凯什曼对珍藏版《体验经济》的鼓励和支持。

　　当然，如果没有管理合作伙伴道格·帕克的帮助，我们肯定不会有这些数字、手稿、企业信息和所有相关内容，是他勤勉地打理公司的每日经营，为我们提供了时间和精力投入到本书的写作中。此外，他还安排各种营销活动，保证公司能继续经营，对此我们表示非常感激。斯科特·拉什也是战略地平线公司的合伙人，他为本书的写作贡献良多，包括对书中提到的部分企业进行深入调查，同时也为我们公司的发展做了很多工作。

我们还要感谢的是家人，包括派恩的家人朱莉、贝卡和利兹，吉尔摩的家人贝丝、埃文和安娜，感谢你们对我们的工作的支持，给我们时间完成这本书的写作。还有我们的父母——巴德·派恩和后来的玛丽露·伯奈特·派恩和诺曼·伯奈特，以及海顿·吉尔摩、玛丽安·吉尔摩和后来的珍妮·吉尔摩，感谢你们的爱与支持，以及在生活中对我们的引导。最后我们要感谢的是上帝，是他把这些良师益友安排到我们的生命中，让我们有兴趣和能力去探索他早已洞悉的一切。

译者后记

    翻译完这本书，我脑海中浮现出的第一个印象是河南开封的清明上河园，清明上河园是对宋代著名画家张择端的代表作《清明上河图》进行复原再现的大型宋代历史文化主题公园。正如本书作者在说明体验经济时以迪士尼游乐园为例一样，我认为称清明上河园是中国版体验经济的缩影毫不为过，因为这里不但充分说明了体验经济的核心内容，而且准确应用了作者在书中讲到的各种表演理论和表演原则。

    何谓体验经济？简言之，体验是一种经济产出，它是对服务进行规模化定制产生的必然结果，而体验经济就是以这种产出为特征的经济形式。举例而言，如果拿开封的铁塔公园和清明上河园相比，虽然两者提供的都是游园服务，但前者提供的是再普通不过的简单游览，所有游客在这里的感受都完全一样，毫无新鲜感可言——我们可以说这种经营的思维方式是规模化生产的产物，即经营者根本不考虑每个游客的具体需求，只是搭建好一个死板的、冷冰冰的、一成不变的人造物放在那里供人观赏而已。例如，有的游客可能并不满足于简单的游览，而是希望能参加富有趣味的互动游戏；有的游客希望公园能提供丰富的历史背景介绍，满足自己的求知欲；有的游客希望能获得更高的审美享受，而不是被各种不合时宜的条幅、宣传单或是公园门口浓烟滚滚的烤羊肉摊破坏游览心情。从这个角度来说，我认为铁塔公园为游客提供的服务，还是存在一些问题的。相比之下，清明上河园却能让人感觉眼前一亮，原因在于，经营者在开发时颇动了一番脑筋，知道如何满足不同顾客对游览的特殊需求并在此基础上为他们提供了有针对性的服务——没错，这就是服务的定制化，即本书讨论的核心问题：体验。也许有人认为既然都是游乐园，即便一个经营的是服务业务，另一个经营的是体验业务，实际上对游客来说或许没有多大差别，也许是我对体验业务的描述有些夸大其词了。如果你这样想就大错特错了，我们可以通过一组数字来了解一下清明上河园经营体验业务的优势：

1999 年，清明上河园开园第一个财政年度，收入即达到 1 000 多万元。

2010 年，开园 10 年后，年收入突破 8 000 多万元，在河南景区中排名第四位。

2011 年上半年，收入接近 5 000 万元，全年收入突破亿元已成定局。

《大宋·东京梦华》大型水上实景演出 2007 年共接待观众 10 万人次；2011 年仅 8 月份接待人数就超过 9 万人次，预计全年收入超过 2 000 万元。

……

相比之下铁塔公园无论在游览人数和收入等各个方面进行衡量，都要逊色于清明上河园。那么，清明上河园营造的体验究竟有何不同，竟然会产生如此大的吸引力呢？

首先，清明上河园非常重视"表演"要素的运用。园内要求所有商户都穿着宋代服饰，经营宋代盛行的传统手工艺，并且先后开发出《大宋科举》《王员外招婿》《梁山好汉劫囚车》《民间绝技》等一系列表演剧目，每天从早上9点至晚上6点定时演出。走进清明上河园，处处亭台楼阁、雕梁画栋。肩挑扁担、背背货篓、手推独轮车的货郎来往穿梭而过，耳边传来拖长了声音的叫卖声。不时有骑着战马、身穿盔甲、手持长矛巡城的宋代士兵穿城而过。一转眼，游客看到了员外家的小姐在抛绣球招亲；前面传来阵阵叫好声，原来是高跷、杂技、气功、斗鸡、绝活等民间艺人在表演；迎面姗姗走来身穿罗裙、头梳高髻的古代美女。这真是让人不知是画里画外，今夕何夕。

其次，清明上河园很好地凸显了其主题化经营原则。无论是原汁原味的宋代建筑、酒肆茶坊、手工艺品、表演节目、服装服饰还是语言表达，无不透露出宋都京城特有的风貌。正所谓"一朝步入画卷，一日梦回千年"，这里为游客提供的不仅仅是简单的游览，更是在展示一种主题性的文化体验。显然，这一点是很多单纯以游玩为定位的公园无法比肩的。

再次，清明上河园综合了本书作者所称的四种体验范围，向游客呈现出最具吸引力的"蜜罐"型体验，这也是它取得成功的重要原因。例如，这里的杨柳碧波、雄伟建筑可以满足游客的审美性需求；热闹的绣球招亲、大宋科举等活动可以满足游客的逃避性需求（即可以积极参与活动）；对汴绣、年画、泥人、木雕等传统手工艺的介绍和表演可以满足游客的教育性需求；包公迎宾、汴河漕运、杂技、斗鸡、马球、编钟乐舞等节目可以满足游客的娱乐性需求。总之，无论你是哪种类型的游客，无论你的游玩目的是什么，这里都能让你乘兴而来，尽兴而归。

最后，我认为还有非常重要的一点，清明上河园的表演者充分体现了本书作者再三强调的"工作即演出"的观点，应用各种表演法把自己的工作最大限度地展现在游客面前。说到这里我想起了自己的游览经历，我去清明上河园游览时正值寒冬，当时的气温已经接近零摄氏度。可是，即便是在这样的条件下，在表演包公巡视汴河漕运的节目时，表演者还是要按照剧情规定跳入冰冷的水中。另外，这是一个定点节目，也就是说他们每天都要面对观众重复跳入水中好几次。我认为，这个例子充分说明了表演对于体验营造业务的重要意义。这些表演者未必读过本书，但他们无疑在自己每日的工作中实践着体验经济对表演工作的高度要求。试想一下，如果你的员工也能以如此高的标准在顾客面前演出，企业又何须担心无法吸引顾客和开展业务呢？

当然，这种新的经济形式并不仅限于娱乐行业。实际上，它正在以前所未有的速度迅速渗透到我们身边的各个行业领域。例如，主题餐厅在国内早已不是新鲜事物，酒店体验员正在成为一种全新的职业。在台州恩泽医疗集团，医院非常注重患者体验，积极推出各种帮助病人舒缓压力的活动，如古筝伴奏等；在金宝贝早教中心，所有员工都必须明确认识到自己在家长和孩子面前扮演的角色，无论个人生活中遭遇什么样的问题，都必须在工作中保持阳光灿烂、和蔼可亲的形象。至于新兴的体验式书店和卖场，强调"娱学性"的教育机构以及善于营造用户感受的商家更是无所不在。它们的成功全都证明了一点：关注顾客体验才是商业制胜的王道。

鉴于体验营造未来必将大行其道，成为引导经济和社会发展的新动力，我认为本书的推出对国内企业转变经营思路具有重要的借鉴意义。这本书读起来似乎有些理论化，但其中闪烁的真知灼见却是毋庸置疑的。因此，我建议企业管理者能沉下心来细读沉思，真正将其中的理论付诸实践，造就类似清明上河园一样具有深刻意义的体验营造商并最终实现书中提出的终极目标——为顾客和企业带来变革。